胜者为王

精确的股价定位系统

宁俊明/著

四川人民出版社

图书在版编目（CIP）数据

胜者为王：精确的股价定位系统：典藏版/宁俊明著．
—4版．—成都：四川人民出版社，2017.10（2019.4重印）
（专家论股系列丛书）
ISBN 978-7-220-10427-5

Ⅰ．胜⋯　Ⅱ．①宁⋯　Ⅲ．①股票交易-基本知识
Ⅳ．①F830.91

中国版本图书馆CIP数据核字（2017）第244982号

SHENGZHE WEIWANG: JINGQUE DE GUJIA DINGWEI XITONG
胜者为王：精确的股价定位系统

宁俊明　著

责任编辑	王定宇
封面设计	张　科
技术设计	戴雨虹
责任校对	何秀兰
责任印制	王　俊
出版发行	四川人民出版社（成都市槐树街2号）
网　　址	http://www.scpph.com
E-mail	scrmcbs@sina.com
新浪微博	@四川人民出版社
微信公众号	四川人民出版社
发行部业务电话	（028）86259624　86259453
防盗版举报电话	（028）86259624
照　　排	四川胜翔数码印务设计有限公司
印　　刷	成都蜀通印务有限责任公司
成品尺寸	160mm×240mm
印　　张	17.25
字　　数	263千
版　　次	2017年10月第4版
印　　次	2019年4月第4次印刷
书　　号	ISBN 978-7-220-10427-5
定　　价	42.00元

■版权所有·侵权必究
本书若出现印装质量问题，请与我社发行部联系调换
电话：（028）86259453

再版前言　梦想与现实的对接

每个股民都有自己的梦想，因为股市有着太多的诱惑。于是，梦想和诱惑之间就有了一种说不清、道不明的关系。有的人因为诱惑断送了梦想，有的人却在用梦想抵挡着诱惑。因诱惑断了梦想的人，是因为没有解决好梦想与现实的对接，而那些能用梦想抵挡诱惑的人，是因为他们成功地实现了知识与能力之间的跨越。

成功需要梦想的牵引，但梦想离不开现实的支撑。超越现实的梦想，就会把自己从梦想的巅峰跌至现实的谷底。比如说，人们都知道股市能挣钱，而且能挣大钱，但究竟怎样才能挣钱，通过什么途径与手段才能挣到钱，并不是每个人心里都十分清楚。然而，他们的心就像小鸟，可是小鸟在羽毛尚未丰满的时候，是不能远走高飞的。

证券投资是一门非常专业的学问，只有经过严格系统的学习和专业训练才能够掌握它。如果把投资看作山路，那路上必定有宽有窄、有花有刺；把股市比作大海，那海上也不会只见蔚蓝的风光，而不遇翻卷的浊浪。山重水复与柳暗花明，彩霞丽日与阴雨笼罩，这一切无不象征着人生。成功，从来不会使你一帆风顺地达到理想的彼岸，挫折和逆境总会向你袭来。在投资过程中，我们必须正视套牢与割肉，正视痛苦、虚幻，甚至是颓废、迷茫、忏悔、荒谬。所有的这一切我们都必须亲自去跨越，因为对股市的许多感悟也往往来自它们。从另一个意义上说，缺乏股市磨难和坎坷，缺乏对焦灼、挣扎、绝望等身临其境体验的人，既成不了出手就赢的股市高手，也很难成为真正意义上的投资大家。

客观地说，股市并不缺少获利的机会，而且这种机会对每个人都是均等的。但均等的机会并不意味着均等的利润，它取决于一个人对机会的把握能力，这种能力不会一蹴而就，需要日积月累和循序渐进，需要日复一日的思悟和历练。

一直以来，人们在准备不足和毫无保护的情况下，不失勇敢地挑逗着股市这头猛兽，结果要么全身被撕咬得遍体鳞伤，要么心灵被折腾得支离破碎。其实，世上万事万物皆有规律可循，股市也不例外。只要找到规律，就可以少走弯路。135战法客观地揭示了股价的运行规律，明确地界定了股价涨跌的临界点，是一套精确的股价定位系统，从山脚到山顶，都有醒目的标记。任何一只股票用135系统做坐标，马上就知道股价目前所处的具体位置，然后通过"技术合成"，是买是卖还是留，图表上写得清清楚楚、明明白白。这样一来，就大大减少了操作上的盲目性和随意性。

135战法讲究"量、价、线、形、位"的完美统一，讲究位置以及各周期的和谐共振，但更注重"心随股走，及时跟变"习惯的培养和养成。前者是进攻之"矛"，后者是退却之"盾"，两者不能分割，只能交替使用。何时用"矛"、何时用"盾"，135战法已经给出了明确的提示，能否把它运用得得心应手，就看每个人的悟性和造化了。

《胜者为王》是135战法的第二部，书中的专业术语、名词解释、操作原则和使用方法，在四川人民出版社出版的《黑客点击——股市猎手的擒拿技巧》中有详细讲解，请参阅。

宁俊明

2017年8月修改于北戴河

目 录

技 战 篇

第1节	动感地带	(003)
第2节	金屋藏娇	(014)
第3节	日月合璧	(026)
第4节	投石问路	(032)
第5节	分道扬镳	(042)
第6节	三军集结	(052)
第7节	突出重围	(062)
第8节	明修栈道	(071)
第9节	暗度陈仓	(081)
第10节	破镜重圆	(092)
第11节	一阳穿三线	(104)
第12节	揭竿而起	(119)
第13节	一石二鸟	(131)
第14节	拖泥带水	(140)
第15节	金蝉脱壳	(150)
第16节	一箭穿心	(160)

实 战 篇

- 第1节　手可摘星辰 …………………………………………（173）
- 第2节　恐惊天上人 …………………………………………（179）
- 第3节　第二次握手 …………………………………………（185）
- 第4节　独钓寒江雪 …………………………………………（194）
- 第5节　把酒问青天 …………………………………………（201）
- 第6节　今夕是何年 …………………………………………（206）
- 第7节　夕阳山外山 …………………………………………（210）
- 第8节　今宵别梦寒 …………………………………………（214）
- 第9节　操千曲而知音 ………………………………………（218）
- 第10节　观千剑而识器 ………………………………………（222）
- 第11节　春色满园关不住 ……………………………………（226）
- 第12节　梅花香自苦寒来 ……………………………………（232）
- 第13节　索回失落的阳光 ……………………………………（237）
- 第14节　风乍起，吹皱一池春水 ……………………………（245）
- 第15节　知音少，弦断有谁听 ………………………………（252）
- 第16节　欲将心事付瑶琴 ……………………………………（258）

后语：股市并不缺少获利机会 ……………………………………（264）

技 战 篇

第1节 动感地带

第2节 金屋藏娇

第3节 日月合璧

第4节 投石问路

第5节 分道扬镳

第6节 三军集结

第7节 突出重围

第8节 明修栈道

第9节 暗度陈仓

第10节 破镜重圆

第11节 一阳穿三线

第12节 揭竿而起

第13节 一石二鸟

第14节 拖泥带水

第15节 金蝉脱壳

第16节 一箭穿心

> 炒股之所以亏损和被套，原因有两个：一是没有属于自己的交易方法，二是无法控制自己的欲望。

第1节　动感地带

● 古为今用

《孙子兵法·虚实篇》："兵无常势，水无常形。能因敌变化而取胜者，谓之神。"意思是，军队没有永恒不变的态势，正像流水没有永恒不变的形状。能随着敌情的变化而采取适宜的战法取得胜利的，就可以说是用兵如神。135战法的精髓是："心随股走，及时跟变。"无论以什么形态切入，当股价发生变化，或者没有朝着预期的方向发展，要无条件地放弃抵抗，尊重市场的选择。

《孙子兵法》不是军事家的专利，它的巨大魅力是超领域、跨时空的。战国时的苏秦从一介布衣到佩六国相印，靠的就是一部《阴符》；汉代张良由一个鲁莽之人成为足智多谋的军师，是花十年时间苦读《太公兵法》的结果；三国时的诸葛亮、曹操，无一不是熟读兵书；毛泽东"运筹帷幄之中，决胜千里之外"，也得益于《孙子兵法》。古代兵法博大精深，我们应从中取其精华，然后把它运用到我们的实战中去。

● 形态特征

股价经过长期下跌以后，做空动能已不再嚣张，于是，股价在底部区域开始小幅振荡，随着成交量的温和放大，55日均线慢慢地被拉直，13

日均线也开始翘头向上，股价底部不断上移，表明有增量资金在悄悄地吸纳。很多黑马都是从这里脱颖而出的。为此，我们把 13 日均线由跌趋平再到穿越 55 日均线这段过程称为股价的【动感地带】。只有当股价穿过【动感地带】之后，才有可能走出一波像样的行情。见下图。

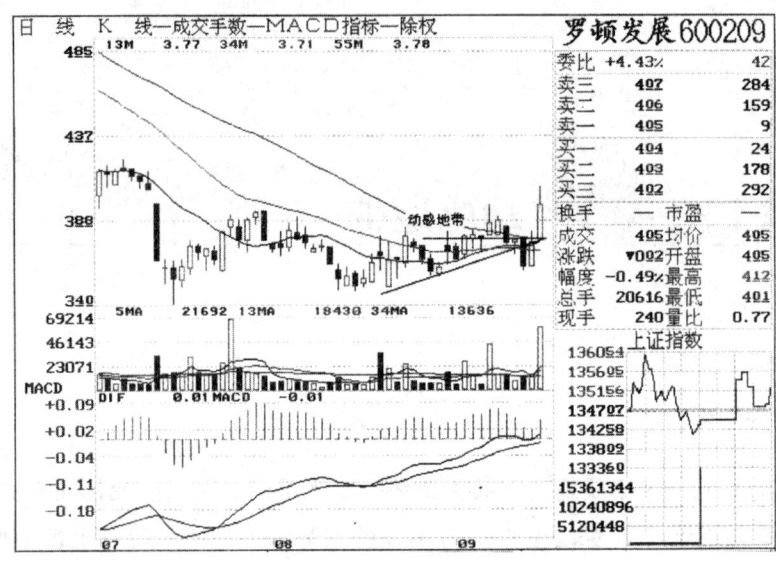

【动感地带】是股价的整理形态，不是一个精确的买点

◉ 形成机理

　　股价只有经过长期下跌和横盘整理，才会引起主力的建仓兴致，当主力感到吸货困难时，就会不由自主地把股价小幅推高，可又担心引起别人的注意，于是股价开始小幅振荡，由于增量资金的介入，股价的底部开始不断上移，55 日均线有逐渐走平的趋向，13 日均线由平到翘，直至上穿 55 日均线，表明主力已进入股价的【动感地带】，行情随时都有可能爆发。【动感地带】是股价异动的多发区，密切关注【动感地带】，既省时又省力。

📈 经典案例

　　（1）**中青旅**（600138）。无论什么股，别管它跌幅有多大、跌的时间有多长，在13日均线没有走平之前，或者说在【红杏出墙】没有出现之前，股价一般是没有底部可言的，因此也就不是我们关注的对象。如果说【红杏出墙】探明了股价底部的话，那么股价上涨必须寻找新的动力。所以，很多主力都喜欢在【动感地带】里面大动脑筋，或养精蓄锐，或战前练兵，总之，所有的主力都不会在这个地带冬眠。见图一。

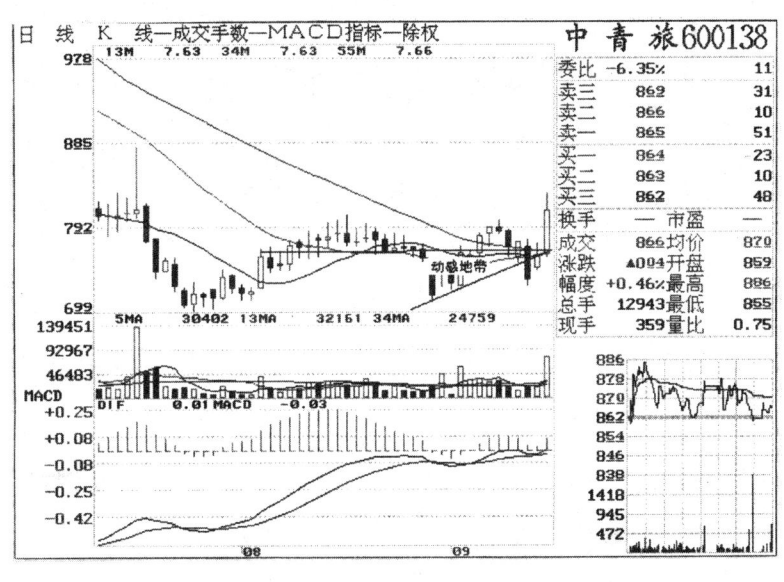

（图一）

一般讲，从13日均线由跌到平那天起，我们就视为股价已经进入了【动感地带】，其标志为【红杏出墙】，13日均线上穿55日均线的节点就是【动感地带】的终点，明显的标志有【黑客点击】【红衣侠女】【揭竿而起】等，从起点到终点，股价需要运行30个交易日左右。【动感地带】周围的标志物有【日月合璧】【投石问路】【金屋藏娇】【蚂蚁上树】等。

中青旅从【红杏出墙】那天起进入【动感地带】，到【揭竿而起】宣告【动感地带】结束，股价实际运行了31个交易日。就是说，在前一个月买入该股的都没有什么盈利，直到股价走出【动感地带】之后，形势才有了转机。知道了这一点，投资者就不会再去花钱买罪受。参与盘整，既浪费时间又影响了资金的运作效率，而且无法规避短线风险。

从图表上可以看到，主力在走出【动感地带】以后，股价像挤压已久的弹簧，弹性十足地向上猛蹿。股价经过5天的拉升，【一枝独秀】发出预警信号，说明弹簧的张力已被拉到了极限，清仓出局。见图二。

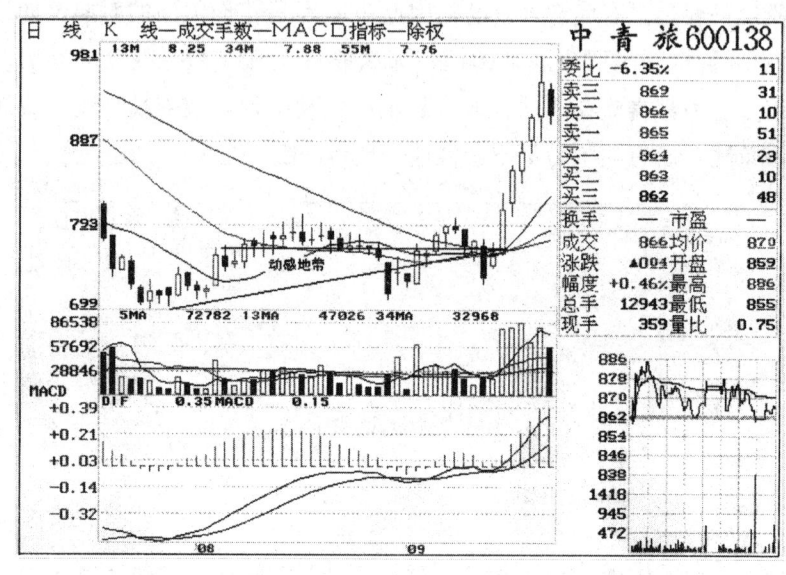

（图二）

（2）**小商品城**（600415）。股价经过充分整理以后，13日均线穿越55日均线，股价以变形的【独上高楼】和不规则的【黑客点击】宣告了【动感地带】的结束。由于形态不够规范，因而只需关注，暂不介入。之所以说它形态不规范，是指股价离13日均线和55日均线的节点太远，均线系统就爱莫能助，因而股价回落的可能性大，在13日均线附近候着它，或者等"阳克阴"后再考虑。见图三。

股市里的倒霉蛋有两种：一种是可爱的倒霉蛋，他只干三件事——被套、亏损、割肉。别看自己什么也不懂，胆子却是贼大。什么股票都敢买，买进当天就被套也无所谓，终于有一天，看着不断缩水的资金有点受不了了，于是挥刀开斩。然而，他并没有汲取以前的教训，而是抱着一种复仇的心理，不断追加资金，结果重受二茬罪。

一种是可怜的倒霉蛋。他在股市常干的三件事是：自欺、欺人、被人欺。这两种倒霉蛋本质上没什么区别，所不同的是，可怜的倒霉蛋总是以聪明者自居，比如套住了，他不说自己笨，反而说主力太阴了；亏损不说损亏，说这是用时间换空间。这时如果有媒体说该股有潜在利好，他会捂着股票把牢底坐穿。有时,自己被主力卖了,还美美地帮主力数钱。

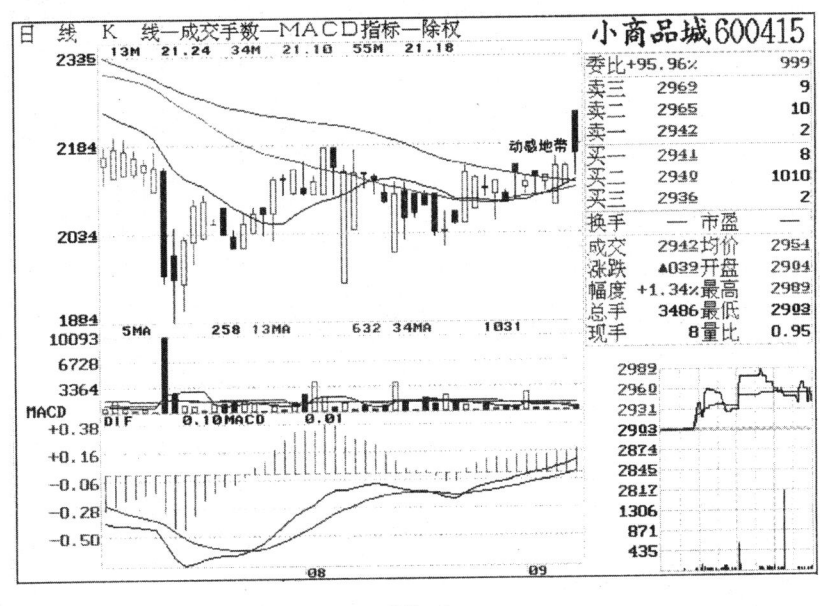

(图三)

因为炒股赚钱不易,所以方显人的意志和才华。人都应该赋予自己一些使命,给自己一个具体的目标,当然,这些使命和目标不一定全部实现,但它可以不断挖掘自己的潜能。

主力在【动感地带】里面艰难地跋涉了31天。在这中间,主力不遗余力、不厌其烦地反复整理。

9月9日,股价低开低走,缩量不创新低。主力在【动感地带】的结合部以【金屋藏娇】的形式宣告了整理的结束。轻仓试探。

翌日,主力收复昨日失地后,行情开始向纵深发展,半仓跟进。

9月14日,股价无量攻克【独上高楼】,表明主力控盘程度很高,所以拉升起来盘面显得异常轻盈。

9月17日,盘中振荡加剧,成交量创出近期天量,从盘口看,大买单不断涌现,主力做多欲望十分强烈,重仓出击,关键时刻,助主力一臂之力。

【动感地带】是孕育黑马的摇篮,是锻造股市高手的基地。密切地关注它、研究它,对提高自己的识图能力和操盘水准大有裨益。见图四。

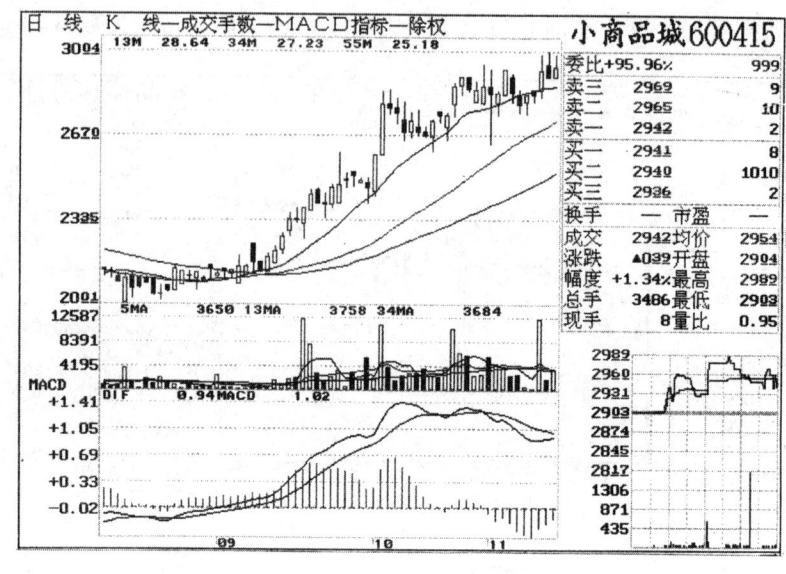

(图四)

（3）**天士力**（600535）。主力费了好大的劲才把13日均线拉平,【红杏出墙】出现以后,标志着股价的底部已被探明,但主力并没有马上把股价拉起来,或许是慑于大盘的压力吧,当时股指正进一步向下寻底,没有大盘的配合,聪明的主力都不会蛮干。盘中主力并没有因为指数环境不好而随波逐流、自暴自弃,而是采取了积极防御的策略,控制股价围绕着13日均线上下小幅波动,为了以后的拉升,主力逐渐收缩均线系统,进一步垫高市场的平均持股成本。

在投资的路上,赚钱最快的不是逮住了一匹大黑马,而是掌握了一个持续稳定的获利方法;赚钱最慢的不是捂股不动,而是频繁换股;赚钱秘诀不是寻找捷径,而是少走弯路;炒股最大的风险不是明修栈道,而是落井下石;炒股最开心的不是账面利润,而是按离场信号获利了结。

9月15日,股价穿越所有均线,【一阳穿三线】提前结束了【动感地带】,由于没有量能的支持,因而,股价的冲高回落是必然的。这根莫名其妙的上影线是主力在试盘,而不是冲高受阻的表现,成交量的萎缩显示抛盘并不沉重,但股价会有反复,但主力不会在这个位置大幅调整,不然的话,主力31天的辛苦就白忙活了。见图五。

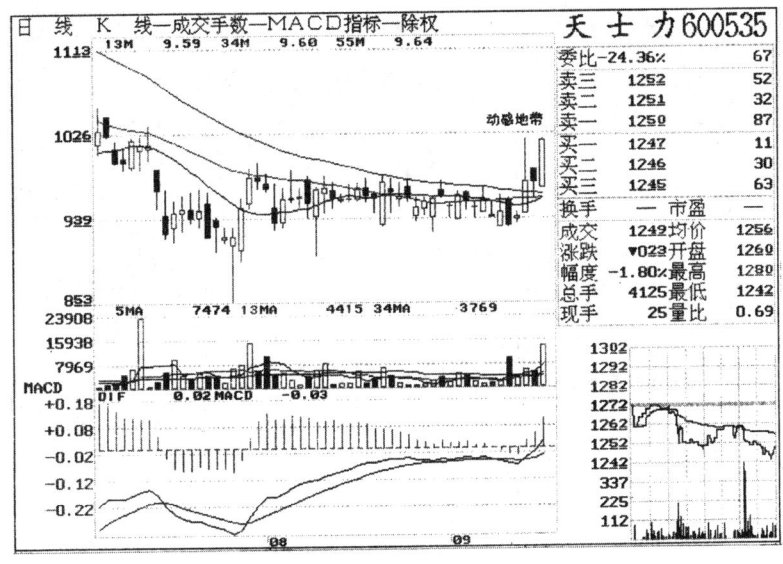

（图五）

9月16日，股价高开高走，成交量呈递减趋势，表明这根小阴线是主力在刻意震仓，而不是在出货，经验丰富的投资者依然可以在这里逢低吸纳，但在入货比例上一定要保持适度。因为，主力在震仓时，希望场内浮筹乖乖出局，不愿看到场外资金蜂拥而入。如果主力发现有大单进场，很可能会改变原来的操盘计划，延长洗盘时间，进一步加大震仓力度。

第三天，股价携量上攻，收复失地后，一路扬尘而去。

当股价行进到【动感地带】尾段时，要密切关注股价以什么方式结束这段整理，如果形态特别完美，就不必非等股价走出【动感地带】以后再进入。通常情况下，股价走出【动感地带】所用的时间为30个交易日左右。这是运用"135"时间预测理论算出的数据，是股价的一般运行原理，是原理就无法精确地去测量，而只能去大致把握。换言之，此数据只作参照，不当作操作依据，进场时严格以交易系统发出的指令为准。总之，任何时候、任何情况下，都要绷紧"心随股走，及时跟变"这根弦。见图六。

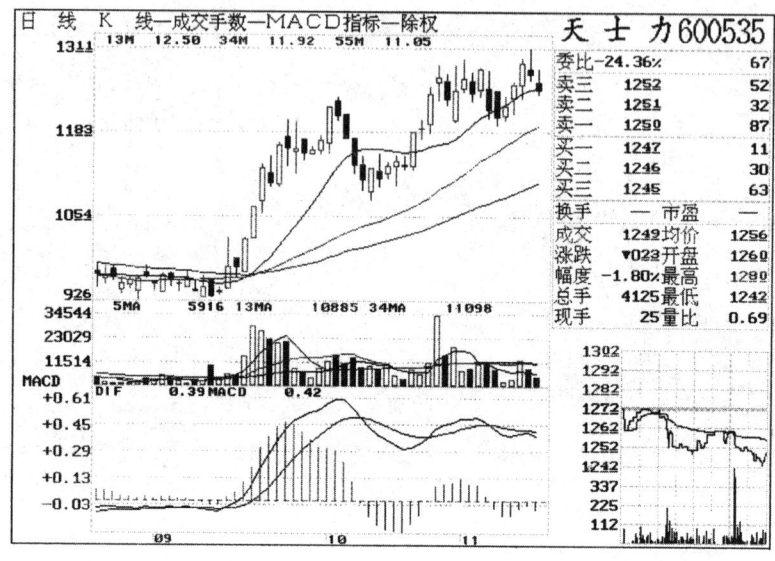

(图六)

(4) 信雅达 (600571)。不是所有的主力都循规蹈矩,按着既定线路穿越【动感地带】,由于种种原因,股价可能提前穿越,也可能滞后穿越,但却无法逾越。该股经过长期整理以后,股价底部缓慢上移,但股价尚未走完【动感地带】的全程,主力就急不可耐地在【红杏出墙】处拔地而起,股价向上拓展30％的空间后开始回落,由于股价的上涨完全来自大盘的刺激,股价强行提带13日均线与55日均线会师,致使股价在【动感地带】结束时反而回落,继续那段没有走完的路。由此可见,股价若想顺利向前发展,必须脚踏实地地走完【动感地带】这段路程,在没有外力的干扰下完成自然过渡,拔苗助长,往往欲速则不达。

盘中主力违背股价运行的自然规律,到头来尚需从头再来。15个交易日以后,主力走完了【动感地带】所规定的时间,然而,生性多疑的主力又作了一次压价逼仓之后,股价才以【一阳穿三线】的方式结束整理,展开了新的升浪。

成功总是有方法,失败总会有原因。无论是人还是事,都是如此。一个技术形态的成功,首先要满足"量、价、线、形、位"这5个条件,其次要有指数环境的配合。见图七。

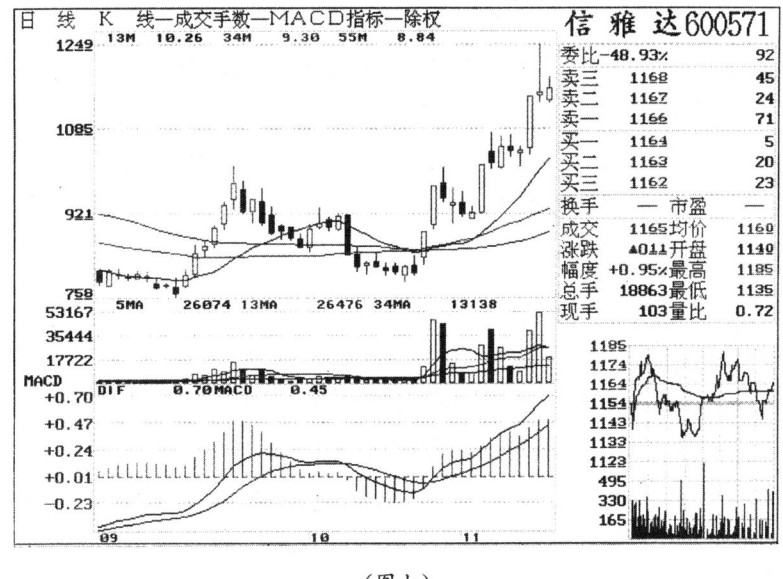

（图七）

（5）上海九百（600838）。经过 1 周的整理，股价以【黑客点击】的形式宣告了【动感地带】的结束，然后马不停蹄地转入战略大反攻，股价扶摇直上，短短 7 个交易日，股价由 4.24 元升至 5.25 元，涨幅 24％。扣除操作不当因素，也有 20％的斩获。见图八。

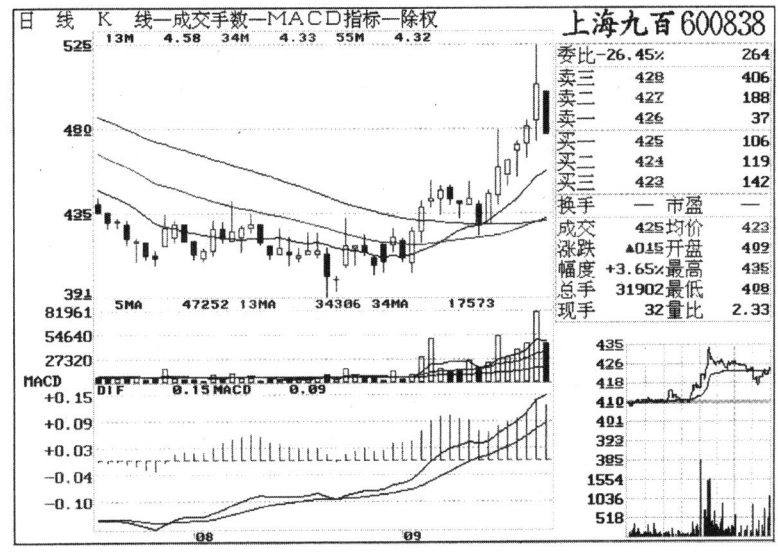

（图八）

经常有股民这样说，好多东西我都清楚，图形也能看明白，就是运气太差，总也碰不上好的股票。我相信他说的是真的，因为这个问题在散户中也不同程度地存在着。原因很简单："看盘不仔细，经常来违纪。"这话怎么讲呢？先说"看盘不仔细"，许多人所谓的看盘就是只盯着自己手中的股票，压根就没去关注那些异动股，这是一。第二，功课差。收市后既不复盘，也不做相关作业。对专业投资人的要求是，每天收市以后要复盘，把符合某种技术形态的都挑出来。通过筛选重点关注哪几只股票，每天写好自己的操作日记。这不仅仅是一种识图和分析能力的训练，更是一种耐力、心态和纪律的培养。再说"经常来违纪"，135战法中的每个技术形态都有着明确的进出标准，而且在资金布局上也有严格的界定。有的人不能见某种形态的出现，看见后就激动，一激动就把要求和原则丢到脑后去了，直到买进被套后，才知道自己没等形态最后确认就进去抢点，结果中了主力的圈套，聪明的知道错了赶紧止损出局，死不认输的就在那里硬抗，直到跌得实在挺不住了才割肉，谁知道刚割完，主力仿佛有意与他作对似的，股价开始扶摇直上。135战法特别强调严把买进关，因为，切入点选择不当，以后就很难找到合适的出局价位，但在卖出上相对宽松，只要见顶信号出现，不管形态是否规范，不管它是真是假，立即拔腿走人，而且要求必须在当天处理完毕。如果说买股票时允许再想一想，那么，卖股票时，决不允许再等一等，这就是纪律。严格照着去做了，输小钱获大利，违背它，赢小利亏大钱。在部队，战士们视纪律比自己生命还重要，不管领导在不在，都会自觉地遵守。股市风险莫测，就更应该讲纪律，因为它的残酷绝不亚于战争。

◉ 买进时机

（1）在【动感地带】尾部，如果有完美形态出现，比如【揭竿而起】【一阳穿三线】【红衣侠女】等，半仓跟进。

（2）在【动感地带】的首部和中部，如果有完美形态出现，比如【红杏出墙】【投石问路】等，轻仓试探。

（3）借助其他技术方法，综合判断形态及突破真假。

◉ 友情提示

【动感地带】是一个整理区域，不是一个具体的进场点位。着重宏观把握，避免细节纠缠。

【动感地带】的完成一般需要 30 个交易日左右。提前完成或滞后完成，不是早产就是难产。我们要的是顺产，所以不要提前抢点。

在【动感地带】的下沿，如果有特别完美的技术形态出现，比如【金屋藏娇】【投石问路】，可轻仓试探，不要重仓出击。

关注【动感地带】主要是为了节省时间和精力，避免参与无休止的盘整，提高资金的运转效率。

在【动感地带】进场，必须以其他相关形态为依据，在它没有走完自己的路程之前，要顺其自然，切莫推波助澜。

楔形的【动感地带】比三角形的【动感地带】更具爆发力，密切关注均线系统的间距和角度。【动感地带】越复杂，股价以后的拉升就越简单；【动感地带】越简单，未来的拉升就越复杂。原则上不在【动感地带】之前买入，最经济、最有效的方法是在【动感地带】的结合部出击。

> 新股民为了早日实现发财梦在股市横冲直撞，老股民为了赚点小钱却小心翼翼地左躲右闪。

第2节　金屋藏娇

◉ 古为今用

《武韬·发启篇》："大智不智，大谋不谋，大勇不勇，大利不利。"意思是，有大智的人不夸耀他的智慧，有深谋的人不暴露他的谋略，有大勇的人不只凭血气之勇，图大利的人不只顾眼前的小利。越是股市高手，越不轻易出手，但出手就是大家伙。他们只专注于自己交易系统提供的利润，对于自己无法控制的东西，索性想也不想。

在股价阴跌时，经常听到有人喊逢低买入，谨防踏空风险。其实，在没有止跌形态出现之前，买入的风险才是最大的。那些生怕错过机会而提前采取行动的人，实际上是对股价运行规律不了解。况且，数千只股票不可能一声令下万箭齐发，行情一旦启动，深化需要过程。进场时需要形态，出场时也需要形态，这就是进退有据。

◉ 形态特征

股价经过长期下跌，然后进行小平台整理，就在股价即将上摸13日均线的时候，股价反而选择了向下突破，呈带量加速之势，但最后一根阴线留下长长的下影线，表明底部承接有力。第二天，股价低开低走，但不再创新低，成交量大幅萎缩，表明抛盘穷尽。我们把躲在阴线下影线里面的小阴线称为【金屋藏娇】。见下图。

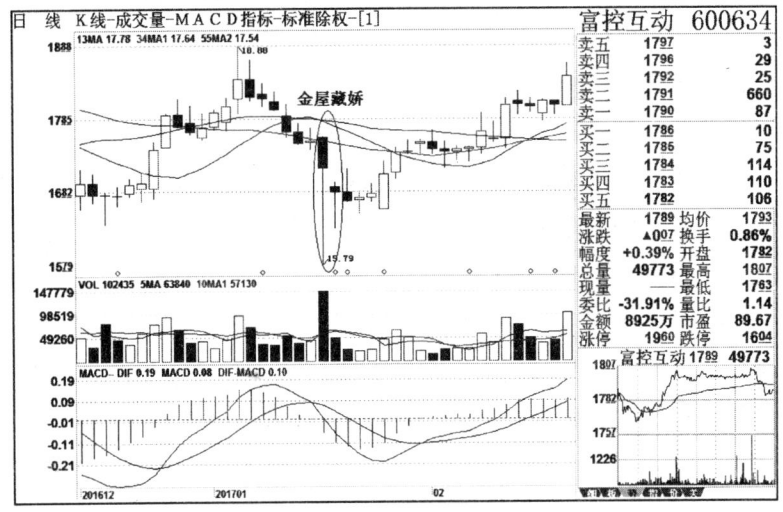

【金屋藏娇】是股价探明底部的信号

● 形成机理

股价经过长期下跌以后，做空能量得到有效释放，于是股价在 13 日均线附近进行小平台整理，一些对技术一知半解的人开始进场抄底，主力发现有人抄自己的后路，于是采用放量下跌手段，恐吓技术派止损出局。其实，这是股价的最后一跌，但越是最后，主力打压越凶。可主力又担心抛出的筹码收不回来，于是在下跌尾段强行把股价拉回，这时候，一些先知先觉者开始进场做试探性的吸纳。第二天，主力故意让股价低开低走，动摇人们的持股信心，如果你害怕股价继续下跌，匆忙抛出，就正好中了主力的奸计。【金屋藏娇】是一种非常典型的见底形态，在这个点位勇敢地吸纳，一般都能抄到大底。当然，为了安全起见，最好等形态确认以后再进场，这样，虽然价位稍高了一些，但安全却有了保障。

● 经典案例

（1）**歌华有线**（600037）。股价在 13 日均线的下沿进行两周平台整理以后，主力又气势汹汹地开始打压，故意造成一种破位走势，引诱恐慌盘认赔出局。第二天跳空低走，继续带量下跌，主力这一招果然奏效，有些挺不住的纷纷交出带有血丝的筹码落荒而逃。第三天，股价虽然仍以小阴线报收，但成交量和阴线实体都开始变小，重要的是股价没有再创新低，这是判断【金屋藏娇】形态是否成立的关键。如果股价跌破昨日阴线的下影线部分，创出调整新低，预示股价仍将进一步寻底，同时【金屋藏娇】宣告失败。请大家注意这个"藏"字，藏就是躲的意思。所以，股价只能在昨日阴线的下影线里面运行，向上突破昨日阴线的收盘价或向下突破昨日阴线的下影线部分，就演变成其他形态，而不是【金屋藏娇】了，其市场含义也自行消失。判断【金屋藏娇】是否成立，注意把握两点：第一，股价必须在阴线的下影线里面运行；第二，缩量不创新低。

【金屋藏娇】的第二天，股价跳空高开，把昨日的斩仓者弄得目瞪口呆，不过，留在场内的也不好受，盘中的大幅振荡，弄得持仓者心惊胆战。主力铁了心，不把你折腾成"癫痫"，也要把你震成"脑瘫"。任何主力在拉升以前，都会上蹿下跳地折腾一番，这时候就要比心态了，谁的心态好，主力就奖励谁，谁的心态差，主力就惩罚谁。技术过关以后，心态就是决定的因素。

第三天，主力携量上攻，股价稳稳地站上13日均线，一枝"红杏"脱颖而出，我们知道，【红杏出墙】是股价的一种见底标志，这时候，有筹的要坚定持股信心，无筹的考虑适量跟进。"只在赢钱的单子上加码，不在亏损的单子上补仓"，是理念，更是原则。此后，股价一路振荡攀升。见图一。

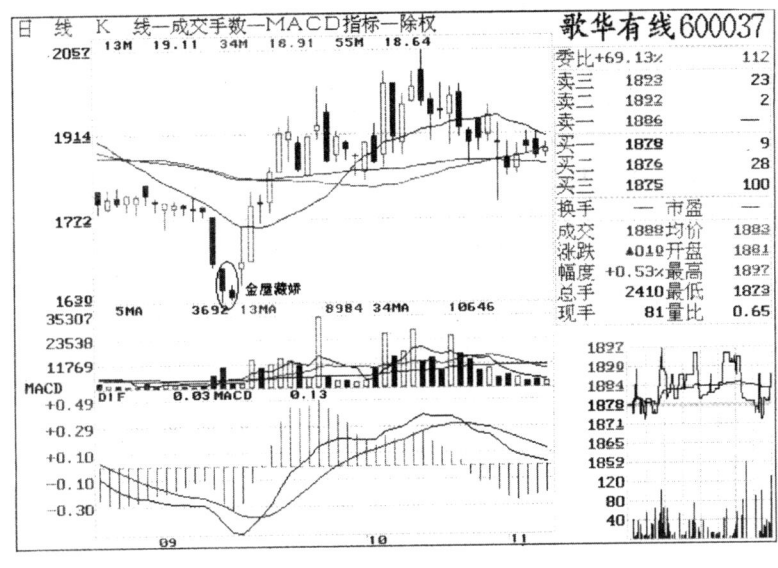

（图一）

（2）**山东黄金**（600547）。该股经过三个台阶式下跌后，做空能量也开始变得安静下来，但缩量并不意味着股价已经见底，确认底部需要过程，更需要形态的确认，正如刚出生的婴儿要取个名字一样，我们也要给不同的技术形态进行冠名，以区分它们的性质。从下面这张小图上可以发现，股价在 13 日均线附近选择了向下突破，而且是带量下跌，这就对了，股价的最后一跌最好带量，不带量，恐慌盘就出不来，恐慌盘不出来，探底就仍将继续。图表上这根带量长阴以后，股价的跌势开始趋缓，成交量也萎缩了下来，两根阴星线均没有创新低。山东黄金的主力真可谓财大气粗，别人【金屋藏娇】一个就够了，它一下子弄俩，这更加说明这个【金屋藏娇】见底的概率更大、更可靠。

【金屋藏娇】的第二天，股价就形成了"阳克阴"，但还不能认定形态已经成立，因为没有量能的支持，股价没有量就像人没有钱一样，什么事也干不成。第三天，成交量急剧放大，【红杏出墙】及时发出进场信号。股价穿过【动感地带】以后，主力采用【一石二鸟】震仓，使行情得以深化，最后【一枝独秀】宣告了行情的结束。学会了识图，再做起股票来，就像看小说一样，丝丝入扣、津津有味。别把主力看得那么神秘，用技术武装起来的散户同样可以与主力进行巧妙的周旋。见图二。

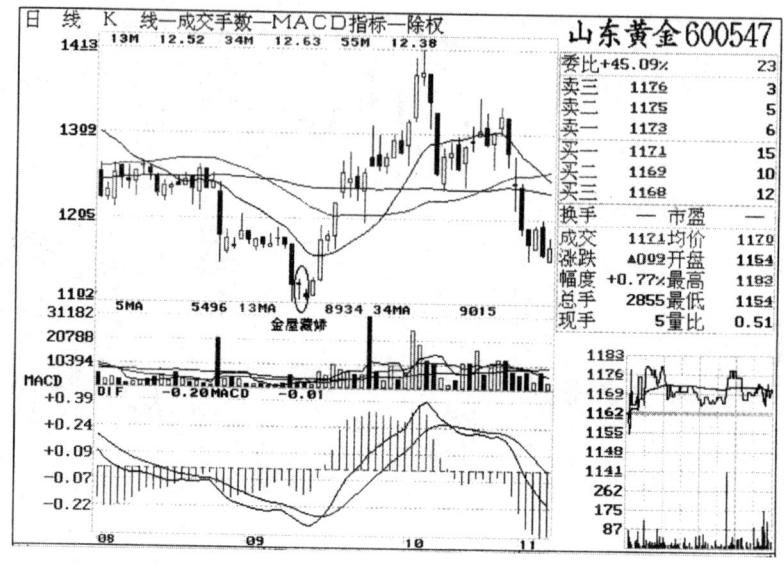

（图二）

（3）**豫光金铅**（600531）。股价在13日均线附近窄幅整理一段时间之后，终于选择了向下突破，把那些喜欢抄底、总爱捡便宜的人一下子拴了个结实。别管股价跌多少、整理多长时间，只要没有明显的底部形态出现，盲目去抄底是非常危险的，很多人在抄底上吃过不止一次的亏，可总不长记性。由此可见，要克服人性的弱点是多么难啊！

随后，股价继续低开低走，盘中鱼龙混杂，泥沙俱下。对于那些带量急挫的股票，我们只能欣赏，不可参与。主力的逻辑是：拼命往下砸—使劲往上涨—再拼命往下砸。这就是股价的"否定之否定"规律。锤头阴线虽然没有锤头阳线见底的概率高，却也预示着股价行将见底，就看最后以什么技术形态进行确认。

9月13日，股价低开低走，在整个交易日里，主力显得畏畏缩缩、犹豫不决，向上攻，股价不敢越雷池一步，向下砸，明显在紧缩银根。主力看似软弱，实则正在演绎攻其必守的把戏，【金屋藏娇】显露端倪。密切关注量能变化，只要股价明天呈"阳克阴"之势，形态就宣告成立了。

随着成交量温和放大，股价高开高走，看来主力还不想过早地引起市场的注意，这根倒锤头小阳线虽然是股价冲高受阻的反映，但它却暗示着【金屋藏娇】形态的确立，阳线虽小，却亦具"阳克阴"之态。

第二天，主力不再遮遮掩掩，盘中放量攻克9月10日那根锤头阴线，主力做多欲望已暴露无遗。这时候我们最最需要做的，就是大胆出击。不管以后收益如何，先搭上车再说。主力所有的意图都是通过一根根K线来实现的，仔细研究K线的组合与变化，要比寻找那些所谓的炒股绝招灵验得多。

第三天，主力来了个掩耳盗铃，进一步迷惑人们。上涨无量，星线朝上，确实不容乐观。但结论不要下得太早，无论是好的结论，还是坏的结论，谁都无法预知明天的事情，那就全神贯注地把今天的事情做好，而今天抛出，是没有任何技术依据的，没有依据，暂不行动。

第四天，股价稳稳地站上13日均线，"满园春色关不住，一枝红杏出墙来"，这是股价转势的标志，在这个点位，有筹的持股不动，无筹的适量跟进。我们知道，【红杏出墙】以后，股价一般会有10％左右的涨幅，到时候是主动式抛出，还是被动式抛出，完全视股价的运行情况而定。

第五天，股价跳空高开，强势上扬。在这个阶段，股价的上涨速度将是很快的，但盘中振荡会加剧。这时候，人往往自己吓唬自己，股价的快速上涨往往给他们造成很大的心理负担，他们犹如惊弓之鸟，害怕股价跳水，害怕煮熟的鸭子再飞掉，其实这种担心是多余的。惯性原理告诉我们，任何物体一旦开始运动就不会立即停下来，这时候，最最关心的应该是盘口的变化，然后观察交易系统的预警系统是否正常，而不是计算这只股票能赚多少钱，或猜测股价什么时候下跌。只要图表上没有出现明显的见顶信号，就让它自由自在地生长。

第六天，股价冲高回落后，有点放量滞涨的味道，不规则的【一枝独秀】告诉我们，即使主力不在这个位置出货，但调整已不可避免了。从目前股价所处的位置看，主力出货的可能性很小，顶多是减仓。因为，股价刚刚突破前期的整理区域，如果主力出货，就不可能把套在前期平台的那些筹码解放出来，既然主力给它们松套，说明还要继续向上做，主力不会搬起石头砸自己的脚。不过，对于仓位重的，可以随主力一道减仓，如果有更好的目标，干脆一扔了之，因为，我们不知道主力会整理多长时间。"拒绝盘整"是135战法的一个重要原则，明知故犯或自我宽容同样都是不可取的。见图三。

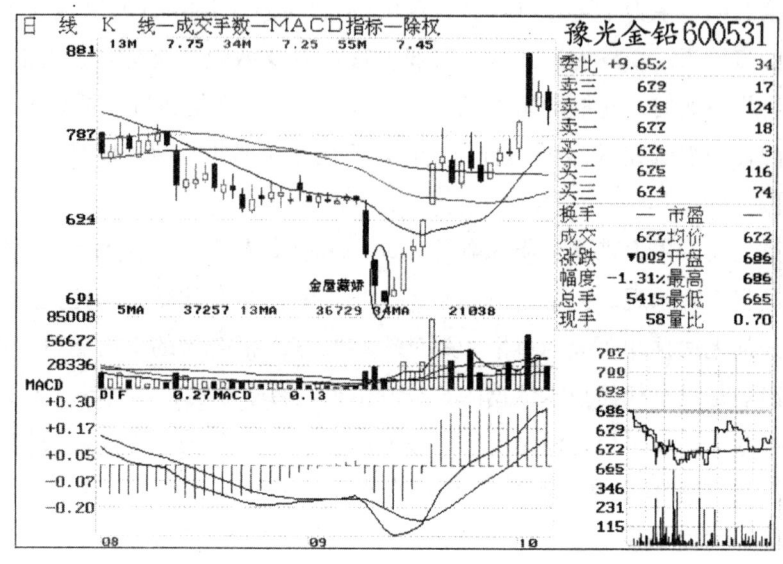

（图三）

（4）**远大控股**（000626）。看到这张小图，投资者可能会发现这么一个有趣的现象：为什么【金屋藏娇】会在同一时间出现？为什么不早不晚，偏偏选择在 9 月 13 日这一天呢？"13"意味着什么？在《黑客点击》里面，我们曾详细地分析过这个问题。"13"是江恩理论的时间周期，"13"是斐波拉契的神奇数字。大家再想一想，2003 年大盘创 1307 点的新低是 11 月 13 日，大盘创下 1259 点的新低是 2004 年的 9 月 13 日。为何大盘在创新低时总要选择"13"呢，而不是 14 或 15？这的确是一个非常有意思的问题，这中间的奥妙究竟在哪里，恐怕不是一两句话能说清楚的。只要我们记住"13"是敏感时间就够了，当大盘或个股运行到这些敏感期的时候，多加留意就是了。

【金屋藏娇】的第二天，股价低开高走，一举攻克前 3 天的失地，它标志着【金屋藏娇】形态的成立。别管是半仓跟进还是轻仓试探，但绝不允许再袖手旁观了。

第三天，股价奋力上攻，价格形态酷似【一阳穿三线】，然而不是。即使是，这个形态失败的概率也很大，因为【一阳穿三线】的技术要求是，均线系统逐渐收拢，股价波幅日益收窄，这两点该股都不具备。如果在【金屋藏娇】处没有跟进，今天按【一阳穿三线】介入，在资金布局上一定要有所区别。

股价犹如一首抑扬顿挫的交响乐，有起也有伏。对于真正喜欢炒股的人来说，应拿出更多的时间去关注股价的形态与各周期的对应关系。当我们满腔热情地接纳股市并心悦诚服地顺从主力的时候，你会惊奇地发现股价涨跌的奥秘，到那时，你绝对不会再去任性。你会体验到，只要严格执行交易指令，结果令人异常满意。

第四天的这根阴线，属于技术上的正常回抽，不仅不用减仓，反而可以逢低吸纳，这全凭个人的经验了，没有具体的量化标准。

第五天，收复昨日失地，主力重拾升势，又可以考虑跟进了。见图四。

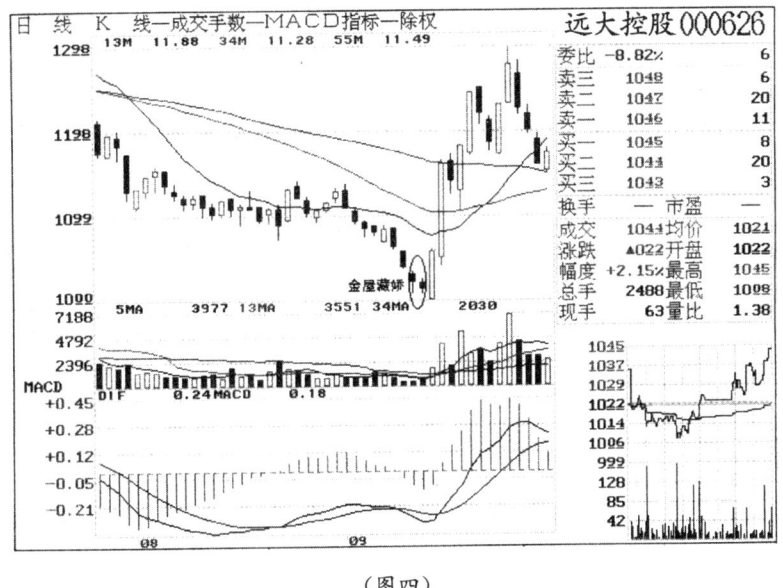

（图四）

（5）山西三维（000755）。当时，萎靡不振的大盘创下1259点的近年新低。就在人们纷纷猜测底在何方的时候，一大批个股的走势图上不约而同地出现了【金屋藏娇】的图形，这个时候，如果说大盘已经见底了，恐怕谁也不信，因为大盘时至今日仍无任何见底迹象。实践证明，凡是具备【金屋藏娇】形态的个股，它们的底部已经看得见摸得着了。这一天，山西三维低开低走，缩量不创新低，【金屋藏娇】已初露端倪，只要明天股价出现"阳克阴"，【金屋藏娇】也就名正言顺了。

第二天，股价高开高走，成交量温和放大，【金屋藏娇】的技术形态基本可以确认，轻仓试探。

第三天，主力加大了攻击力度，【一阳穿三线】提示持币观望者赶紧进场。盘中主力很鬼，它一边拉一边洗，既活跃了市场气氛，又达到了自己的目的。只有善于借力，方可节省财力。聪明的主力都是这么干的。

第四天，股价在昨天阳线的上影线里面打了一天的转，表面上给人一种攻击力度减弱的假象，其实这是主力在进行强势整理。想想看，既不让股价下跌太多，又要完成充分换手，垫高市场平均持股成本，没有精湛的技术是玩不转的。在拉升初期，很多主力都采用这种"摘桃子"的操作手法，在一定时间段内，只要你进来，就让你有桃子吃，在这种赢利效应的示范下，人们才会纷纷加入做多的行列。

9月20日，望着那根金灿灿的大阳线，兴高采烈的人们奔走相告，根本没有意识到危险正在悄悄地向他们逼近，主力【明修栈道】的目的，就是为了【暗度陈仓】，这正是主力的阴险之处。见图五。

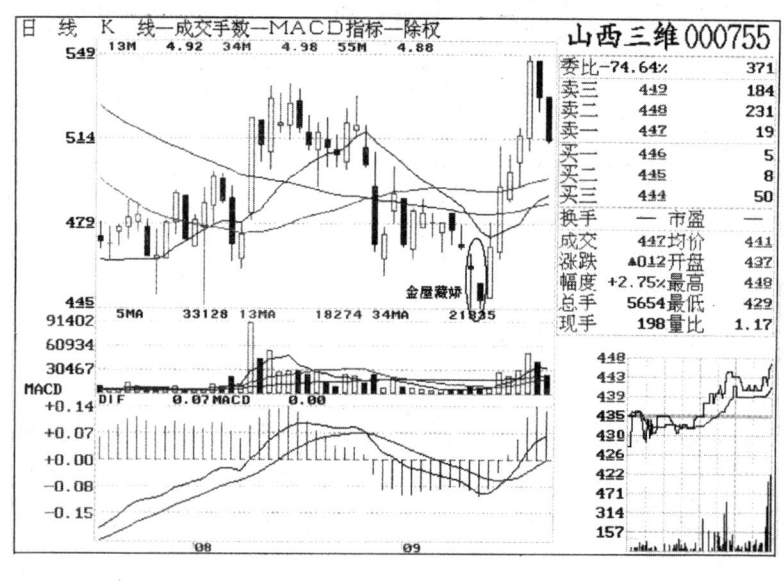

（图五）

（6）南山铝业（600219）。9月13日这一天，在该股的走势图上出现了【金屋藏娇】的技术形态，这究竟是不是底呢？股价后来的走势已作了明确的回答。每一根K线都是一个秘密，每一个形态都有着特定的含义。有人可能会说，这些都是市场上的特例，是个别，不是一般。特例，是指罕见、少见。是特例就不应重复出现，更不会在不同个股之间同时出现或在一只个股里反复出现。135战法的每个形态都散见于不同的个股中间，有些形态还往往以"扎堆"形式出现，在事实面前，我们还能说它是特例吗？不，这就是股价特有的运行规律。

【金屋藏娇】是股价见底成功率极高的一个形态，有了它你就不会再去盲目抄底。也许你不具备【金屋藏娇】的实力，但在一千多只股票里，一睹【金屋藏娇】的芳容还是可以做到的。见图六。

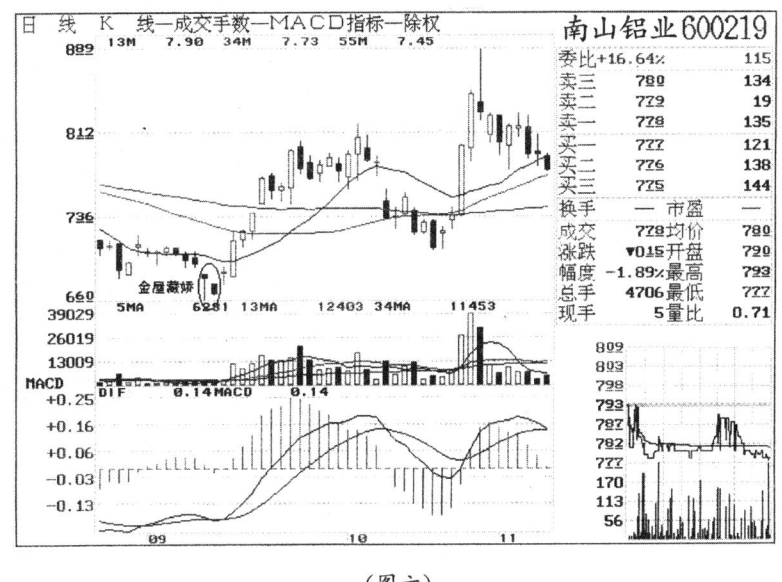

（图六）

（7）**隆平高科**（000998）。【一锤定音】以后，股价低开低走，一整天都躲在昨天阴线的下影线里面不敢吱声，缩量不创新低，【金屋藏娇】尽收眼底。信号就是命令，轻仓试探。

翌日，股价高开高走，成交量配合积极，有点意思，半仓跟进。随后股价发力上攻，一举收复前期失地，并且高傲地站在了涨停板上，【一阳穿三线】再次发出买入信号。

第三天，股价继续高开，回调不破昨收盘，强势依旧，但股价冲高回落后再也没有抬起头来，而且出现放量滞涨，图表上隐隐约约地露出【星星点灯】的模样。如果尾市能以阴线报收,【星星点灯】的成功概率就比较高,可它偏偏以阳线出现,这样一来,形态就演变成了【一枝独秀】,因而,【星星点灯】的市场意义也就不复存在了,同时预示着股价将步入调整阶段,为慎重起见,在这种情况下可观望一天,如果第二天不能携量上攻,盘中应考虑择高点出局。第二天股价高开低走,并且创出调整新低,清仓走人。见图七。

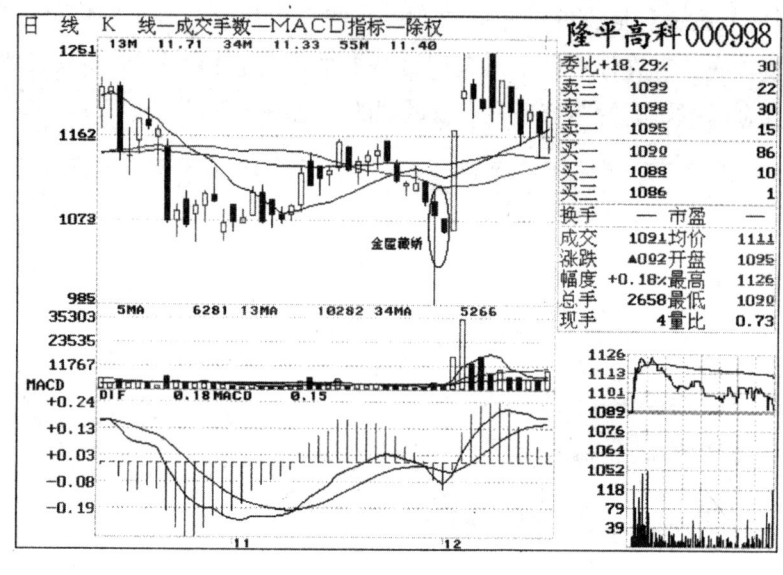

(图七)

【金屋藏娇】是主力探底结束时的标志性信号。买在主力洗盘结束时的确是一桩美事。主力洗盘的目的就是为了减轻以后的拉升阻力,因此,分清洗盘与出货是实战的真功夫。判断庄股洗盘注意把握两点:一是股价在主力打压之下快速低走,抛单不断,但接盘更为踊跃。主力洗盘时经常使用"周瑜打黄盖"的苦肉计。二是在整个洗盘过程中,成交量呈递减趋势,跌而无量,不创新低标志着洗盘的结束,而【金屋藏娇】则是最好的注脚。

◉ 买进时机

(1)【金屋藏娇】出现当天,轻仓试探。

(2)翌日出现"阳克阴",半仓跟进。

(3)股价突破前期整理平台,重仓出击。

◉ 友情提示

【金屋藏娇】由两根 K 线组成，第一根阴线必须是在下跌的尾部出现，要求带量且留下长长的下影线，第二根阴线必须在前根阴线的下影线里面运行，要求缩量不创新低。

【金屋藏娇】一般出现在大盘跌到大多数人的心理都无法承受的时候，当股市中人纷纷割肉斩仓出局的时候，【金屋藏娇】就会开始出现了。当你觉得如果再不抛出手中的股票就血本无归的时候，去补点仓，或许你正好补在【金屋藏娇】这个股价的转折点上。

【金屋藏娇】虽然是个见底回升信号，但由于股价刚刚见底，能否成功，还需要第二天的阳线来确认，所以发现【金屋藏娇】这个形态以后，既不能太激动，也不能大笔买入，只允许轻仓试探。之所以这样，主要是为了防止主力反手做空，那样，就有点得不偿失了。稳妥的介入时机不是【金屋藏娇】出现当天，而是股价形成"阳克阴"之后。股价只有收复昨日失地，才表明主力做多坚决。在"阳克阴"之后介入，就等于踩准了主力的节奏，因而安全系数也相对高一些。

> 按交易系统给出的指示进行交易，
> 做对一次不难；一直做对也不算太难；
> 一直不做错，那才是难上加难。

第3节 日月合璧

◉ 古为今用

《龙韬·军势篇》："夫将有所不言而守者神也，有所不见视者明也。"就是说，将帅用兵，能不动声色而胸有成竹的叫做神，情况尚未明朗而能看出端倪的叫做明。"日月如合璧，五星如连珠"，意为国家的祥瑞。

"一阴一阳之谓道"。宇宙间的一切事物都是由阴阳之气构成的，它们互相对立着、依存着、发展着、变化着。对立而又变化，这就叫"道"，也就是规律性。"阴阳多空战事乱，且做糊涂壁上观，量价线形观仔细，姜公钓鱼凭自然，东风为何助周郎，【日月合璧】是关键。"

在均线系处于多头排列的前提下，阳克阴买进，阴克阳卖出，通常获得大赢小亏的结果。本质的东西最简单，但很容易被人忽略。

◉ 形态特征

股价从一个明显高点开始回落，成交量极度萎缩，13日均线跌势趋缓或开始走平，在下跌尾段股价跳空低走，收平底或略带下影的阴线，但第二天股价止跌回升，表明股价底部已经探明，我们把出现在底部区域的这两根并排阴阳K线称为【日月合璧】。它是下跌行情中，股价见底反转的信号。见下图。

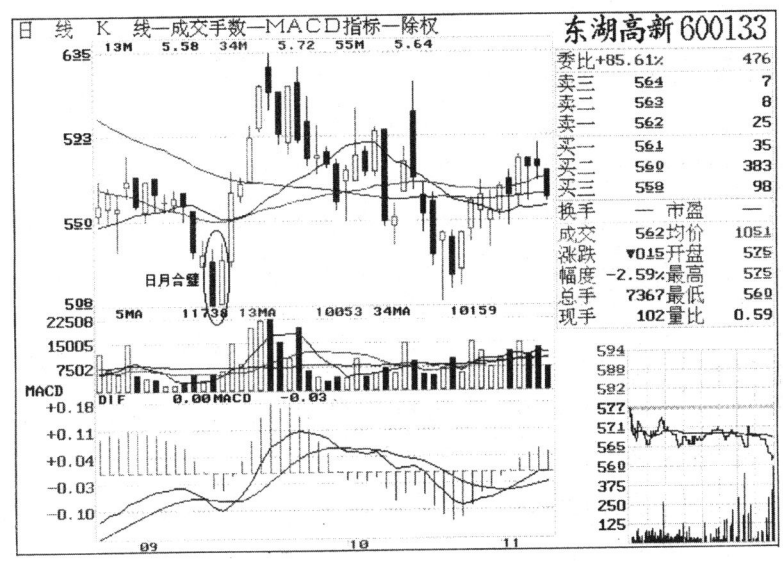

【日月合璧】表明股价的下跌空间已被封闭

◉ 形成机理

股价经过长期下跌，市场参与者已高度亏损，萎缩的成交量表明抛盘已近枯竭，套牢盘已不再割肉，下跌尾段股价跳空低走，这是股价的最后一跌，第二天止跌回升的阳线表明股价的底部已经完成。有的个股经过一周或更长时间重复先前走势，进一步夯实底部。两根阴阳相间的K线在底部区域并排而立，犹如【日月合璧】，筑成股价的坚实底部。它的出现，意味着股价的见底反转形态已经形成。

股价形态的千变万化，归根结底还是阴阳线的变化，只要掌握阴阳线形态分析的基本方法，就能融会贯通。分析时注意股价的位置和均线系统的方向，切忌死记硬背，因为同样的形态，出现位置不同，其市场意义也是不一样的。很多人认为，阳线就是涨的信号，其实不是这样的。比如，当股价经过一波扬升之后拉出的大阳线，像【明修栈道】【一枝独秀】等，不但不是买进信号，相反是出货信号。因此，投资者对每个买卖点的形态特征和股价位置要结合起来进行综合判断，知其然，更要知其所以然，这样在运用时才不致发生偏差。

经典案例

(1) **神火股份**（000933）。该股经过一波下跌之后，早于大盘见底，一个【日月合璧】的图形就提前跳了出来，由于大盘不予配合，主力也不强行拉升，控制着股价在13日均线附近来回遛弯，直到9月14日，大盘反转向上时，主力才以【日月合璧】的方式结束整理，转为反攻。聪明的主力都不蛮干，在没有得到大盘许可的情况下，即使做多欲望再强烈，也会强制自己把心态放平，耐心等待时机。什么叫"因利而制权"？"因利而制权"就是顺势而为。什么叫"心随股走"？就是跟着主力走，不以自己的意志为转移。既然我们无法控制市场，也没能力控制主力，那就下决心去控制自己。控制自己的情感，控制自己的愿望，控制自己的行为，这一切都控制好了，也就等于把握住了自己的命运。

很多人都在花大力气研究个股的基本面，研究主力，研究股评家，可偏偏忘记了研究自己。最该研究的没有研究，可研究可不研究的反而倾注了大量心血，把劲使偏了。如果你致力研究的东西像以下这则短信所说的，你会不会有一种被人愚弄的感觉？

什么是上市公司？	抢呗！
什么是主力？	骗呗！
什么是股评家？	吹呗！
什么是咨询公司？	蒙呗！
什么是股民？	傻呗！

既然我们没有能力说服别人，倒不如先把自己变得聪明起来。每个人都应该找到自己在股市里的位置，找到自己在股市的生存方式。严防死守和横冲直撞，都不会收到预期效果，因为它们既不会使铁树开花，也不能让哑巴说话。若想在股市立于不败之地，重要的是掌握一套可以重复获利的方法。

从图表上可以看出，自从【日月合璧】出现以后，股价一改原来的颓势，顽强地反转向上。当然谁也无法保证，【日月合璧】出现以后股价就一定会涨，我们只能说这种形态出现以后，股价见底回升的可能性大，上涨的概率高。每一个形态都是股价运行过程中的客观实在。我们既不能否认它，也不能把它神化，而是尊重它和利用它。这才是学技术的要义所在。见图一。

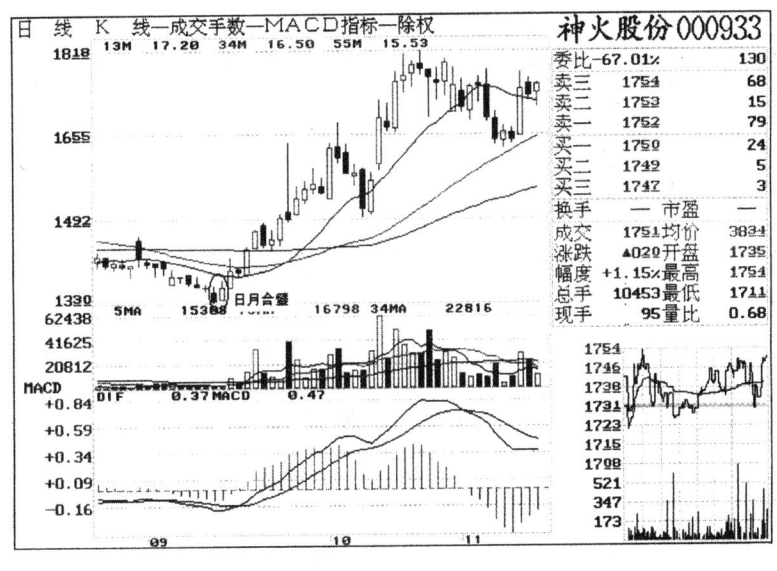

（图一）

被称为"美国之父"的富兰克林，年轻时曾去拜访一位德高望重的前辈。那时他年轻气盛，挺胸抬头迈着大步，一进门，他的头就狠狠地撞在门框上，疼得他一边不住地用手揉搓，一边看着比他的身子矮去一大截的门。出来迎接他的前辈看到他这副样子，笑笑说："很痛吧！可是，这将是你今天访问我的最大收获。一个人要想平安无事地活在世上，就要记住：该低头时就低头，这也是我要教你的事情。"

（2）**祥龙电业**（600769）。该股在【日月合璧】发出进场信号以后，股价犹如刚刚点火发射的火箭直插云霄，义无反顾地直达预定轨道。同样的形态，相似的结果，异样的过程。这就是形态的共性与个性，在具体操作中，注意区别，切忌刻舟求剑。当一个形态完成以后，股价可能这样涨，也可能那样涨，不可强求一律。只要我们知道它会涨就够了，至于以什么方式涨、涨多少则无关紧要。但在操作上必须严格按交易系统发出的指令行事。需要注意的是，任何战法反映的只是股价运行的一般原理，而不是数学意义上的定理。是原理，就允许有弹性，不然的话，"心随股走"也就成了一种摆设。实际上，"心随股走，及时跟变"并非空洞的原则，它有着极其丰富的内涵，比如洞察力、判断力、反射力、执行力等，当然，更多的还是出于形态多变的考虑。庄进我进，庄退我退。这既是135战法的起点，又是135战法的归宿。见图二。

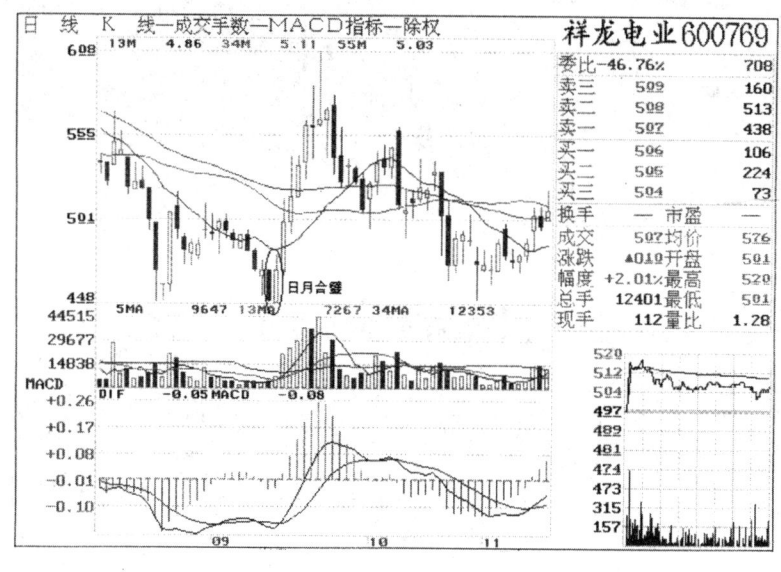

（图二）

（3）**鲁商置业**（600223）。"纪昌一箭穿双雁，却问何物落眼前？"经过充分下跌之后，股价平开高走，成交量温和放大，【日月合璧】终于封住了股价的下跌空间。股价能否由此反转向上，还有赖于翌日量能的有效释放。9月15日，股价越过34日均线后，直逼55日均线，成交量比前一个交易日放大了3倍。至此，我们就可以说，【日月合璧】的技术形态已得到了确认，可适量跟进了。之所以不能重仓出击，是因为股价还面临着55日均线的压力，只有冲破55日均线的阻力以后，才能考虑加仓。

9月16日，股价在前阳线的收盘价附近小幅振荡，这是冲关前的蓄势，不是冲高遇阻的表现。成交量略有萎缩，从股价目前所处的位置看，主力不会在这里停留太久，因为股价就要走出【动感地带】，主力不可能前功尽弃。不进则退，成败就在此一举了。

9月17日，股价从55日均线上【揭竿而起】，主力选择了向上突破，当趋势明朗以后，攻击是最好的防御。炒股谨小慎微是对的，但攻击态势确立以后，再畏缩不前就不应该了。

9月20日，股价高举高打，然后直奔涨停。不容乐观的是，涨停板位置有点偏高，而且成交量比前个交易日多了4万手，主力有利用涨停板出货的嫌疑，小心为好。

9月22日，股价依然高举高打，但和涨停板亲密接触一下后逐波走低，量不减，主力开始大规模派发了，【一剑封喉】及时地发出了见顶信号，清仓出局。如果你仍心存幻想，不按交易系统发出的指令去做，后果会怎样呢？

9月23日，股价大幅跳空低开，曾一度躺在跌停板上，20%的价差瞬间化为乌有。为什么让投资者养成守纪律的习惯，就是为了保住利润，规避风险。见图三。

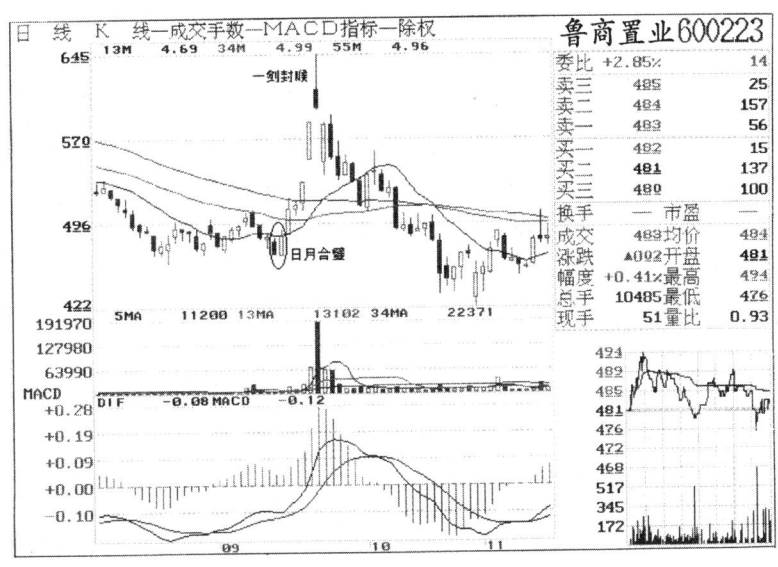

（图三）

> 炒股开户容易，赚钱难，煎熬是常态；最常见的不是被套和亏损，而是长时间的苦苦挣扎。

第 4 节　投石问路

◉ 古为今用

《孙子兵法·军行篇》："胜兵先胜而后求战，败兵先战而后求胜。"打胜仗的军队，都是先具备了胜利的条件再去交战。打败仗的军队，才是先和敌人交战再去寻求胜利。K 线是市场交易的原始记录，主力的一切意图都是通过一根根忽上忽下的 K 线来实现的。看不懂 K 线图，就无法与股市进行交流，就无法与主力进行对话，因而也就谈不上如何去获利了。

◉ 形态特征

股价经过长期下跌或充分整理以后，13 日均线开始由跌到平再到向上起翘，表明有增量资金在悄悄地买入，由于受到 55 日均线的反压，股价缓步爬上 34 日均线后顺势回落，但在 13 日均线和 34 日均线的节点处获得双重支撑，回落的股价正好落在节点处，我们把这根落在节点处的阳线或阴线称为【投石问路】。见下图。

第4节 投石问路

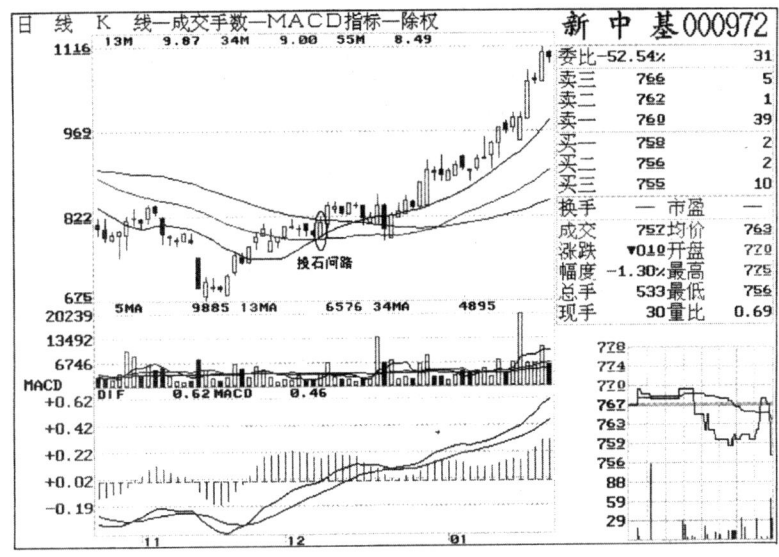

【投石问路】是股价开始走强的信号

◉ 形成机理

股价经过长期下跌或充分整理后，做空能量得到有效释放，随着时间的推移，成交量开始温和放大，13日均线由下降趋于走平，表明增量资金悄悄进场建仓，暗示先知先觉者开始逢低吸纳。股价突破34日均线后受到55日均线的明显反压，于是短线客获利回吐，股价顺势回落，但在13日均线和34日均线的节点处获得双重支撑后仍会延续原来的升势。

📉 经典案例

（1）**通威股份**（600438）。股价经过长期下跌以后，成交量始终在5日均量线以下运行，说明该走的都走了，没走的也只好听天由命了。总之，成交量的萎缩，反映了场内的浮动筹码已变得安静下来，但缩量并不意味着股价已经见底，更不表明股价马上要涨，因为，筑底需要过程，过程由细节和时间两大要素组成。135战法的断底形态有【日月合璧】【金屋藏娇】【红杏出墙】【蚂蚁上树】【投石问路】等，换言之，只有当股价出现这些形态以后，我们才开始关注或适当操作。"放弃空头排列的股票，只在【动感地带】附近寻找合适的目标"是一种既方便又快捷的方法。对于55日均线以下的股票，除非形态特别完美，否则一律放弃。

从这张小图上，我们可以看到，【红杏出墙】以后，股价开始上摸55日均线，之所以不在【红杏出墙】这个点位介入，是因为它只具备"量、价、线、形、位"其中的一个，那就是它的"形"，而其他三个条件皆不具备，因而只能放弃。很多朋友在运用135战法时往往只注意其形，把其他要素给忽略了，这就是心想而不能事成的原因。一个完美的技术形态必须满足"量、价、线、形、位"5个条件，在具体操作时，还要考虑指数环境和股价目前所处的具体位置这两个条件。

股价在34日均线上方折腾了几天，主力的目的旨在消化前平台的筹码，这时，13日均线开始上穿34日均线，为了测试市场的抛压，主力开始【投石问路】了。尽管13日均线的平均值比34日均线高出两分钱，但它却暗示着股价即将走强。只是这个【投石问路】不是很成功，因为它的量和价都不太符合进场要求，为安全起见，最好先等一等，看明天的量能是否能够释放出来，能释放出来，表明【投石问路】成功，量能释放不出来，意味着股价仍将继续整理。严把买进关是操作成功的关键，因为切入点选择不当，以后就很难找到合适的出局价位。有人说"会买是徒弟，会卖是师傅"，对这种说法，我不敢苟同。所谓会买，我的理解是，买了就涨，当天就让它处于获利状态，起码不能当天就套，这才叫会买，想想看，徒弟能做到这一点吗？真正的专业高手，既善于买，更善于卖。这是一个问题的两个方面，忽略谁都不行，必须两手抓，两手都要硬。

第二天，股价低开低走，带量下跌，理论上讲不是什么好事，不过，请大家注意一个细节，尽管股价跌而有量，但却没创新低，说明主力震仓的可能性大。第三天，股价无量上攻，表明大部分筹码已尽收主力囊中。既然下跌可以无量，那么上涨也同样可以无量，任何东西都不是绝对的，具体问题具体分析，绝对胜过纸上谈兵。第四天，股价从55日均线上【揭竿而起】，这根带量阳线既是对【投石问路】的确认，又是主力发起攻击的开始，股价的"量、价、线、形、位"全部具备进场条件，这时候必须大胆出击，因为这是在追涨，绝不是在追高。此后，股价一路振荡攀升。经过一波拉升股价高开高走，顺势回落后，第二波冲击再也没能越过第一波的高点，且在高位出现放量滞涨，这不是主力出货又是什么？【一剑封喉】的单日见顶信号清晰可见，如果不及时出脱持股，那段可观的利润立马就将化为乌有。

如此细致地分析一只股票，除了加深投资者对技术形态的理解和认识，更重要的还是为了提高投资者的识图能力和操作水准。其实，任何股价的涨跌事先都有迹象，135战法的技术形态从不同的角度揭示了主力的做盘意图，熟悉了这些买卖点，掌握了这些技术形态，就能够与主力同呼吸共命运。见图一。

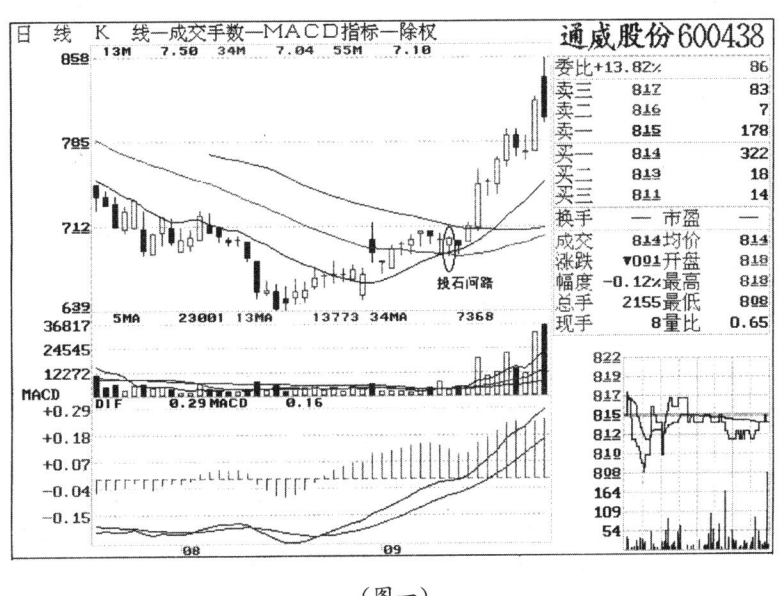

（图一）

（2）**海印股份**（000861）。股价经过长期下跌以后，做空能量已变得相对安定，均线系统开始并拢，股价波幅日益收窄，股价站上13日均线后，主力迫不及待地放量上攻，由于均线之间跨度较大，主力鞭长莫及，第一次攻击宣告失利。而不规则的【一阳穿三线】又过早地暴露了主力的上攻意图。为掩人耳目，股价振荡走低，摆出一副可怜巴巴的样子。但成交量的萎缩、均线系统的收拢，以及股价的运行位置，都清楚地表明，股价已进入【动感地带】，很多主力经常在这个地带整事，这不能不引起我们对它的足够重视。13日均线的上穿，表明主力已开始【投石问路】了，如果翌日股价携量收复今日失地，则意味着【投石问路】形态的成立，可轻仓试探。

第二天，股价如期带量上攻，【投石问路】的"量、价、线、形、位"都非常到位，这一切无不预示着主力的新一轮攻击就要开始了。

股价在【动感地带】尾部【揭竿而起】，股价一举攻破前高点后，一路扬长而去。3天后，主力蛮力上攻，但这根巨量阳线不是什么好兆头，根据经验，这根带量阳线十之八九是主力刻意制造的诱多骗线，我们把它叫做【明修栈道】，这是一个出局信号，而非进场时机。在第8节里我们将详细介绍这个卖点的具体用法。

实战经验不丰富的人，往往对那些蛮力上攻的个股情有独钟，他们认为这是主力大打出手，顺势跟进肯定有利可图。其实，这时正是主力能量行将耗尽之时，若不清楚这点，盲目跟进，第二天就可能把你拴个结结实实。正确的买入时机，应是那些长期横盘之后，技术形态具备【揭竿而起】或【一阳穿三线】的个股，亦可从分时线中寻找精确点位，具体说应把握以下三点：

（1）股价的第一波上攻要有力度，最好能以涨停板出现。

（2）前期须是缩量整理，从盘口看，成交稀疏，因为只有缩量，才能表明主力控盘程度高，同时也说明场内的浮动筹码少。

（3）15分钟均线系统开始多头发散，MACD同步向上，盘口出现大笔主动性买单，在股价的行进过程中，主力一般会采取夹板攻击，然后，主力会一鼓作气，把股价推进拉升阶段。

静下来想一想，我们的钱是怎样跑到主力口袋里去的呢？不具备实力却总去挑衅主力，被主力套住了，不是想着办法如何逃命，而是源源不断地追加资金，希望通过补仓去降低成本。这种所谓自救，表面看似乎成本降低了，实际上资金总额并没有增加。不过，这种自欺欺人的鬼把戏，至今依然不见绝迹。

对于忠诚主力的人来说，执行指令是赚钱的天堂；对于忠实自己的人来说，猜想却把自己送入了地狱。在错综复杂的股市，让我们记住一个古老的真理：技术越简单，赚钱就有希望。

【明修栈道】的第二天，正当人们期待股价继续上扬时，主力突然杀了个回马枪,把昨日的跟风盘一网打尽。我们把主力的这种操盘手段称为【金蝉脱壳】,它是135战法的又一个卖点,在第15节里投资者将会看到它的全貌。尽管【金蝉脱壳】以后,股价又拉出阳线,但主力这样做并非为了深化行情,而是为了派发手中的筹码。9月24日,虽然股价创出近期新高,然而能量并未同步放大,主力虚晃一枪,拍马就溜,K线图上不规则的【一剑封喉】横刀立马,挡住了它的去路。在所有的见顶形态面前,我们宁可信其有,不可信其无,这样,有可能踏空,但不至于遭套。见图二。

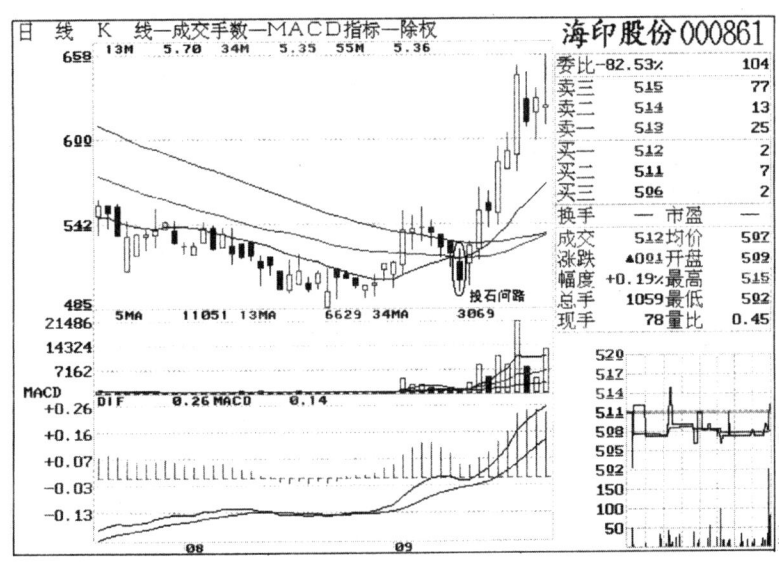

(图二)

(3) **九有股份**(600462)。随着13日均线成功穿越34日均线,从技术结构上看,它的"量、价、线、形、位"均完美无缺,标志着【投石问路】一举成功,可轻仓试探。对那些完美的技术形态,任何时候都不能言弃,只是在大盘不好的时候,在入货比例上保持适度。放弃完美的技术形态,不仅是对金钱的放弃,更是缺乏自信和操盘水平低下的表现。主力在【投石问路】获得成功以后,股价直线上攻,这时候如果一味地想着回调跟进,很可能踏空。因为,箭已上弦的主力不会再给你低位吃货的机会,在这种情况下,只有一种补救的措施,那就是勇敢地追涨。总是抱着一种低吸的心理是很难捕捉到强势股的,捕捉不到强势股,跑赢大盘就是一句空话。

经过一波拉升，股价高开低走，量不减，暗示主力在悄悄出货，K线图上不规则的【独上高楼】也十分清楚地揭示了这一点，如果你对这个见顶信号坐视不管，主力立马就会给你点颜色瞧瞧。严格按照交易系统里给出的信号进行操作是走向成功的关键，也是专业高手的必备素质。前提是，这套交易系统必须科学合理，必须能够正确反映股价的运行规律，必须能够重复获利。需要提醒投资者的是，即使找到了可以重复获利的方法，并不意味着你能获得每一次操作的胜利，因为这里面还有一个正确和灵活运用的问题。见图三。

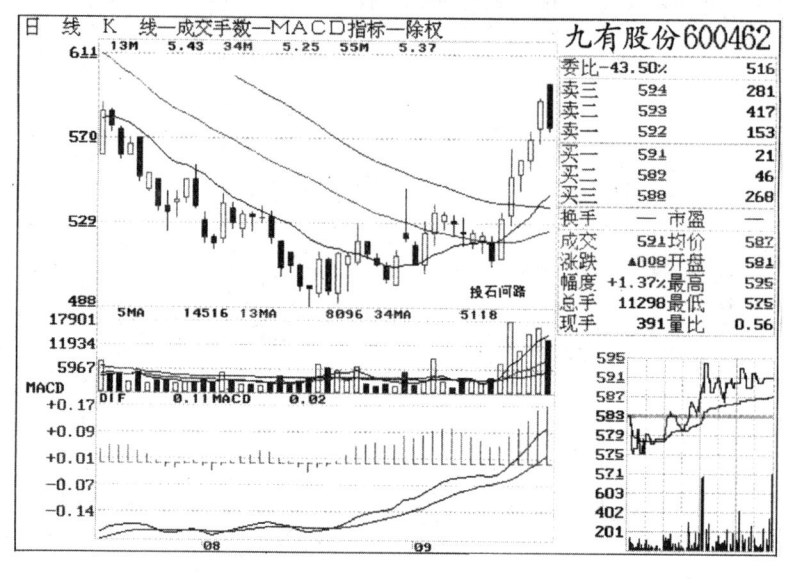

（图三）

在具体操作中，我们都有过不该买的买了、不该卖的卖了的经历，那是因为没有一个具体的可操作的标准，盲目和随意占了较大的比重。掌握了135战法就不同了，因为，这套战法的每个买卖点都有着非常明确的标准。比如说，在一个技术形态出现以后，首先要用"量、价、线、形、位"去透视它的真伪，然后看指数环境是否给予配合，最后再看股价所处的具体位置是否适当，当这三个条件达到和谐共振的时候，就可以大胆介入了。形态好，但指数环境不配合，持仓比例就应相对减少；形态好，但股价位置已高，无论主力如何诱惑，也坚决不进，钱在你手里，你不买，主力也是徒唤奈何。判断股价的位置，主要看均线的角度和相互间的距离。炒股是个细致活，别着急慢慢来，冰冻三尺非一日之寒。技术需要积累，经验需要积累，失败也需要积累。任何事物都有一个量变到质变的过程，炒股当然也不例外。

拿九有股份来说，尽管我们不了解它的基本面，但技术面上已经给出了非常明确的进出信号，你没发现它，说明你看盘不细，说明你功力不够。我认为，遇到问题，多从自己身上找找原因，不要一味地抱怨客观，这样心态才能放平，股票才有做好的可能。

（4）**华域汽车**（600741）。该股在【投石问路】出现以前，股价曾出现过许多异常现象，在该股的走势图上，【红杏出墙】的技术形态相继出现，尽管没有把股价推上去，但我们是不是该想一想，股价为何反复站上13日均线呢？总不是主力吃饱了撑的穷折腾吧。我们发现，三个【红杏出墙】的成交量一个比一个大，这说明什么呢？说明主力资金加大了吸筹的力度。三个【红杏出墙】构成了一个完美的头肩底，头肩底意味着什么，有点常识的人都知道主力的整理已进入尾声，股价行将突破了。没错！但是行将突破，并不意味着立马突破。由于散户的资金少，没必要提前介入参与盘整，为了保障资金的安全，我们必须寻找精确的进场点位，以提高资金的运作效率。股价在走出一组不规则的【蚂蚁上树】后，机会终于来了，主力开始【投石问路】了。由于股价收阴，且不忙介入，直到股价拉出阳线，收复失地后，才考虑进场。

翌日，股价拉出了阳线，这既是对【蚂蚁上树】和【一石二鸟】的确认，也标志着【投石问路】的成功，三个买点在同一时间发出进场信号，这还有什么可犹豫的？有。三个技术形态的确同时发出了进场信号，但成交量不予配合。也就是说，四个条件还差一个。在这种情况下，我们只能耐心等待，等待量能的有效释放，这样一来，买入的价位是高了一些，但安全系数增大了。只有严把买进关，以后才会有更加充分的回旋余地。主力个个都是人尖子，没有那么多便宜让你占。

随后，大盘见底回升，股价携量上攻，主力的攻击时间选择得不错。至此，三个买点才算最后成立。提前进是抢点，属于违规操作，滞后进属于行动迟缓，理应出个高价。所谓精确点位，指的是在"量、价、线、形、位"完美无缺的时候介入,并不单指一个"形"。主力够强大了吧,可它总看着大盘的脸色行事,大盘涨,它就拼命向上拉,大盘跌,它就顺势打压,武装到牙齿的主力尚且如此,更何况手无寸铁的我们呢?散户是股市中的弱势群体,更应该注意保护自己,学会看风使舵,不但看大盘的风向,更要看主力的风力。要知道,主力是我们生存的物质基础,对它毕恭毕敬,尚且经常给个小鞋穿,与它对着干会是什么结果呢?

【投石问路】以后,主力一路上攻,在拉升途中,主力采用【一石二鸟】震仓,随后创出近期高点。2004年9月24日,股价高开高走,但冲高回落后再也没有重拾升势。【一剑封喉】锁住了股价的上升空间,及时地清仓出局才是明智的选择。目前,股价又有走强的趋势,但在交易系统没有给出明确的进场信号以前,决不提前打埋伏。出手就赢,才是我们孜孜以求的目标。见图四。

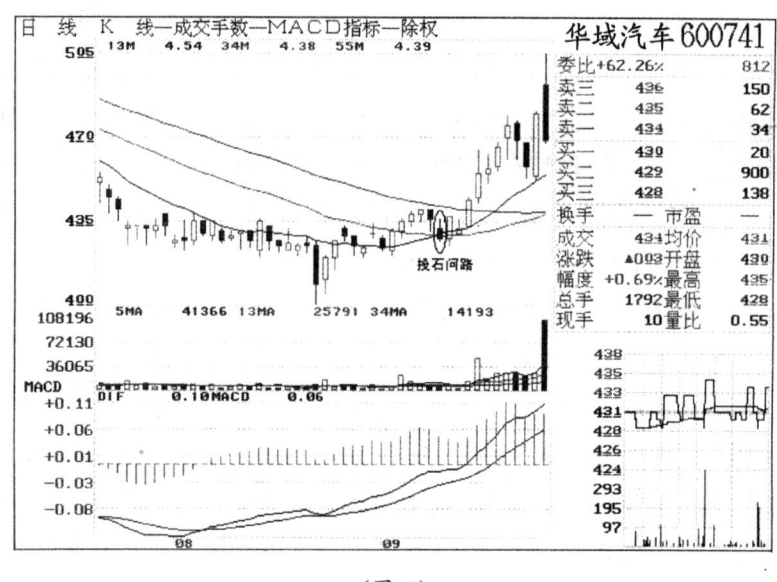

(图四)

● 买进时机

(1)【投石问路】出现当天,如果K线收阴,轻仓试探。

(2)【投石问路】出现当天,如果K线收阳,半仓跟进。

(3)股价突破前期高点,重仓出击。

友情提示

【投石问路】是135均线操作系统中三个"金叉穿越"的第一个，它的成功，对于股价以后的走势有着极其重要的意义。我们知道，任何一个"金叉穿越"都说明有一股新的力量在涌动，然而，穿越能否成功，取决于当时的指数氛围，取决于股价的量能、位置和均线的穿越角度。在三个"金叉穿越"中，【投石问路】决定着股价未来的运动方向。一般来讲，如果【投石问路】一举成功，股价将会进入快速拉升，但行情往往是来也匆匆、去也匆匆，投资者对这个买点的期望值不要太高，操作时注意把握进出节奏。如果【投石问路】不是很成功，股价将向着【黑客点击】或【红衣侠女】的形态转化，如果【黑客点击】或【红衣侠女】都没有把股价拉起来，那一定是主力在等待【均线互换】的完成，待一切准备工作就绪后，主力往往会发动一波中级以上的行情。

【投石问路】当天K线收阴，表明主力仍在摇摆不定，暗示股价仍将反复。碰上这种情况，先作壁上观，待股价收复失地，形成"阳克阴"之势再考虑进场。【投石问路】当天K线收阳，表明主力志在必得，预示股价将进入快速拉抬阶段，投资者应立即行动。不然的话，股价越涨你越不敢跟，越不敢跟利润就离你越远，等你敢跟进时，股价已接近顶部。一般情况下，【投石问路】一旦成功，主力根本不会再给你低位吃货的机会。倘若【投石问路】的形态不够规范，放弃或跟进，应视情况而定，切忌死搬教条。

> 啥叫幸福？一是做自己喜欢做的事，二是有点闲钱，三是有花这点闲钱的时间、精力与心情。

第5节　分道扬镳

◉ 古为今用

《百战奇略·重战篇》："不动如山。"在股市处于下降通道时，一定要扎紧口袋，严防死守。《百战奇略·安战篇上》又说："安则静。"在没有行情的时候，一定要拒绝诱惑，耐住寂寞。练心态练技术，加强备战，严阵以待。

投资者平时应熟练掌握和运用自己的交易系统，着重培养自己的条件反射能力和快速应变能力，一旦发现目标，就要像饿狼捕食那样迅猛地扑上前去。发现情况不妙，立即突围。这就叫：道不同分路而行。

◉ 形态特征

股价经过一波拉升以后，开始在高位小幅振荡或横盘整理，13日均线由升趋平再到向下掉头，预示上攻能量消耗已尽，暗示主力派发已进入尾声。此后的股价趋势将转向空方市场，我们把13日均线下穿34日均线形成的节点称为【分道扬镳】。见下图。

第5节 分道扬镳

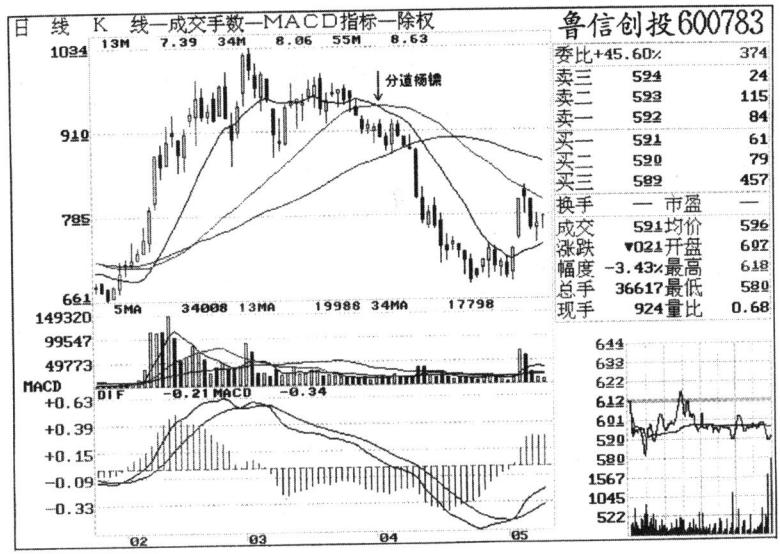

【分道扬镳】是股价下跌的临界点

● 形成机理

主力把股价拉到预期目标后就要开始派发，由于持仓量太重不可能一次把货出净，于是就在高位采取振荡出货，13日均线由升趋平，说明市场供求关系已发生变化，均线系统由携手并进演变为【分道扬镳】，标志卖方市场已经形成，是出脱持股的好时机。

经典案例

（1）汉商集团（600774）。股价经过大幅扬升以后，主力【独上高楼】，望尽天涯路，说明股价已经到顶了。由于主力持仓量太重，迫使它再次将股价拉起，以维护市场人气。由于主力的主要任务是派发，供需已发生明显变化，于是13日均线便开始走软，当均线系统出现瓦解时，标志着主力的派发已进入尾声，以后的跌速将会逐渐加快。随着13日均线掉头向下，与均线系统背道而驰，【分道扬镳】，表明主力的清仓大甩卖就要开始了。

从图上可以看出，13日均线与34日均线【分道扬镳】以后，股价的跌速加快了，至【一箭穿心】出现时，股价的跌幅已超过10%。处于多头排列的均线系统一旦【分道扬镳】，短期内很难重归于好，这种时空的转换是需要时间、需要代价的。如果你不想做无谓的牺牲，当均线系统【分道扬镳】时，请立即跳出界外。见图一。

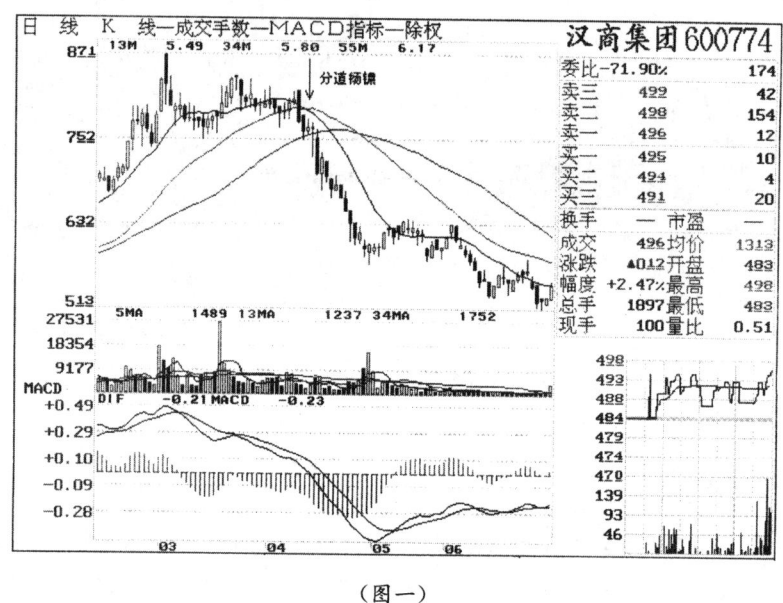

（图一）

（2）厦工股份（600815）。【分道扬镳】与【一箭穿心】都是明显的离场信号，它们是主力雇佣的职业杀手，专门与股民为敌，不得不防，但无须惊慌。因为击键的速度远比均线的掉头速度快，问题在于你想不想走，能不能严格执行操作纪律。135战法的股价定位系统是比较准确的，但有时间限制。当盘中发出见顶信号时，要求投资者必须当天清仓完毕，这样可以把股价抛到次高点上。但由于人们的投资水准参差不齐，不是每个人都能做到这一点的。他们总希望股价涨了再涨，总认为这是上涨途中的调整，幻想中贻误了战机。其实，在【分道扬镳】出现以前，股价一般都会形成双重顶或多重顶，这是主力出货时留下的痕迹。用传统的理论也很容易判断，主要看成交量的变化，当股价上攻第二个顶时，如果成交量明显低于第一次的攻击力度，就容易形成双重顶；如果成交量明显大于第一次的攻击力度，形成上升三浪的可能性大。有些传统理论是非常管用的，但运用起来比较难，一是投资者在理解上存在着差异，二是没有给出明确的操作提示。135战法的最大特点是：易变可操。每一个买卖点都给出了非常具体的提示，只要严格按照这种提示进行适当操作，基本上都能够获利避险。见图二。

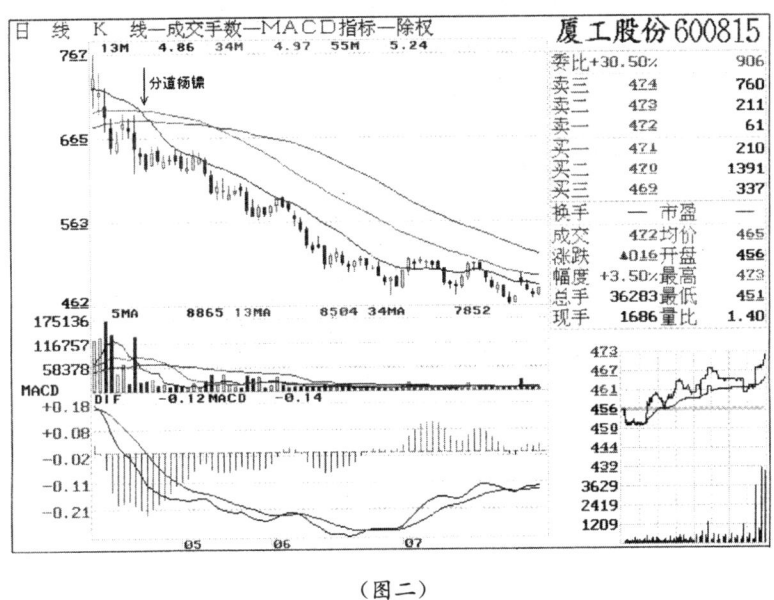

（图二）

（3）**中兴商业**（000715）。股价经过一波大幅扬升以后，主力开始在高位振荡出货。在这中间，股价的单日见顶信号非常明显，即使在离场信号出现当天没有及时抛出，以后还有出局机会，但需坚定抛出的决心。机会在哪？均线系统开始【分道扬镳】，即13日均线开始下穿34日均线之时，就是抛出股票的好时机。点位给得非常明确，非常具体。如果说以前由于不了解【分道扬镳】的市场意义而没有及时抛出尚可原谅的话，那么，在知道了【分道扬镳】的市场意义以后依然无动于衷，则是不可饶恕的。实战中最最不能容忍的不是无知，而是明知故犯，它比自以为是的危害更大。

寂寞出高手，磨难出大师。不甘寂寞的人受伤最多，缺乏磨难的人悟不出炒股的真谛。遇到亏损就一味消沉的人，是肤浅的；遇到交易失利就惶惶不可终日的人，是脆弱的。一个不懂得炒股的艰辛的人，就容易傲慢和骄纵；从未尝过人生苦难的人，也往往难当重任。

均线系统【分道扬镳】以后，股价如忍不住的泪水往下流，它淌在股民的脸上，痛在股民的心里，如果你不想看到这凄惨的一幕，请相信图表上的客观实在，忘掉自己的持仓成本，严格按交易系统发出的指令规范自己的行动。见图三。

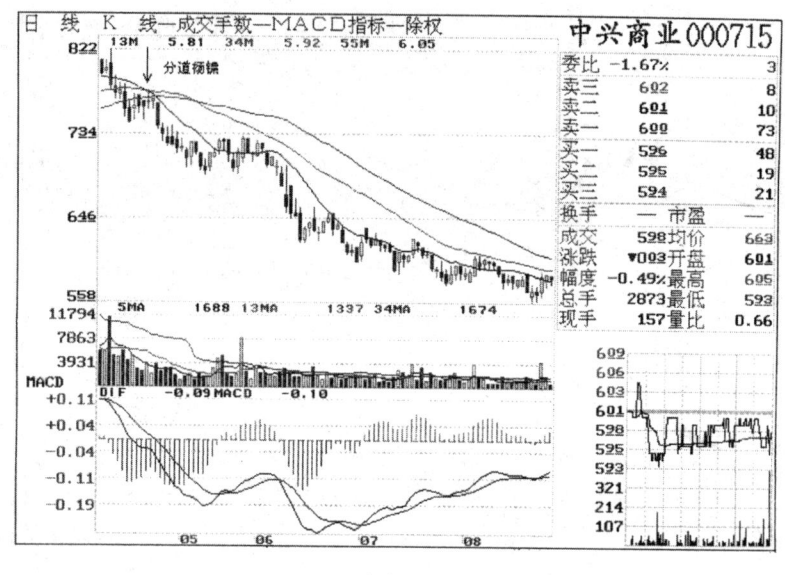

（图三）

诸葛亮《将苑·将善》篇上讲："将有五善四欲，五善者，所谓善知敌之形势，善知进退之道，善知国之虚实，善知天之人事，善知山川险阻。四欲者，所谓战欲奇，谋欲密，众欲静，心欲一。"资金如兵力，技术如武器，投资者本人就是战场指挥官，如何取得每一次操作的胜利，五善四欲是不可或缺的。给你一张K线图，你必须知道主力想干什么，即善知主力操盘手法。发现目标，应立即选好切入点，而资金之配置、战术之应用、出局之点位，都必须做到心中有数，即善知进退之道。在持股期间，要关注政策的变化，也要密切关注盘口的变化，即善知大盘之虚实。如果绝大多数A股都黯然失色，只是权重大的个股在那里卖弄风骚，说明主力机构在刻意美化大盘而暗中出货，必须引起高度警觉。善于了解天时人事，就是善于了解指数环境，如果技术形态没有出现在适当的时候，即使再完美，也应该谨慎小心。善于了解山川地势、险阻地形，这里是指，要关注国家的宏观经济政策，了解周边股市，然后做出买还是卖的决定。

如果说五善是知的话，那么，四欲就是行。比如计划要周密，包括切入点位、持仓时间、持仓数量、预期目标、遇到意外情况如何处置等，事先都应有一个明确的计划。既要大胆心细，也要果断善变，进而达到"大兵无创，与鬼神通"的操盘境界。

（4）**天首发展**（000611）。股价经过一波大幅拉升，多空双方在高位争夺不下，主力东奔西走，但斡旋无效。三条均线于2004年4月26日【分道扬镳】，结局是令人心痛的，但却无法改变。这时候，就应该勇敢地面对现实，把股票抛出，先止痛再说。

三条均线【分道扬镳】以后，股价没有能够独善其身，而是跟着主力随波逐流。由此可见，在实战中，把握时机是何等重要。

一位非常知名的哲学家，颇受姑娘们的青睐。一天，一位年轻漂亮的女子轻轻地叩开他的房门，虔诚地对他说："让我做你的妻子吧！世界上没有比我更爱你的女子了！"哲学家一直对她心存好感，但是否爱她从来没有认真地想过，于是就对她说："让我考虑考虑再答复你，好吗？"漂亮女子满怀希望地走了。

之后，哲学家用一贯研究学问的精神，将结婚与不结婚的得失放在哲学的高度去审视，他发现，得失各半，不知该如何选择？哲学家陷入了深深的苦恼之中，无论他找出什么新的理由，都只是徒增选择的困难。经过反复权衡，最后，他终于得出一个结论——我该答应那个女子的求婚。

哲学家兴冲冲地来到女子家中，对女子的父亲说："我考虑好了，我决定要娶你女儿为妻！"女子的父亲冷漠地对他说："先生，非常抱歉，你晚来了十年，我女儿现在已是三个孩子的妈妈了！"

在实战中，无论你采取什么战术，必须学会和正确使用"心随股走，及时跟变"这个攻防手段。发现某股开始走强，或即将走强，应立即跟进分一杯羹。倘若手中资金不足，应立即扔掉自己手中的弱势股，换成强势股，若不肯趋炎附势，死恋旧主，就会跟着受凄凉。

凡是太聪明、太能算计的人都不太适合炒股。太能算计的人，也是最想赚钱的人，因为过分算计从而失去机会，因为过分算计主力反而招致报复。美国心理学家威廉通过多年研究得出结论：百分之九十以上的算计者都患有心理疾病，而且都是多病和短命的。

成功与失败是两个互为依存的概念,谁也离不开谁,把任何一方看得过重,天平就会失衡。在炒股的过程中,不能只看到成功者的辉煌,更要尊重那些因探索而失败的人。

炒股应学会专注,就是把意识集中在某个特定的目标上的行为,并一直集中到找到办法并付之实际行为上。专注有两个要点:让头脑冷静和把握现在。见图四。

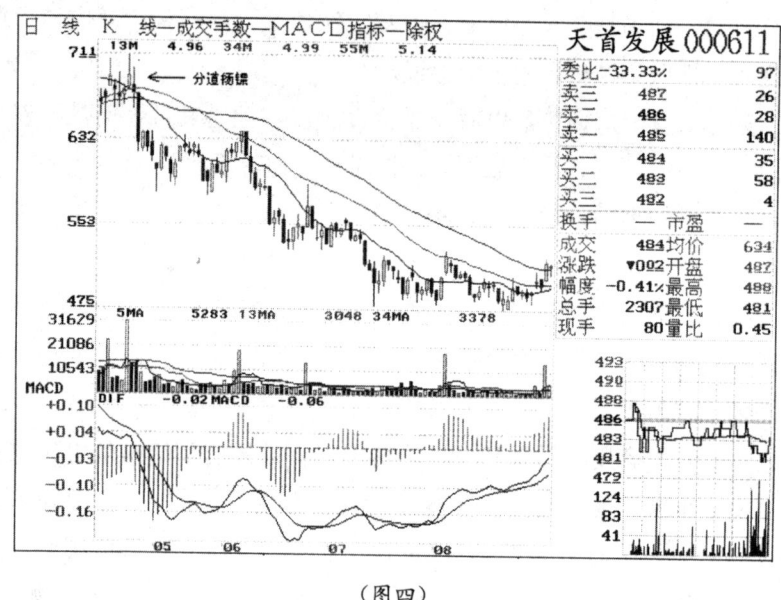

(图四)

(5)**海德股份**(000567)。"日中则移,月满则亏"。股价经过大幅扬升以后,回落是必然的。很多人不信邪,硬是在高高的山冈上苦苦死守。这份忠诚不但感动不了主力,主力反而嘲笑你的愚不可及。买了股票什么时候卖呢?在【一枝独秀】、在【独上高楼】、在【金蝉脱壳】、在【分道扬镳】、在……卖出的时间非常具体,根本用不着去瞎猜,在股价没有出现这些形态之前,就好好地拿着,珍惜这段缘分,在股价出现这些形态以后,好生道个别。

股价经过一段下跌之后,13日均线主动提出【分道扬镳】,股价开始犹豫不决,毕竟哥们一场,有点恋恋不舍,但主力是个忘恩负义之人,对准55日均线就是一个【一箭穿心】。事情往往坏在自己人手上,也往往死在自己人手下,因为自己人最了解你的底细,而你对自己人又从不防备。

主力就是这样的"自己人",受尽了屈辱、吃够了苦头的你,还会对它依然如故吗?见图五。

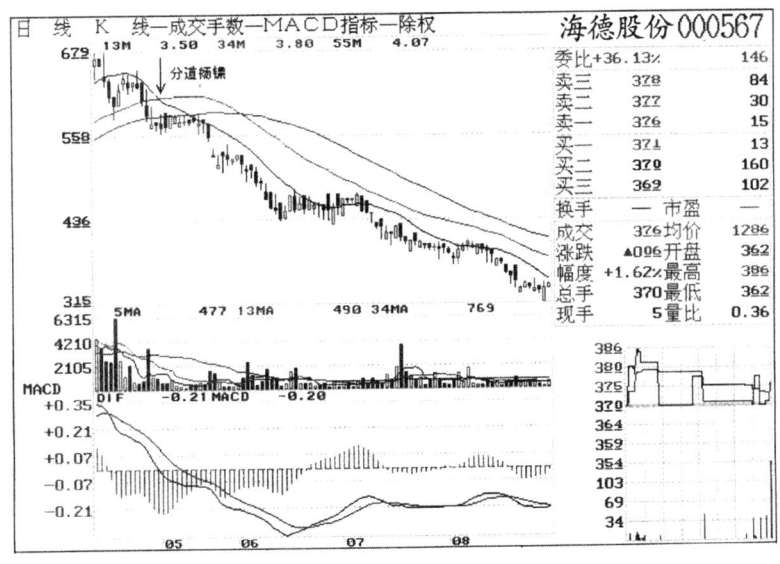

(图五)

(6) **太钢不锈**（000825）。13日均线跟着股价鞍前马后、上下左右地跑了一阵,结果累得连腰都直不起来了。主力不但不救死扶伤,反而落井下石。忍无可忍的13日均线在2004年4月14日这一天,嘴里喊着"死就死",勇敢地和它们【分道扬镳】了。均线系统如果没有了13日均线的运筹帷幄,犹如三军失去了统帅一样,股价就会像一盘散沙,变得溃不成军、不堪一击。13日均线是"135"均线系统的中枢神经,它是股价的风向标,又是股价的忠实探测器。关注它,就等于关爱我们自己。

从图表上可以清晰地看到,自从13日均线与均线系统【分道扬镳】以后,股价就像日落西山,逐步走向衰败了。

13日均线很倔强,但是非观念很强,上就是上,下就是下,从来不隐瞒自己的真实意图,不像K线那样虚伪。但13日均线也有着明显的弱点,比如反应迟缓,无论股价涨跌,它总是慢半拍。这就需要我们在实战中通过其他技术手段来弥补它的不足。

另外,股市与主力是有区别的,尽管它们目标一致,但各司其职。股市的使命是煽阴风点鬼火,始终让人猜不准;主力的职责是把捡来的柴堆成不同形状的火堆,想点火时就借股市一点阴风。那么,散户干什么呢?寻找主力的柴堆,然后就候在那里,等待主力发红包。弄清股市与主力的分工,才能找准自己的位置,主力做盘可以越位,我们做事则不能越权。见图六。

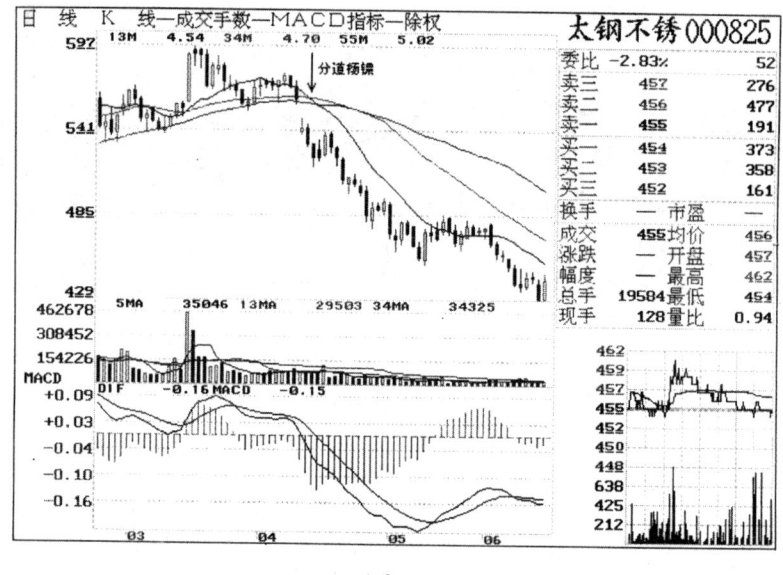

(图六)

(7)**国药一致**(000028)。股价肆无忌惮地下跌,13日均线不堪忍受主力的重压,与均线系统【分道扬镳】了,这时候,无论你承受多么大的压力,都必须坚定地站在13日均线一边,对准接盘不分时间、不计价位地狠砸,直到把自己手里的筹码砸光为止。你不砸它,它反过来就会狠狠地撕咬你,这就是股市残酷的一面,这就是弱肉强食的真实写照。如果你不愿意付出高昂的代价,请尊重13日均线的选择,接受【分道扬镳】的现实。股市是一个充满想象的地方,可我觉得,在具体操作上,还是现实一点为好。努力把今天的事情做好,以后的事情才会慢慢地好起来。该今天买的不要拖到明天,该今天卖的也不拖到明天。明天是个未知数,我们要的是今天实实在在的操盘效益。见图七。

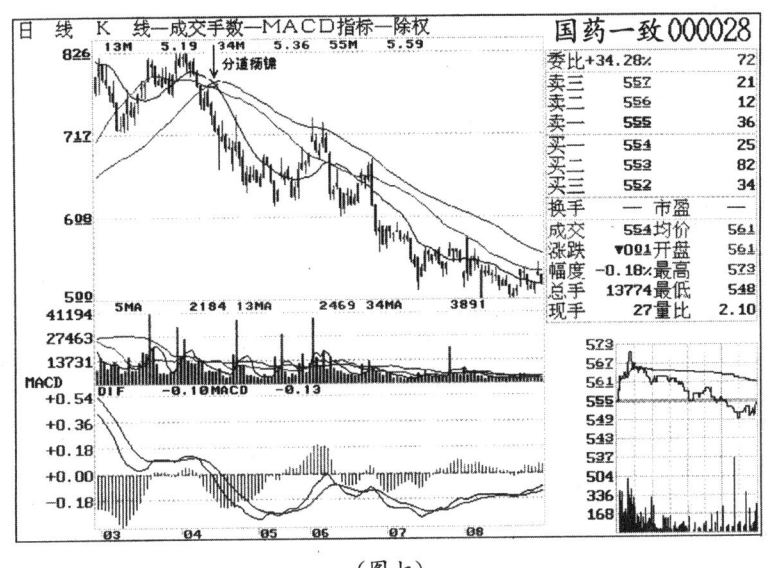

(图七)

◉ 卖出时机

（1）【分道扬镳】出现当天及时抛出。

（2）翌日，趁股价惯性冲高时清仓离场。

◉ 友情提示

（1）【分道扬镳】通常出现在大盘股中，大盘股主力持仓量较多，出货时间长，13日均线的下穿，意味着主力派发已进入尾声，此后，股价的跌速将会逐渐加快。

（2）当均线系统在高位【分道扬镳】时，如果之前已有明显的单日见顶信号，主力的出逃意图更可确认。

（3）【分道扬镳】出现以后，只有极少数个股能够演变成【梅开二度】，前提是股价前期升幅不大，绝大多数都是出货信号。

（4）【分道扬镳】的跌幅与【投石问路】的涨幅基本相等，当图表上出现【分道扬镳】的形态以后，参照一下【投石问路】的涨幅，就能大致估算出它的跌幅，更能坚定抛出的决心。

（5）【分道扬镳】是在用线说话，它比K线形态更准确，更能确定股价以后的趋势。

> 人生有三件事猜不准：一是猜不准今后能赚多少钱，二是猜不准今后有多少幸福和痛苦，三是猜不准自己什么时候离开这个世界。

第6节　三军集结

◉ 古为今用

《孙膑兵法》下篇："战者，以形相胜者也。形莫不可以胜，而莫知其所以胜之形，形胜之变，与田地相敝而不穷。"意思是，战争，是用作战方式取胜的。恰当的作战方法没有不可战胜的，但未必知道我是用哪种作战方式去制服它。作战方式之间相互制胜的变化，与天地并行而无穷无尽。一个人若想在股市立于不败之地，必须掌握一套可以重复获利的方法。好的方法，静止地看，它是有形的，然实战中它又是无形的。形态与形态之间的衔接与转换，是股市内部所做的自行调节。因而，"心随股走，及时跟变"就显得更加重要。

◉ 形态特征

股价先有一波拉升然后顺势回落，原有均线系统遭到破坏，但主均线始终在右前方平行移动，后来经过股价的强行提带，13日均线由下向上、34日均线由上向下同时向55日均线靠拢。当三个点交汇在一起的时候，就会产生一种市场共振，表明股价拉升在即。这个节点对未来的股价有较强的支撑作用，我们把三条均线拧成的节点称为【三军集结】。见下图。

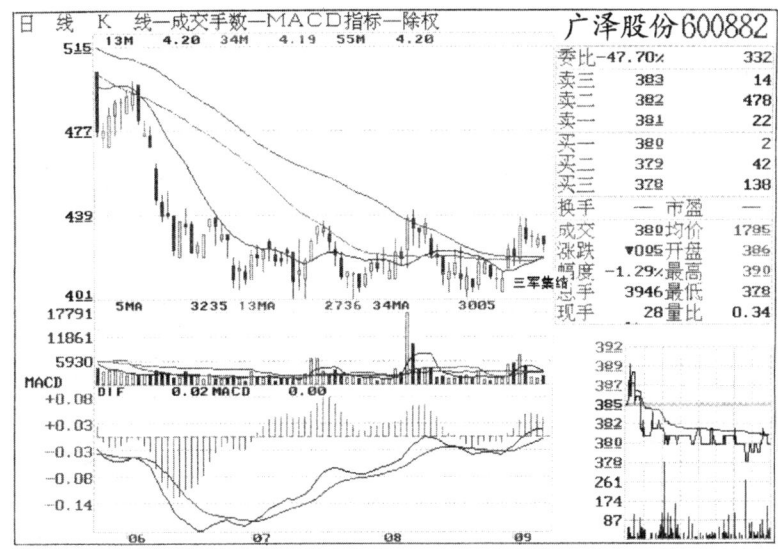

【三军集结】是股价起涨的临界点

● 形成机理

主力在建仓尾段，股价自然走高，为驱逐获利盘，主力开始震仓，刚刚形成多头排列的均线系统被重新瓦解。主力在完成上涨调整以后，重新把股价推高，于是，34日均线由上自下、13日均线由下而上缓慢地向55日均线靠拢，表明市场持股成本趋于一致，而三条均线的节点所形成的巨大凝聚力不仅对股价具有较强的支撑作用，并且为股价的未来上行积蓄了充分的能量。在这一点位切入，无疑买到了一波行情的启动点。

● 经典案例

（1）西山煤电（000983）。在拉升之前，主力又做了一次压价逼仓处理，把不该赚钱的统统赶了出去。只是主力的性子还是有点急，当股价【揭竿而起】的时候，均线系统还没有形成完整的多头排列，这就预示着股价仍会有反复，倘若在【揭竿而起】处没有及时跟进的话，现在就不必再追了，耐心等待股价的回落，耐心等待13日均线的上穿。四天之后，三条均线终于走到了一起，它们的数值分别为：13日均线11.69，34日均线

11.69，55日均线11.66。【三军集结】的技术形态标志着主力的战斗队形已经摆开，攻击随时都有可能发生。同时它还是个【海底捞月】，一般来讲，复合形态比单一形态成功率要高，重仓出击。见图一。

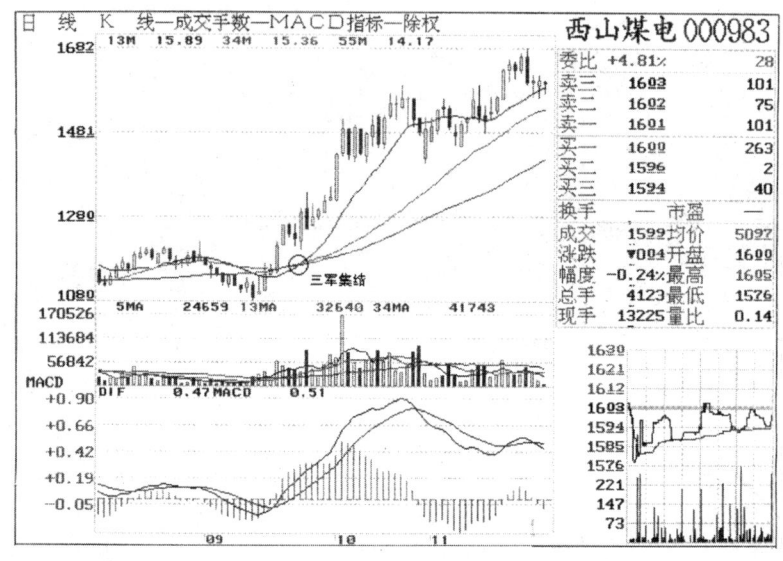

（图一）

（2）**中信海直**（000099）。主力在【三军集结】以前，股价就已出现了异动，【蚂蚁上树】【破镜重圆】【一石二鸟】等在【动感地带】里面蠢蠢欲动。股价之所以没有立即拉起来，是在等待13日均线。三天之后，13日均线提前到达集结地点，数值为9.73；34日均线屈居第二，为9.72；55日均线为9.71。【三军集结】完毕后，一颗绿色信号弹腾空而起，于是，主力的大反攻开始了。

三条均线交汇在一起，说明市场成本趋于一致，股价在这里暂时得到平衡，要打破这种平衡，必须引入新的力量，场内的不再抛出，场外的开始买进。于是，股价在新的买入力量的推动下开始走高，随后在盈利的示范效应下加速上扬。

淡泊处世、冷对人生、得而不喜、失而不忧的人生境界，对炒股有很大帮助。在浮躁的股市，知道股价涨跌原理的人很多，能做到进退有据的人却屈指可数。

"非淡泊无以明志"，是指养德方面；"非宁静无以致远"，是指修身治学方面;"夫学须静也,才须学也",是求学的道理;有追求不苟求,既买入又卖出,才是炒股的精妙所在。见图二。

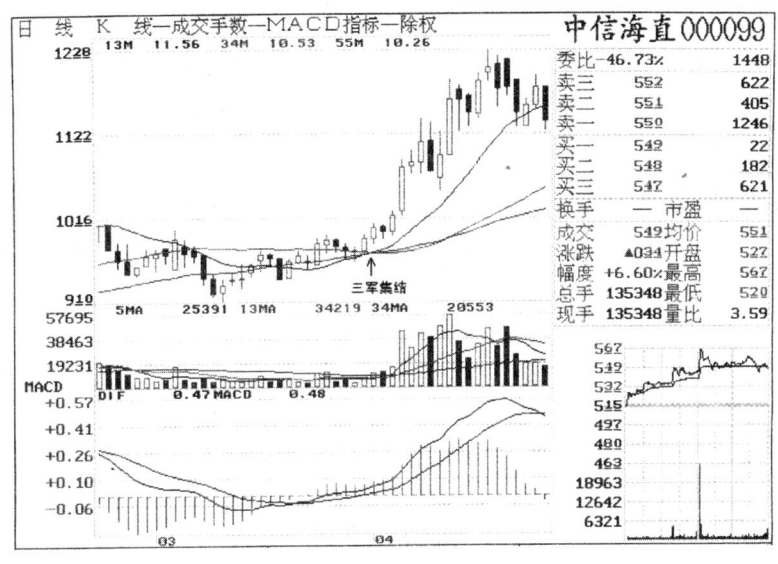

(图二)

炒股有三重境界:看山是山,看水是水;看山不是山,看水不是水;看山还是山,看水还是水。这是一种否定之否定。一个人在入市之初纯洁无瑕,一切都是新鲜的,眼睛看见什么就是什么,人家告诉他这是山,他就认识了山,告诉他这是水,他就认识了水。

随着股龄渐长,经历的事件增多,就发现股市的问题了。认为这个股市的问题越来越多,越来越复杂,经常是黑白颠倒、是非混淆。绩优股根正苗红却备受挤压,垃圾股坑国害民却鸡犬升天。主力无理走遍天下,散户有理寸步难行。辛苦的不赚钱,赚钱的不辛苦,好人无好报,恶人活千年。进入这个阶段,人是激愤的、不平的、忧虑的、疑惑的、警惕的、复杂的。人不愿再轻易地相信什么。人这时候看山也感慨,看水也叹息。山自然不再是单纯的山,水自然也不再是单纯的水。一切的一切都是人的主观意志的载体,所谓好风凭借力,送我上青天。人处在这个阶段,不该买的买了,不该卖的卖了,炒股变成了赌气。于是便开始到处寻找炒股的秘方,甚至把钱交给所谓的理财专家。一个人如果连自己都不信赖的时候,世界上还有什么东西值得信赖呢?总把希望寄托在别人身上的人是永无出息的。

许多人未到炒股的第三重境界却到了被驱逐的边缘，严重亏损，高度套牢。辛苦好几年，绿了股票，瘪了荷包。最后发现并没有实现自己的理想，于是，卷起铺盖抱恨终生地走了。但是有一些人愈挫愈奋，不言弃，不言败，或不断总结经验，或参加专业的训练，终于把自己晋升到了第三重炒股境界，茅塞顿开，回归自然。人这时候更会专心致志做自己应该做的事情，不再轻信股评，不再与媒体斤斤计较。任你红尘滚滚，我自清风朗月，面对股市升升降降一笑了之，面对盈盈亏亏一笑了之，这时候的人看山又是山，看水又是水。很多人因这样那样的原因，熬不到第三关就主动退却了，所以股市里的赢家开始变得少了起来。

（3）**安凯客车**（000868）。该股经过长期下跌和反复整理以后，均线系统逐渐收拢，股价的波幅也开始变得小了起来。此后，随着【一阳穿三线】的出现，加快了三线的交汇速度，2月3日，三条均线从不同方向向指定地点挺进，13日均线 5.22、34日均线 5.23、55日均线 5.22。【三军集结】完成以后，主力一声令下，股价迈着矫健的步伐，高唱着："雄赳赳、气昂昂，跨过鸭绿江……"的战歌出征了。见图三。

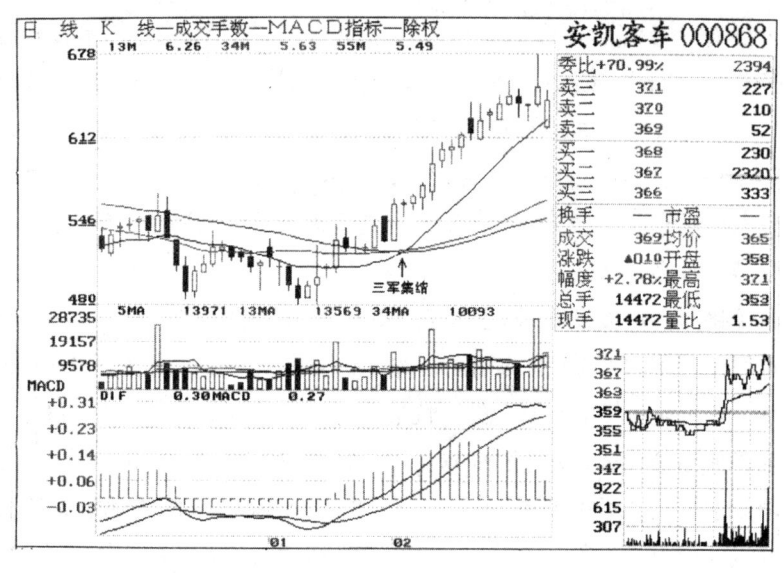

（图三）

（4）**基金隆元**（184710）。有人问，135战法适合不适合基金？它不但适合基金，还适合B股操作。只要有K线的地方，都可以用135战法适当操作。见图四。

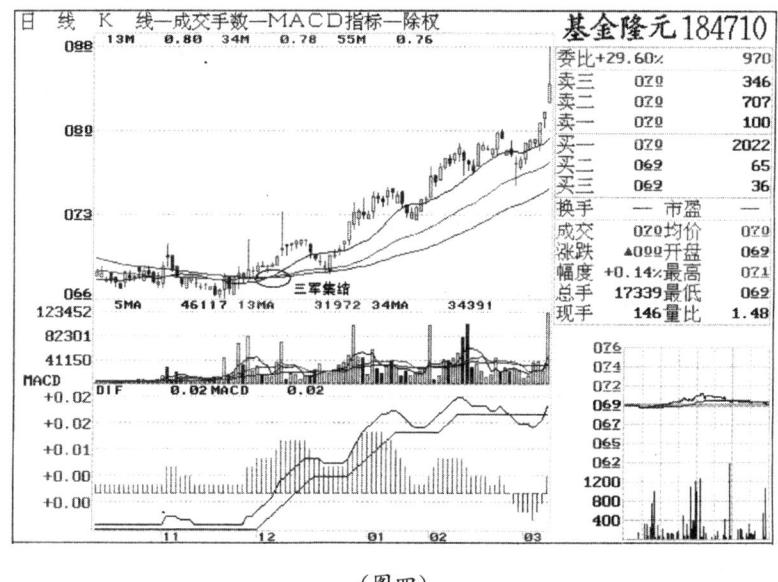

（图四）

在基金隆元的走势图上，我们发现，三条均线不约而同地走到了一起，三条均线的数值均为0.68元，表明市场的平均持股成本在这个点上达到了平衡，预示股价正在选择突破方向，由于13日均线是向上起翘的，所以选择向上突破的可能性就大一些。【三军集结】的节点既是支撑点，又是阻力位，股价在节点上腾空而起，以后这个节点就会成为未来股价的阻力位，所以当股价运行到节点附近时，应密切关注股价的进退反应，然后采取适当的操作策略。

【三军集结】出现以后，股价一路振荡攀升，不知不觉中，股价由0.68元升至0.88元，涨幅30%。

（5）**基金久富**（184720）。股价经过充分整理以后，三条均线从不同方向向指定地点进发，两天以后，【三军集结】完毕，请看三条均线的数值：13日均线0.71元，34日均线0.71元，55日均线0.71元。至此，股价上涨前的技术准备业已完成，攻击随时都可能展开。在【三军集结】之前，股价有过两次明显的异动，不规范的【一阳穿三线】和接踵而至的【三剑客】。股价进入【动感地带】以后，它的每次异动都是一个进场的机会，只是在资金布局上有所区别罢了。在分析技术形态时，要用联系发展的眼光去看,既要看它的过去,也要看它的现在,这样才不至于吃眼前亏。

其实,这个【三军集结】是和【海底捞月】【三剑客】一起出现的,三个买点组合成一个形态,可靠性、准确性自然会高一些。自从【三军集结】以后,股价一路扬升。见图五。

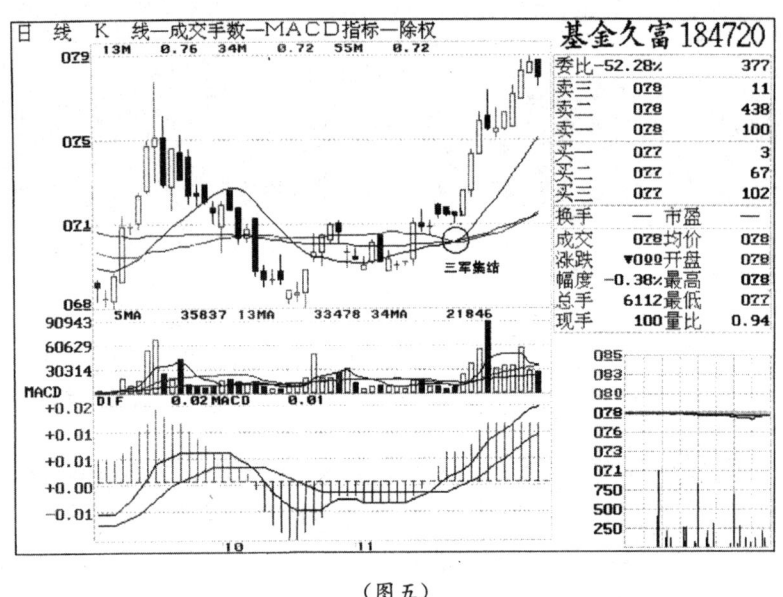

(图五)

(6)**襄阳轴承**(000678)。股价走出【动感地带】以后便完成了【三军集结】,于是,股价立即展开了攻击。为什么会这样?这是股价的运行规律使然。不同参数的三条均线犹如三匹快、中、慢赛马,在比赛中,三匹马肯定有前有后,不可能同时到达终点。按理说,三条均线也应该如此,但由于股价是在量变过程中不断形成的,作为反映股价一个时期平均成本的均线,自然会通过换手增减计算出当前市场的平均持股成本,当三条均线的平均成本达到一致时,市场就会产生共振。与其说三条均线不约而同地走到了一起,不如说这是股价长期运行的必然结果。股价经过长期的量变达到了【三军集结】的质变,于是,股价又开始了新的量变。循环往复,无休无止。所以,我们只能在股价出现相对静止的片刻,完成买卖动作,节奏把握不好,就要等下一个轮回。炒股,说到底,就是在股价的轮回里寻找那些最具价值的形态,然后陪它走完那段最有价值的时光。其他时间就是悉心研究形态的衔接与转换。

【三军集结】是股价始涨的临界点，在这个点位切入，就等于买在了一波行情起动点。在具体操作中，注意形态的"量、价、线、形、位"和股价目前所处的具体位置。买进时不妨"刻舟求剑"，这样可以避免上当受骗。见图六。

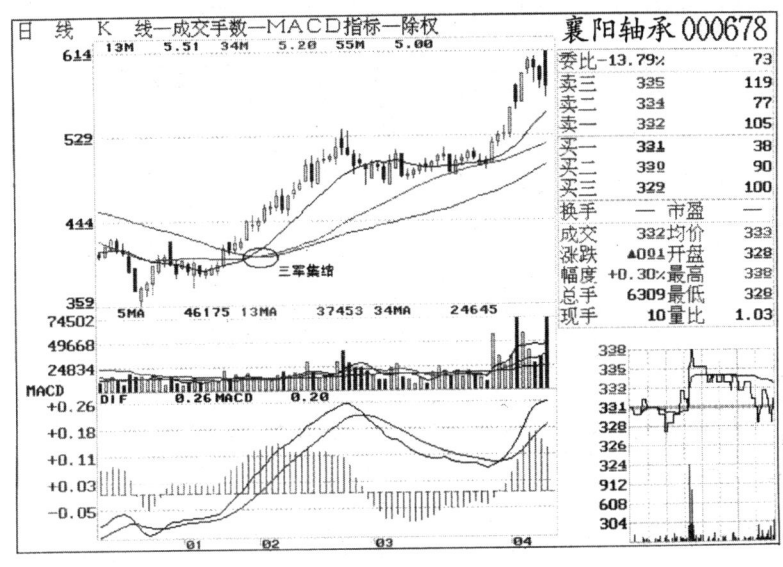

（图六）

（7）中房地产（000736）。【一锤定音】把股价托到55日均线以后，股价在【动感地带】末端【揭竿而起】，仅仅回调了一天，主力就于2月2日完成了【三军集结】，三条均线的数值分别是：13日均线10.02、34日均线10.02、55日均线10.04。股价当天就收复昨日失地，并一举攻克前期高点，然后一路扬长而去。

采集不同时期、不同类型的形态标本，不是为了证明某种形态的正确性或成功率，而是为了揭示股价的运行规律，最终的目的还是为了利用。虽然某些形态在不同时期会有些许变化，但基本原理是不变的。比如说，主力经常采用【一石二鸟】震仓，后来发现知道的人多了，于是改为"一石三鸟"或者"一石四鸟"，表面看，【一石二鸟】的形态破坏了，实际上它的形态已演变成【走四方】或【浪子回头】了，但形态的震仓性质没有改变，只不过力度稍大一些罢了。我们不能因为形态的变形就否认股价的运行原理。任何一个形态在整个交易系统里面只是一个技术元素，把不同的技术元素联结起来，才是技术合成。这就是说，任何股价形态只有经过技术合成以后才具有操作价值。所谓技术合成，就是"量、价、线、形、位"的完美统一，就是位置环境的和谐共振。它并不神秘，更不深奥，既看得见也摸得着。当然，这里面还有一个理解和运用的问题，只要在实战中不断地摸索训练，就能达到熟能生巧的效果。见图七。

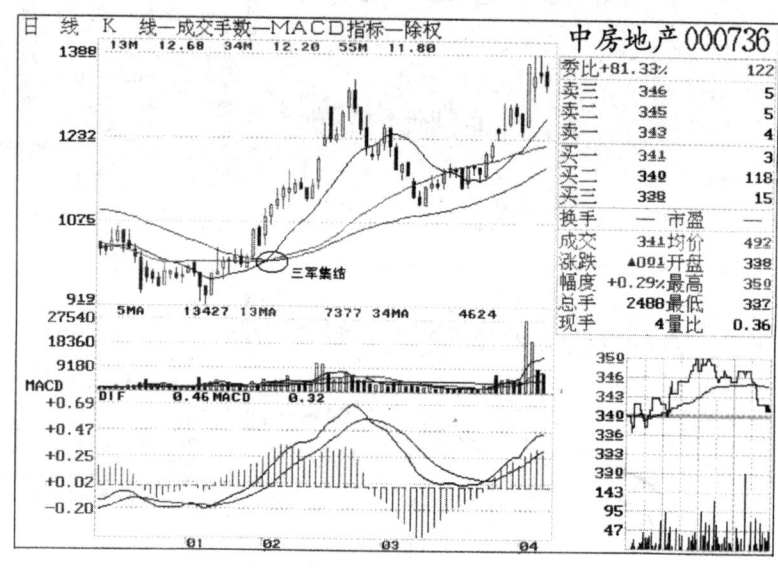

（图七）

◉ 买进时机

（1）在【三军集结】出现后，轻仓试探。

（2）如果【三军集结】是和【海底捞月】或【揭竿而起】【红衣侠女】一并出现的，半仓跟进。

（3）股价突破前期高点，重仓出击。

◉ 友情提示

（1）【三军集结】节点的数值基本相等或非常接近，表明市场持股成本基本一致，是股价即将拉升的信号。

（2）同样是13日均线下穿和上穿55日均线，但它与【海底捞月】有区别：首先，【海底捞月】形成的时间较长，股价整理较为充分；而由【三军集结】所形成的【海底捞月】时间较短，但股价在 55 日均线上方整理得较为充分，所以股价启动的速度较快。其次，【海底捞月】浮出水面以后，股价一般都有一个短暂的整理过程，【三军集结】形成以后，股价往往会立即展开上攻。

(3)【三军集结】出现的概率比【海底捞月】低，但成功概率比【海底捞月】高。

注：基金隆元和基金久富已经结伴失联了，但【三军集结】的身影依然在不同的股票中出现。这说明基金可以退市，规律却是永恒的。

> 人的欲望是天底下最厉害的东西，它既能使人进步，也能使人堕落，关键是人如何去控制它。

第7节　突出重围

◉ 古为今用

《孙膑兵法》上篇："料敌计险，必察远近，将之道也。必攻不守，兵之急者也。"意思是说，分析敌情，审察地形，必须考虑当前的情势和以后的发展……这是将帅所应遵循的原则。必攻不守，这才是最紧要的。实战前，认真综合考察各方面的情况，正确判断大盘当前所处的三种形态，以及目前股价所处的具体位置，然后根据"量、价、线、形"四个条件寻找合适的个股，在具体操作上，尽量多攻少守。攻击时必须对自己有利，当不利情况出现时，快速撤离，不要硬抗。严防死守式的消极防御，必致陷入被动挨打的泥潭。

◉ 形态特征

股价在高价区反复振荡，主力于振荡中分批出货，55日均线由升趋平，13日、34日均线由上而下向55日均线靠拢，然后在某一天三条均线打成了死结，这是股价大跌的信号，应果断地清仓离场。我们把三条均线形成的死结称为【突出重围】。见下图。

第7节 突出重围

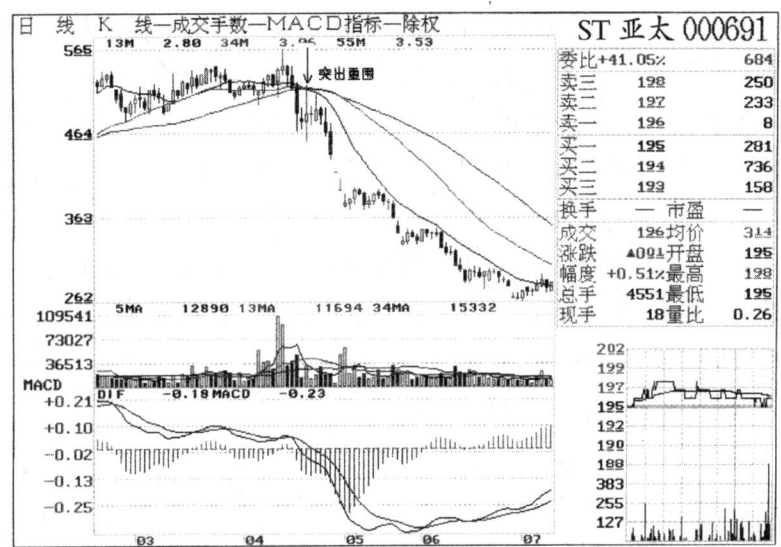

【突出重围】是股价下跌的临界点

◉ 形成机理

主力拉升股价是为了派发，由于持仓量太重，无法一次把货出清，于是，主力在顶部区域反复拉升。当股价回落太多时又须护盘，维护高位振荡格局。由于主力是以派发为主，追高力量逐渐减弱，上方抛压沉重，派发尾段，主力放弃护盘，三条均线形成死结，表明主力派发完毕。股价最终向下，然后呈阴跌走势。

◪ 经典案例

（1）**新潮实业**（600777）。股价经过一波大幅拉升之后，就要开始派发，派发时走势图上都会出现明显的见顶信号，比如【一枝独秀】【独上高楼】【一剑封喉】【金蝉脱壳】等，在这些形态出现当天就须清仓出局。如果因这样那样的原因，在股价见顶时没有及时抛出怎么办？别急，以后至少还有三次出局机会，它们是【分道扬镳】【一箭穿心】【突出重围】等，只是价位要比先前低一些，基本上都能把股票抛在次高点上。一般讲，主力派发是一个过程，因为主力持仓量太重，不可能一两天就把货全部派发出去，所以它必须硬着头皮维持高位振荡的格局,这就为我们离场提供了非常从容的时间。当主力的派发进入尾声时,股价会逐渐盘低,13日均线开始扭头向下,当三条均线在股价的下跌途中交汇在一起的时候,股价将形成一种市场共振。此后,股价将进入加速暴跌阶段。所以,发现三条均线打成死结的时候,要毫不犹豫地【突出重围】,保存有生力量。

正如【三军集结】是股价起涨的临界点一样,【突出重围】是股价行将暴跌的临界点。有风度的主力在这个临界点上还做做样子,拉出一根阳线以示道别,没风度的主力在这个临界点上连个招呼也不打,对准接盘就砸。主力的目的都是为了出货,切不可掉以轻心。

该股经过一段下跌之后,其均线系统打成了死结,主力还算仁义,拉出一根小阳线放你一条生路,这时候,要知趣地离开。倘若不领情,一味地与过去曾经见到的高价位纠缠不休,主力发现你如此不识抬举,那好吧,既然敬酒不吃吃罚酒,于是就会慢慢地靠近你,然后冷不丁地给你一脚,毫不客气地把你踹下谷底。真到了那时候,恐怕是叫天天不应、叫地地不灵。即使你有天大的本事,至少也要遭遇半年左右的监禁,而且食宿自理。挺不划算是吧,那就请你尊重股价的客观走势。忠告:当三条均线打成死结的时候,不要忘记【突出重围】。见图一。

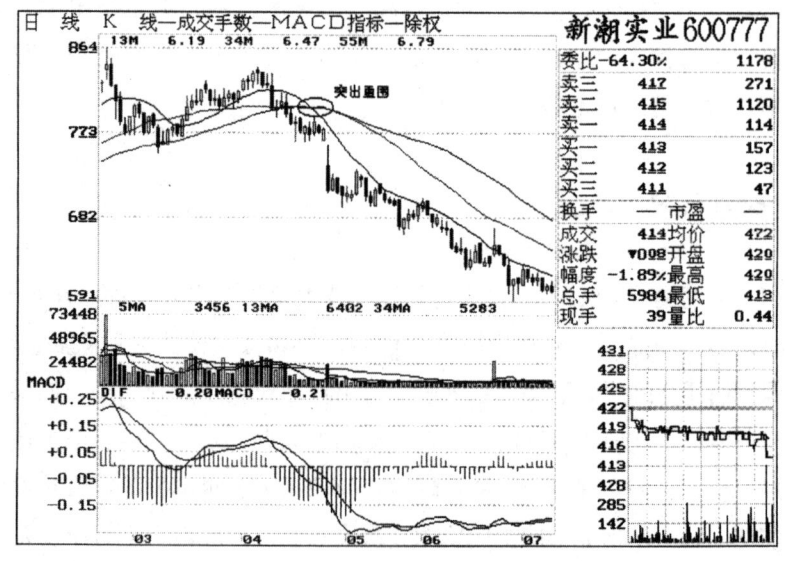

(图一)

(2)＊ST 丹科（600844）。【一阴破三线】之后，该股的三条均线在高位形成了死结，表明主力已派发完毕，如果不能及时地【突出重围】，主力就会强制你到海底世界遨游一番，到那时，"如鱼饮水，冷暖自知"。【突出重围】是股价加速暴跌的临界点，在这个点位，有筹的即使粉身碎骨也要勇敢地跳出去，无筹的即使八抬大轿伺候着也不要钻进来。

【突出重围】出现以后，股价由 6.67 元跌至 3.64 元，跌幅 45.22%，基本被拦腰斩断。见图二。

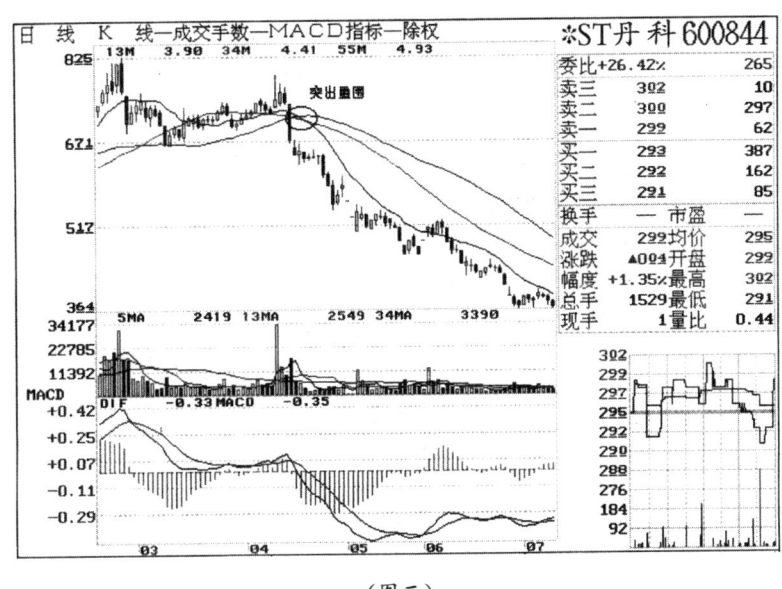

（图二）

（3）第一医药（600833）。在【突出重围】出现以前，通常会有一个巨量抛盘，在成交明细表中经常会有 4 位数的大单出现，它表明主力也在加快"突围"的速度，它要赶在均线系统形成死结以前，把手里的货全部派发干净。维持高位振荡，是一种劳民伤财的事，主力是非常清楚这一点的。

股价下跌一段时间后，均线系统在高位形成死结，这是最后一个离场的机会，如果仍抱有幻想，不肯【突出重围】，损失将是极其惨重的。从图表上可以看出，如果不在暴跌的临界点实施突围，股价就从 6.67 元一气跌到 4.35 元，跌幅 32.53%。【突出重围】以后，短期内不要进场抢反弹，否则，资金会悉数被套。均线系统的死结一旦形成，没有 5 个月左右的时间是解不开的。

孟子曰:"生于忧患,死于安乐。"忧患和安逸虽然都是一种生存方式,但一个可以培养进取精神,一个只能播撒平庸。见图三。

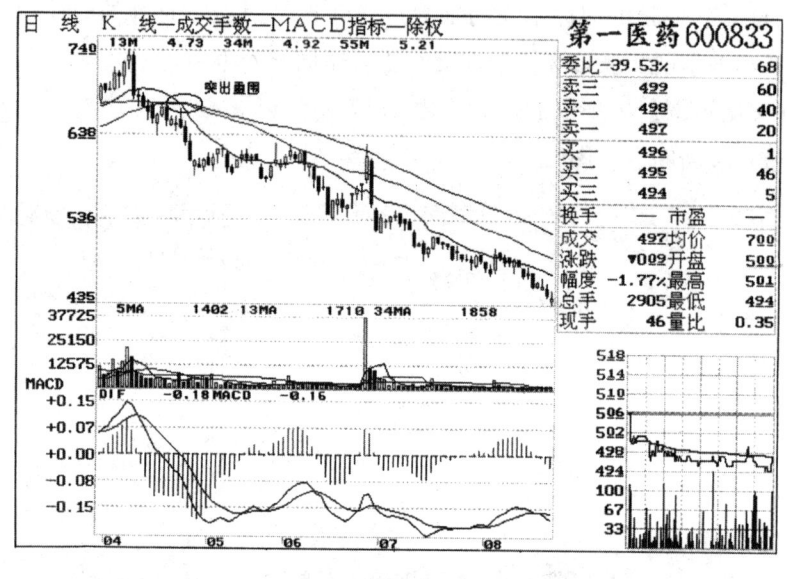

(图三)

在战场上,"进攻"和"退却"是常有的事,不仅失利的军队需要退却,就是胜利的军队由于这样或那样的原因,有时也要实行某种退却,这种退却是趋利避害。实战中,发现后市向淡、股价走软,果断地止赢或止损,正显示出一个人的明智和驾驭股市的能力。许多人亏损,主要是有进无退,该突围时不突围。

能动则动于九天之上,不能胜则藏于九天之下,打得赢就打,打不赢就跑。古代兵法和毛泽东军事思想都在明确地告诉我们驭股之道,炒股的大忌是以不变应万变的磕。操盘的水准不仅仅体现在进出点位的把握上,也表现在资金的合理使用上。

(4) **京能置业**(600791)。主力经过振荡出货以后,股价正在悄悄地向暴跌的临界点运动。2004年4月21日,三条均线不期而遇,当它们发现主力去意已决时,于是商量着该如何【突出重围】,它们是明智的,尽管它们没有把股票抛到高点,但为了保存实力,还是决定【突出重围】。倘若它们在股价暴跌的临界点不果断地抛出,后果将会如何?自【突出重围】出现以后，空方一直穷追不舍，截至 8 月 19 日，股价已由 8.47 元跌至 5.05 元，跌幅 40.37%。见图四。

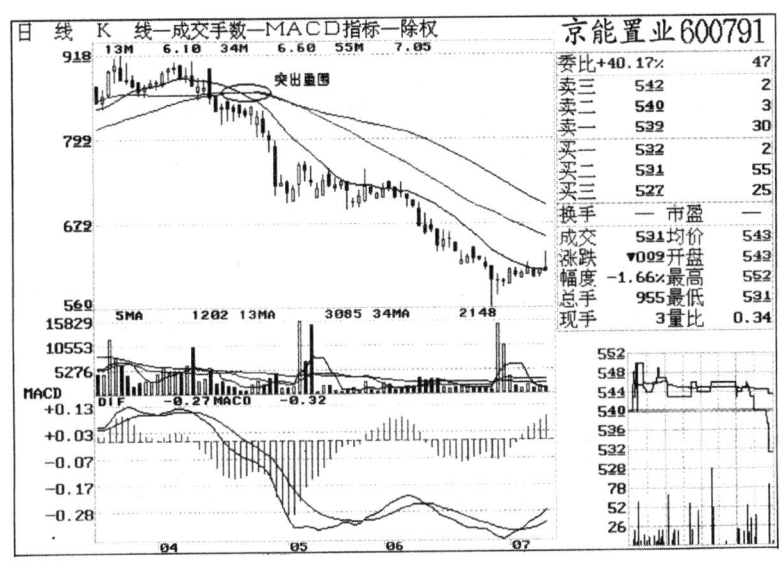

（图四）

做股票，特别在关键处，要舍得割舍。不会割舍的人是无法保证资金安全的。只有懂得丢卒保车的人，才能保存有生力量。在与朋友交流时，我认为，该斩掉时必须斩掉，不要计较一城一地的得失，因为不会割舍，要把股票做好是很难的。凡是朋友们让我点评股票时，我会让他们报出自己现在持有的股票，然后让他们自己去割舍，这样虽然使他们心痛，但却让他们震撼。

一天，在证券公司的交易大厅给散户朋友交流斩仓技巧，谁的股票被套着请举一下手，结果出现齐刷刷一大片。

我让一位中年散户走上台来。

我说："请在黑板上写下你现在持有的股票。"

中年朋友照做了。他写下 7 只股票的名称。

我说："请你斩掉一只你认为最该卖出的股票。"

中年朋友划掉了一只股票。我打开电脑一看，这只股票是 7 只里面涨得最好的一只。

我又说："请你再划掉一只。"

中年朋友又划掉了其中的一只。

我接着说:"请你再划掉一只。"

中年朋友又划掉了一只……

最后,黑板上只剩下了两只。

交易大厅非常安静,中年朋友不解地望着我,但表情已开始变得严肃起来。

我望着中年朋友平静地说:"请再划掉一只。"

中年朋友迟疑着,艰难地做着选择……

他举起笔,划掉了损失极其严重的一只。

"请再划掉一只。"

中年朋友惊呆了,颤巍巍地举起笔缓慢地划掉了最后一只股票。接着,两颗豆大的泪珠落了下来,样子非常痛苦。

等他情绪平静以后,我问他:"你为什么那么快地划掉第一只股票呢?"

中年朋友说:"只有它不赔钱。"

"那为什么要把亏损最严重的一只留到最后?"

"每股亏损20多元,我已经没有勇气去斩了。"

我发现多数散户都默默地点了点头。

我的心变得沉甸甸的,因为很多亏损就是这样造成的,但人们居然能够心安理得地接受。这种思维上的误区不打破,赢利就只是一句空话。

斩仓,着实令人心痛。但很多时候我们必须丢卒保车,这不是你愿不愿的问题,而是必须坚决执行的问题。

最后我对散户朋友们强调了两点:第一,严格按照交易系统发出的指令操作,握死正在上涨的股票,把亏钱的股票尽快割掉。第二,单一持股,复合操作,集中精力做好一只股票。

(5)**鹏博士**(600804)。股价在高位反复震荡以后,主力基本上完成了派发任务,于是,股价开始向暴跌的临界点移动,先是34日均线下穿55日均线,接着13日均线相继穿破55日均线。终于有一天,三条均线打成了死结,这是最后的离场信号,如果不能迅速地【突出重围】,翌日的那根大阴线就会让你躺在跌停板上。为什么把这个卖点叫做【突出重围】?

因为股价到了最危险的时候,不在暴跌的临界点【突出重围】,就会导致全军覆没。

【三军集结】和【突出重围】是投资者征战股市的矛与盾,前者是股价起涨的临界点,后者是股价暴跌的临界点。股价突破了这个"临界点",就会发生质变。均线系统拧成的这个节点是一把双刃剑,正如古代罗马的两面神那样,正面看是善神,背面看却是一个恶神,这是很有哲学寓意的。倘若我们在【三军集结】的时候大胆跟进,稳操胜券的把握就大一些;倘若在均线的死结处【突出重围】,就能保住胜利果实,避免无谓的牺牲。把握股价的"临界点",就是把握股市胜律。具体说,就是要抑制自我,始终遵循操作纪律,在临界点的范围内发挥自己的最大才能。"胜人者智,自胜者强"。当然,一个人要达到"自胜"的境界是不容易的,在投资路上想一点错误不犯也是不可能的,但只要耳畔警钟长鸣,在均线系统打成死结时【突出重围】,大的投资失误应当是可以避免的。写到这里,想起了伏契克在《绞刑架下的报告》中的一句名言:"人们啊,我热爱你们,但你们要警惕。"见图五。

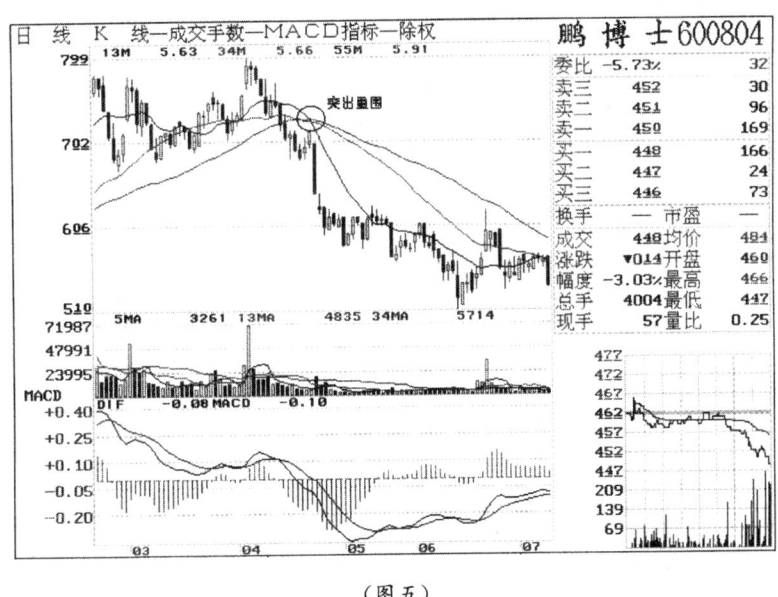

(图五)

(6)**中钨高新**(000657)。在任何一只股票的走势图上,只要均线系统打成死结,股价无一例外地都会出现跳水,不同的只是幅度的不同。如果不采取措施果断突围，就会出现兵败如山倒的惨淡情景。很多人曾拥有过强势股，也有过丰厚的账面利润，最后之所以不盈反亏，不能笼统地认为他们贪婪，而是他们不知道风险已经向他们走近，也算是"无知无畏"吧。现在有了【突出重围】这个保护伞，大的悲剧是可以避免的，如果你不把它当作摆设的话。

在运用这个卖点时，注意观察股价的位置，【突出重围】一般出现在股价大幅扬升以后，出现在反复振荡以后。如果出现在相对低位或股价的半山腰，则是震仓，只是这种情况并不多见，即使有我们也要先出局再说，【突出重围】的技术形态一旦出现，即使不是主力派发完毕的标记，也是股价开始调整的信号。实战中，应引起高度的重视。

从图表上可以看出，【突出重围】以后，股价由7.44元跌至4.76元，跌幅36%。知道它的杀伤力度了吧！见图六。

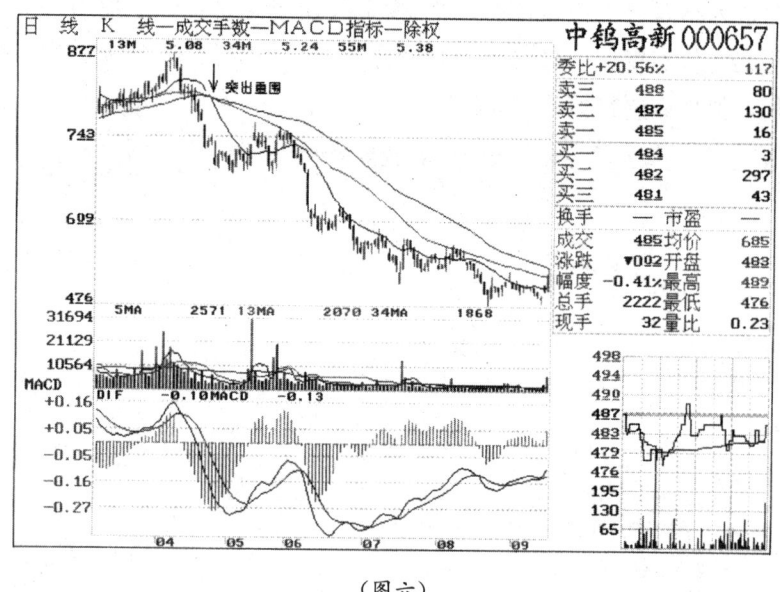

（图六）

如果对一个形态看了一遍、两遍、三遍，还是没有看懂，请再多看几遍，相信你一定会有所收获的。

> 股市里再风光的人，背后也有寒凉苦楚；再赚钱的人，内心也有无奈难处。

第8节　明修栈道

◉ 古为今用

《龙韬·军势篇》："智者从之而不释，巧者一决而不犹豫，是以疾雷不及掩耳，迅电不及瞑目，赴之若惊，用之若狂，当之者破，近之者亡，孰能御之。"明智的将帅抓住战机就不放过，机智的指挥者一经决定就不犹豫，所以才能像迅雷一样，使人不及掩耳，像闪电一样，使人不及闭眼，前进如惊马奔驰，战斗如狂风暴雨，阻挡它的就被击破，靠近它的都被消灭，谁能抵抗得了这种军队呢！

◉ 形态特征

股价经过平台整理或一波拉升后，突然加速上攻，成交量急剧放大，多方力量显得极为强劲，股价当天通常以大阳线报收。这是主力精心设置的诱多陷阱，实战中应格外小心。我们把这根巨量长阳线称为【明修栈道】。见下图。

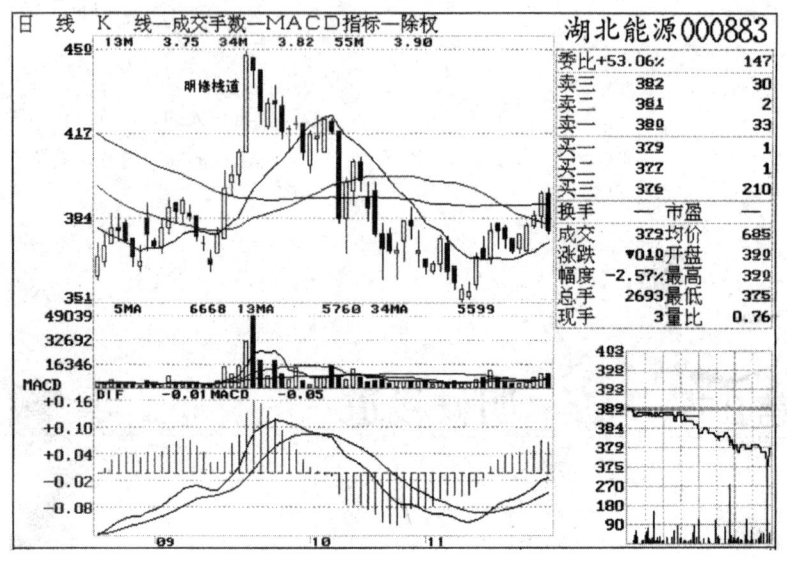

【明修栈道】是经典的诱多和出局信号

● 形成机理

股价扬升后，积累了一定的做空能量，为防止盈利盘获利回吐并吸引场外资金跟进，主力刻意营造一种加速上扬的假象，引诱散户跟进，然后，在热烈的市场气氛中悄悄完成换手。这是主力经常采用的一种出货方法，由于股价形态经过了精心包装，所以不易被人识破，因而上当的人很多。

经典案例

（1）通宝能源（600780）。第一个【明修栈道】，由于位置较低，所以不能把它视为出货信号，有筹的暂时不抛，无筹的适量跟进，但在第二天的【一剑封喉】出现时应择高减仓，然后在调整低位再把它捡回来。第二个【明修栈道】出现的位置相对较高，而且以涨停板的形式出现，诱惑力极强、风险极大，是出货信号而不是进场时机。"按图索骥"必须注意股价的位置，位置不当，再好的形态也成不了大气候。

【明修栈道】的第二天，【金蝉脱壳】又出现了，说明股价的阶段性顶部已经形成，拔腿走人是上策，死缠烂打要吃亏，不少人受放量跟进的误导，他们不能见放量，只要某股放量，不管股价目前在什么位置，就像一匹叫阵的骡子，急吼吼地往里冲，结果当天就被套在了浪尖上。见图一。

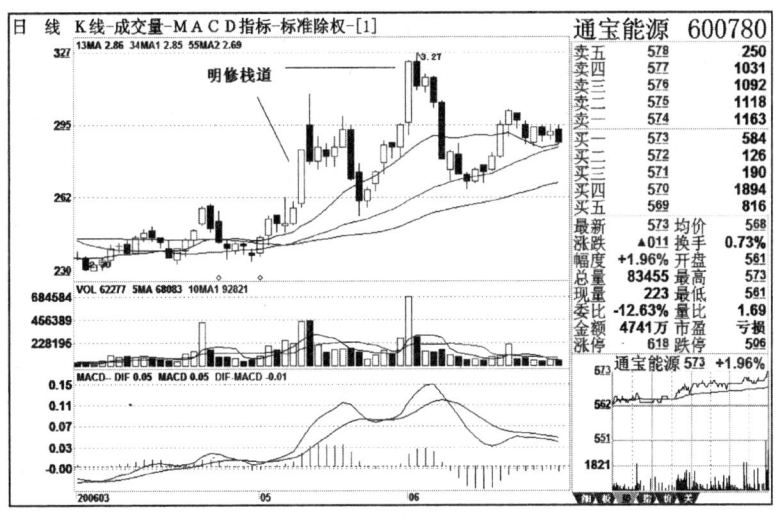

（图一）

坚持进退有据，要尽快地完成从预测性到应变性的转变，任何时候、任何情况下，都应该严格地、自觉地按照交易系统给出的提示操作，坚决做到没有指令不行动。不要想入非非，而要尊重事实。图上是什么就是什么，不要试图让自己比主力更聪明。

（2）**沈阳化工**（000698）。该股经过长期下跌和充分整理以后，55日均线开始走平，股价围绕着13日均线上下小幅波动，表明股价即将走出【动感地带】了。随着【一锤定音】的出现，一个不规范的【日月合璧】结束了股价整理，翌日，【一阳穿三线】和【揭竿而起】齐心协力把股价推上55日均线，主力强势整理一天，就马不停蹄地继续向上攻击。9月20日，股价携量上攻，盘中曾一度摸至涨停，打开后出现放量滞涨，这不是什么好兆头，但股价全天却依然保持了一种强势格局。主力有能力封停，但却不封停，这就值得思考了。明明是在出货，却偏偏【明修栈道】，诱惑跟风盘，然后在高位巨量换手，达到出货之目的。

翌日，股价振荡加剧，依然是放量滞涨，不规则的【一剑封喉】告诉人们，主力今天【明修栈道】，明天就要【落井下石】了，惹不起总躲得起。见图二。

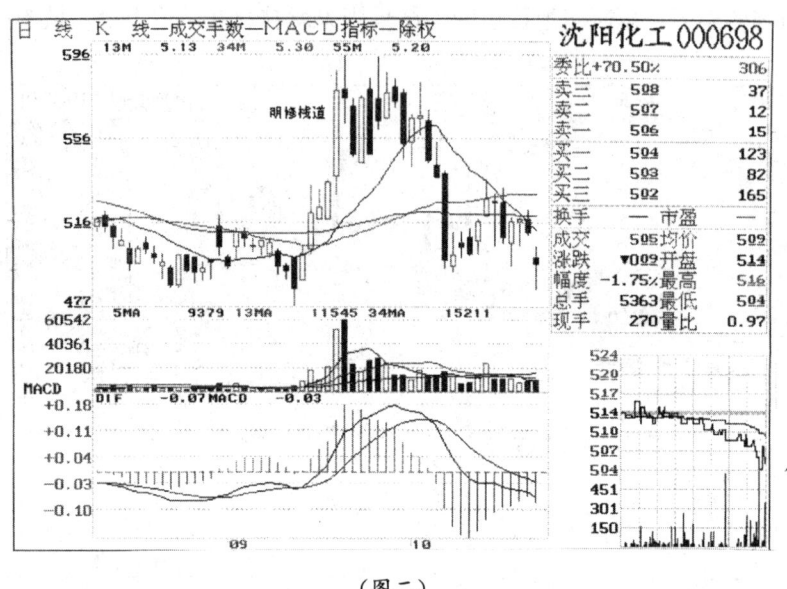

（图二）

（3）**波导股份**（600130）。在这张小图上，主力采用【明修栈道】手段，两次拉出诱多阳线，如果识不破主力意图，就会误入主力精心设置的陷阱。我们先来看第一个【明修栈道】，那根横空出世的长阳，多么令人心潮澎湃，但如果你盲目介入，第二天就让你后悔不已，这就是主力的刁钻之处，时隔不久，主力故伎重演，如果你不知是计，接住主力甩过来的山芋，等你发现烫手，股价已下跌20%以上。投资者可能会说，股价不是后来涨上去了吗？当初不抛也有利可图呀！没错，但炒股贵在做出差价。我们来算一下，假如在【明修栈道】之前的那根小阳线处以19.16元的市价买入1000股，实际支付19271.38元，然后在【明修栈道】出现时，以20.69元的市价抛出，实际收入21962.51元，获利882.18元。然后在【金屋藏娇】形成以后，再以18.53元的市价如数接回，实际支付18637.91元，然后在【金蝉脱壳】处以22.41元的市价抛出，扣除税费，实际收入22280.75元，获利3642.84元。累计赢利6112.25元。如果从【明修栈道】前那根小阳线以19.16元的市价买入后一直持股不动，到【金蝉脱壳】发出离场信号时以22.41元的市价抛出，实际赢利为3009.37元。

相同的持股时间，何以出现不同的利润？这就是持股不动与跟着股价波动的差别，这就是你少赚别人多赚的根本所在。当然，采用波段操作需要具备一定的素质和技巧。这里只想通过数字对比，强化"心随股走，及时跟变"的投资理念。有了这种理念，不但能够最大限度地实现利润，而且也可以最大限度地规避风险。见图三。

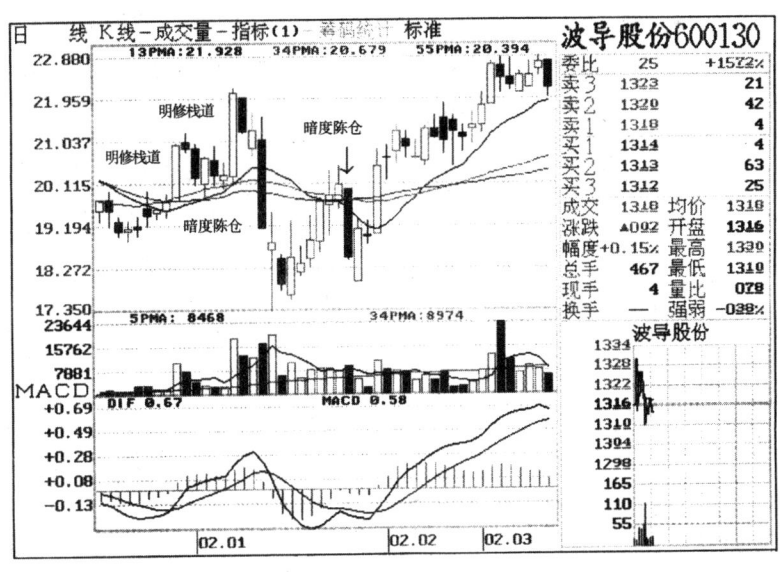

（图三）

（4）天通股份（600330）。从图表上可以看出，该股的整理并不充分，虽然盘中有几次间歇放量，但并没有将55日均线拉平，所以，在股价从55日均线上【揭竿而起】的时候，就注定要失败的，但主力却刻意地在那里【明修栈道】，引诱散户跟进。经验不多的人很难识别出这根巨量阳线是在诱多，甚至误入。判断主力是不是在【明修栈道】，一看股价的位置，二看均线系统的方向，特别是55日均线的方向。如果股价处于相对高位出现加速上扬，十之八九离顶部不远了，如果55日均线依然下斜，表明主力是在逢场作戏。主力放量拉升究竟是【明修栈道】还是深化行情呢，第二天开盘即知。如果第二天股价低开低走，那肯定是出货，哪怕你是昨天误入的，现在必须立即清仓，千万不要等反弹出局，因为反弹的高点往往没有现在的低点高。

不少人受放量跟进的误导，不能见放量，只要某股放量，不管股价目前在什么位置，就像一头叫阵的骡子，急吼吼地就闯了进去，结果买在了浪尖上。追逐暴利将导致两种结果：一是风险与利润成正比，但一次赢不一定次次赢。因此，追逐暴利往往会招致灭顶之灾；二是浮躁心态，一心想着一夜暴富，小利往往看不上眼，大利总也抓不住，反而丧失了许多机会。

主力操盘无定式，凡是能够成功撤庄的都是创造性地破坏原有模式，甚至有违犯现行法律法规之嫌疑，只是在它们成功出局以后，才逐渐获得一种市场认同并广为效仿。见图四。

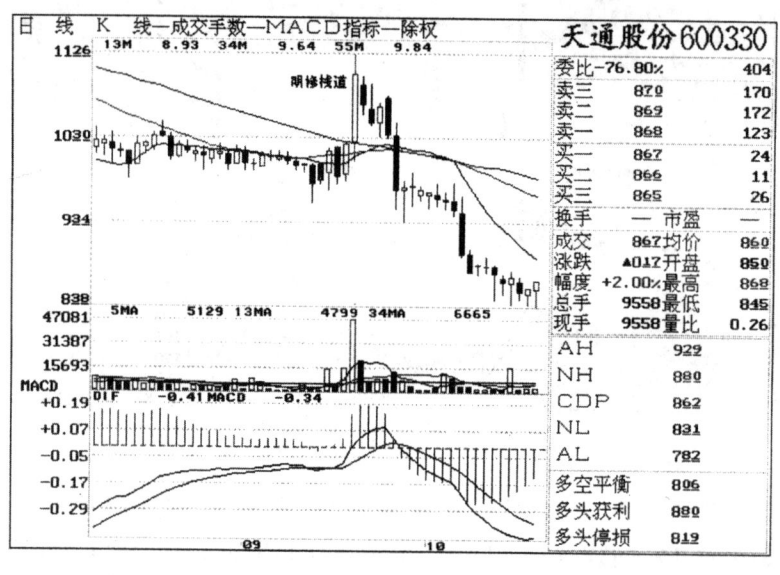

（图四）

生活是公平的，它有时会把聪慧的宠儿放在社会最底层，让他们远离金钱和权势，但生活也青睐某些穷人——他们有着坚强的意志、不屈的傲骨和常人难以具备的毅力，生活会在某个有价值的领域向他们网开一面，让他们脱颖而出，并出类拔萃。

（5）**金宇车城**（000803）。该股可谓【明修栈道】的鼻祖，冷不丁地树起一根电线杆，第二天电线杆轰然倒塌，主力巧施【金蝉脱壳】之计溜之乎了。只要仔细观察，就可以看出破绽，主力用205手的量就把股价推上了涨停板，这种【明修栈道】也有点太露骨了，看盘经验丰富的一眼就能看穿主力的鬼把戏，实战中遇到此类个股，有筹的立即抛出，无筹的坚决不进。见图五。

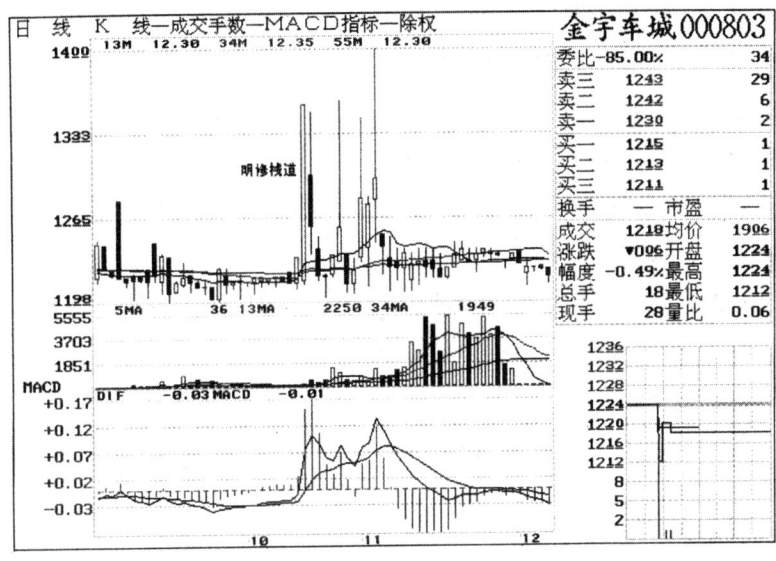

（图五）

长期的实战使我发现，要尽快地完成从预测性到应变性的转变，任何时候、任何情况下，都要严格按照交易系统给出的提示进行操作。既不要瞎想，也不要乱猜，图上是什么就是什么，不要自作聪明地给它添枝加叶，不要试图让自己比主力更聪明。

人们之所以对股市预测感兴趣，主要是自己心中没底的缘故。有一个故事，很能说明问题：从前有哥俩进京赶考，由于心里没底，就请当地一位很有名气的道士指点迷津。那位道士得知来意后，什么也没说，只伸出一个手指在他俩眼前晃了一下，然后拂袖而去。哥俩很是失望，但考试结果却使他们格外兴奋，因为哥俩双双金榜题名。高兴之余又找到道士：你说我俩能考上一个，没想到我俩全中了。道士神秘一笑，故作高深地说：此言差矣！我那是指一双。哥俩听罢，对老道佩服得五体投地。

这个老道的高明在于，他只伸出了一个手指，这样一来，就有了三种解释：如果两人双双落榜，那一个手指就意味着一个也考不上；如果考上一个，老道就会说，我早就告诉你们了，只能考上一个；如果两个都考上，老道就会说那是指一双。当然，有的预测还是很有见地的，但预测毕竟是预测，只能参照，不能把它当成操作的依据。

市场的残酷与多变，使得主力的做盘思路和操盘手法也发生了很大的变化。过去，主力在操作上一般采取以逼空为主，但成交量并不是很明显，而股价一旦起动，就一路拔高，根本不再给你低位吃货的机会，而且股价大幅上扬后并未出现大幅回调，而是采取高位横盘来消化获利盘，为以后的再次拉升创造条件或采取高送配来达到出货之目的。如今，以前那种传统的操盘模式已被"短平快"的波段所取代。即使在大盘持续低迷之际，主力浅尝辄止、来去匆匆，在反复的高抛低吸中不仅让他们赚足了差价，也使他们活得有滋有味。摸清了主力的意图以后，投资者应该以变对变，对自己感兴趣的个股进行价值评估后完全可以跟主力玩一把。当股价远离价值区域时，市场会出现回调的压力，此时即可考虑卖出；当股价进入价值低估区域后，又可逢低吸纳。只要投资者熟悉和掌握了波段操作法，随着主力掀起的波浪上下起伏也是蛮悠闲自得的。

（6）**华闻传媒**（000793）。该股除权以后走了一波贴权行情。【红杏出墙】的出现，标志着股价的底部已被探明，从此，股价进入了【动感地带】，经过20多天的艰难跋涉，7月29日，股价以【红衣侠女】的方式结束整理，进入新的升浪，此后，股价碎步攀升。8月9日，股价突然加速上扬，当天以巨量长阳报收，主力【明修栈道】，就是为了引诱跟风盘大量跟进，然后在高位把股票易手。仓位重的就应该考虑减仓了，仓位轻的可清仓或翌日择高点出局。一般讲，【明修栈道】出现以后，只有极个别的股票能创出新高，多数个股开盘即跌，很难再见到【明修栈道】的高点。实战中，如果所持个股经过一波拉升后，股价突然加速上扬，应立即进入预警状态，若股价当天封住涨停，尚可暂时持有，翌日择高点出局，若封停被打开，量不减，报收带有很短上影线的巨量阳线，最好是先出局。宁肯踏空，决不套牢。

凡是规律的东西都具有相对的稳定性，并且经得起时间的验证。因此，若想炒股尽快见到实效，应在熟悉和利用规律上多下功夫。

有人说，主力的做盘手法总在变，但基本的东西不会变，也变不了。比如，主力要赚钱，就必须实实在在地买进和卖出，而买进与卖出都会在盘面上留下痕迹，无论主力如何隐藏自己的真实意图，K线与均线都会客观地作出反映。当均线呈多头排列时，股价的回调一般不会太深；当均线呈空头排列时，股价的上涨空间也不会太大。K线是动力源，均线是管方向的。如果说股价是探路的先锋，而成交量则是后勤保障，指标线是股价涨跌的市场裁判。见图六。

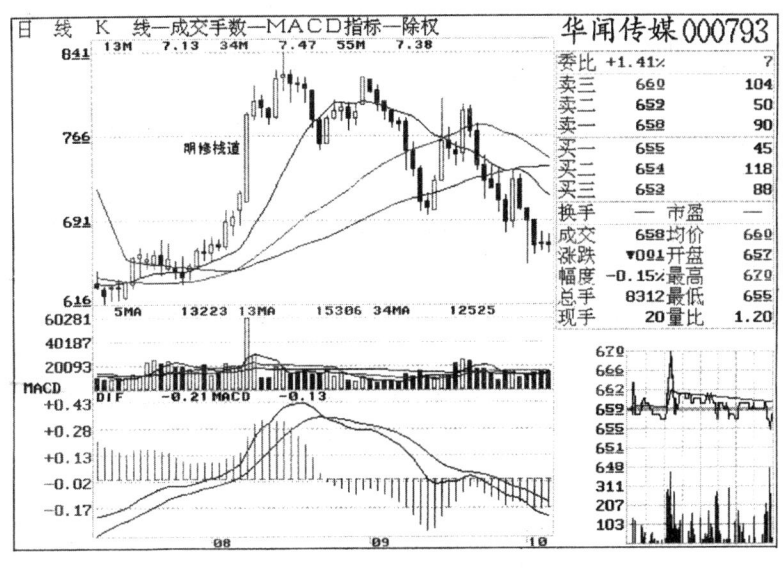

（图六）

（7）**云南铜业**（000878）。该股经过一波拉升，股价在前高点附近突然跳空高开，加速上扬。随后，主力又整出一个【明修栈道】的离场信号，这时，不管自己有多少想法，都应该主动出局。由于主力持仓量太大，股价反复在高位振荡，但走势一波弱于一波。随后，【分道扬镳】【一箭穿心】相继出现，股价进入急跌阶段。

【明修栈道】这个卖点不好把握，因为主力往往以做多的面孔出现，量价关系也显得非常健康，致使很多人都放松了警惕，即使第二天股价低开低走，仍将它视为正常回调，结果把最好的抛出时机都错过了，这就是主力的狡诈之处。如果在【明修栈道】出现时没有来得及走，第二天应密切关注股价的开盘价，如果低开低走，主力真出货假拉升的意图就原形毕露了，图表上常常以【金蝉脱壳】的技术形态显示。见图七。

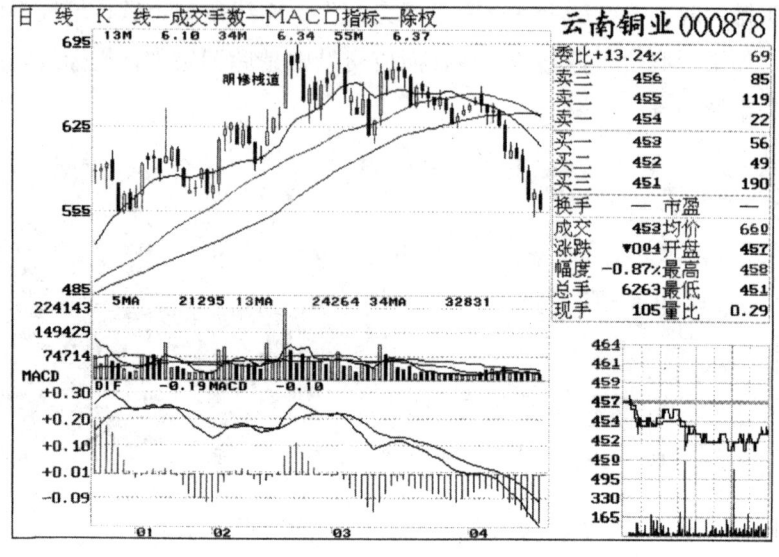

(图七)

◉ 卖出时机

（1）【明修栈道】出现当天，减仓或清仓。

（2）翌日趁股价惯性冲高时快速撤离。

◉ 友情提示

"兵不厌诈"，自古以来都是兵家推崇的用兵之道。《孙子·计骗》："兵者，诡道也。"《韩非子·难一》："战阵之间，不厌诈伪。"主力在吸筹和派发阶段经常使用"声东击西""欲擒故纵"等迷人耳目、诱人上当的谋略，借以隐藏真实意图并考验你的分辨能力。真正的放量突破，股价一般不会大幅回落，且一直在阳线实体之上或阳线实体之中波动。如果翌日股价急速下跌，表明那根阳线是主力所做的骗线，股价短期内很难逾越【明修栈道】的高点。

> 开盘总是令人兴奋,收盘总是让人郁闷。按指令进行交易,避免行为上的愚蠢。

第9节 暗度陈仓

◉ 古为今用

《太白阴经·人无勇怯篇》:"勇怯在谋,强弱在势,谋能势成,谋拙势失,则勇者怯。"大意是说,勇猛和怯懦在于将帅的谋划使用,刚强和懦弱在于所处的态势。如果将帅的谋略很高明,有利的势就能形成;如果将帅的谋略笨拙,失去有利的势,那么,即使勇猛的人也会怯懦。

实战中,只要锁定目标,就应密切监视,选好切入点位,迅速果断地勇猛追杀。情况不明决心大,是鲁莽之勇。发现大盘反转向下或个股形态破位下跌,迅疾出脱持股,那不叫怯懦,而是大智大勇。什么时候该勇,什么时候该怯,完全取决于当时的指数环境和个股的具体走势,而不是自己的主观臆想。

◉ 形态特征

在拉升途中,股价莫名其妙地拉出一根缩量大阴线,但在第二天或第三天即止跌企稳,然后在成交量的配合下,股价重拾升势,我们把这根缩量大阴线称为【暗度陈仓】。见下图。

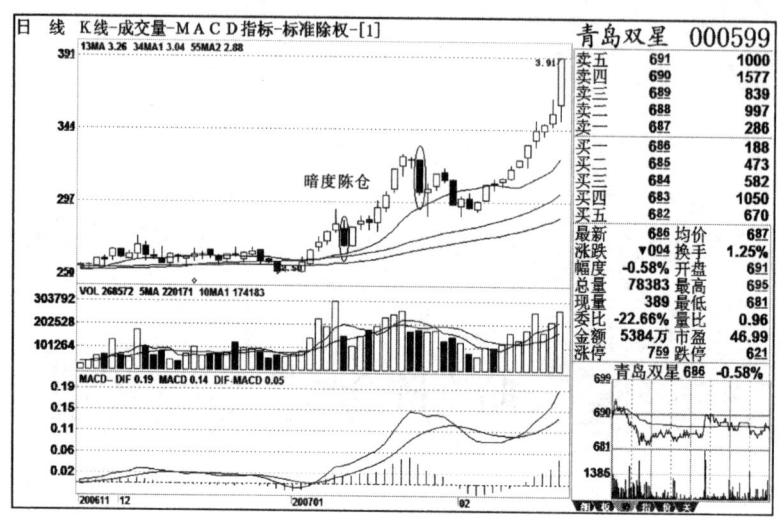

【暗度陈仓】是震仓手段，属诱空陷阱

● 形成机理

股价经过拉升，盘中积累了一定的获利筹码，为减轻拉升阻力和以后能够顺利派发，主力利用人们收阴线即跌的心理，刻意打压，于是，在上升途中主力经常采用这种意外的调整来清洗获利盘，迫使人们在惊恐中落荒而逃，自己顺手再捡回一些散落的筹码。股价一般在第二天就能止跌回升。

经典案例

（1）**中原高速**（600020）。股价经过充分整理以后，均线系统先逐渐收窄，再由黏合到向上发散，成交量间歇放大，就在股价小幅推高、初露走强端倪时，股价突然莫名其妙地带量下跌，盘中一度躺在跌停板上，后被主力强行拉起，当天以巨量阴线报收。不明真相的人，在这根阴森森的大黑棒出现后，往往会选择出逃。其实，这是主力为【暗度陈仓】刻意制造的"人造阴线"，旨在恐吓场内筹码出局，是主力经常采取的一种洗盘手段。股价一般在第二天就会止跌企稳，有的甚至会收出光头大阳线。从该股前期走势看，主力属于横盘建仓，主力【暗度陈仓】，是建仓完毕的信号，不是主力出局信号。在【暗度陈仓】的第二天择低点介入往往会捡到廉价筹码。你不是喜欢抄底吗，那就在主力【暗度陈仓】时，狠狠地干他一家伙，从这根大阴线介入，一般都能买在股价的阶段性底部。实战中注意把握三点：

第一，【暗度陈仓】大多出现在单边上升之中或横盘整理以后，在这根大阴线底部介入，看似危险，实则安全系数很高。

第二，第二天的走势极为关键，若收出巨量阳线，可半仓跟进；若仍以小阴小阳整理，暂不介入，不管股价调几天，但一般不能破55日均线，破了55日均线应在很短的时间内拉回，不然则意味着【暗度陈仓】形态失败，应立即止损出局。

第三，主力【暗度陈仓】当天，媒体没有关于此类个股的报道。

【暗度陈仓】和【明修栈道】经常被主力交替使用，投资者发现主力的意图后，不妨进场低吸高抛，体验一下做差价的乐趣。实战中注意股价的位置，留意【暗度陈仓】出现时成交量的变化。一般来讲，成交量越小，第二天止跌回升的概率越大；成交量越大，调整的时日越长。见图一。

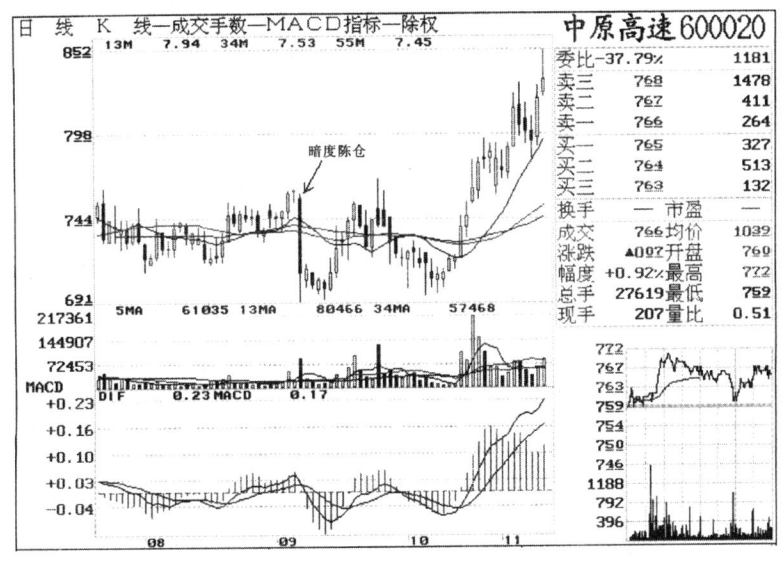

（图一）

(2) 丽珠集团（000513）。该股从【动感地带】中部【揭竿而起】，完全来自大盘的强烈刺激，于是股价以【日月合璧】仓促见底。主力的这种闻风而动的务实风格确实值得我们学习。由于股价整理得不够充分，因而上涨高度有限，为了积蓄再度上升动能，主力在【动感地带】末端，采用【暗度陈仓】这种最恶劣的手段进行震仓，似乎这样还不解气，接着又放出一组【走四方】加大洗盘力度。【黑客点击】把股价推至前高点附近时，主力故伎重演，再次【暗度陈仓】，翌日，股价止跌企稳，重拾升势。10月27日，股价高开高走，冲高回落后放量滞涨，【一枝独秀】发出离场信号，清仓出局。见图二。

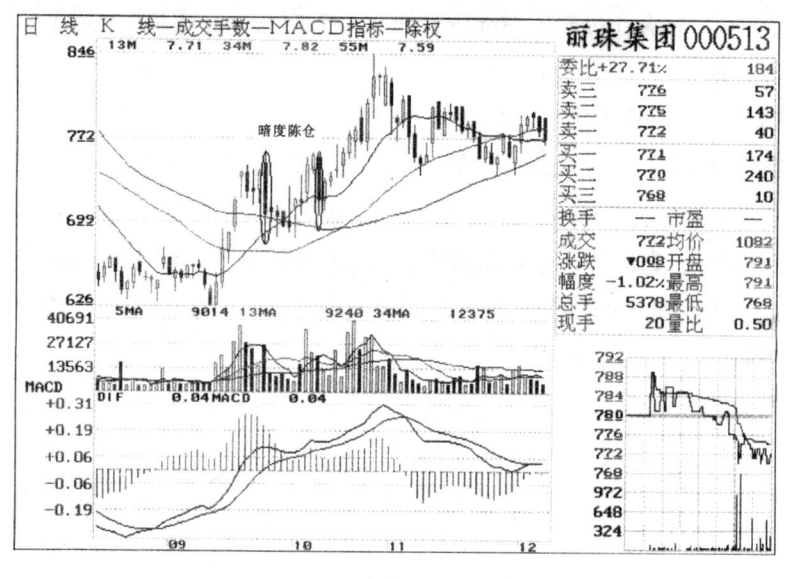

（图二）

【暗度陈仓】通常出现在上升途中，出现在人们对未来充满希望之时，在人们毫无防备的情况下，主力突然打来一闷棍，先把你弄得措手不及，然后利用惨烈的下跌，迫使你出局。在做盘过程中，主力经常采用意外调整清洗获利盘，把不该赚钱的人驱逐出局。知道了主力的操盘意图以后，再出现这种情况时，先将股票抛出，然后在收盘前再把它捡回来，或者第二天逢低吸纳。别老让主力吓唬你，你也不妨逗逗主力。如果你懒得理它，就索性卧倒不动，主力拿你也没办法。其实，当股价进入上升通道以后，可抽出少量资金进行滚动操作，原则上不宜多动。盘中振荡是避免不了的，主力不会那么轻易地让你把钱赚足，无论是精神上的，还是物质上的，总要让你付出一定的代价。但只要不出现明显的见顶信号，就紧紧捂住。

（3）**现代制药**（600420）。"出其不意，攻其不备"是主力的拿手好戏。而【明修栈道】【暗度陈仓】则是这出戏的最好诠释。前面的用兵原则是抽象的，后面的技术形态则是具体的。抽象的东西只有渗透到具体的事物当中去，其价值才能够显现出来。在股市，只有做到了知行合一、表里合一、人股合一的时候，财富才能滚滚而来。

当股价突然起动以后，或已经拉升了一段后，如果没有在第一时间介入，就不要再追了，耐心等待技术低点出现，这个低点就是各种不同的技术形态和重要的技术支撑位。比如现代制药，如果开始没跟上，那就在13日均线附近伏击它；在13日均线伏击不成，就在主力【暗度陈仓】时浑水摸鱼；在【暗度陈仓】处没敢跟进，那就大摇大摆地在【均线互换】时展开阵地战。遇上那些一步到位的个股怎么办呢？除了放弃，恐怕没有更好的办法。要知道，任何一套交易系统都有着自己无法克服的局限性。135战法属于按图索骥和守株待兔式的围点打援。即，在目标没有出现时，就紧紧地盯住"钱库"，谁也别想从里面拿出一个铜板。当目标出现时，而且经过"量、价、线、形、位"的验证，证明这个目标确实值得一打时，那就敞开钱库大门，重仓出击。

其实，股市并不复杂，是我们自己没有章法；主力也并不狡猾，是我们自己毫无目标地乱打。见图三。

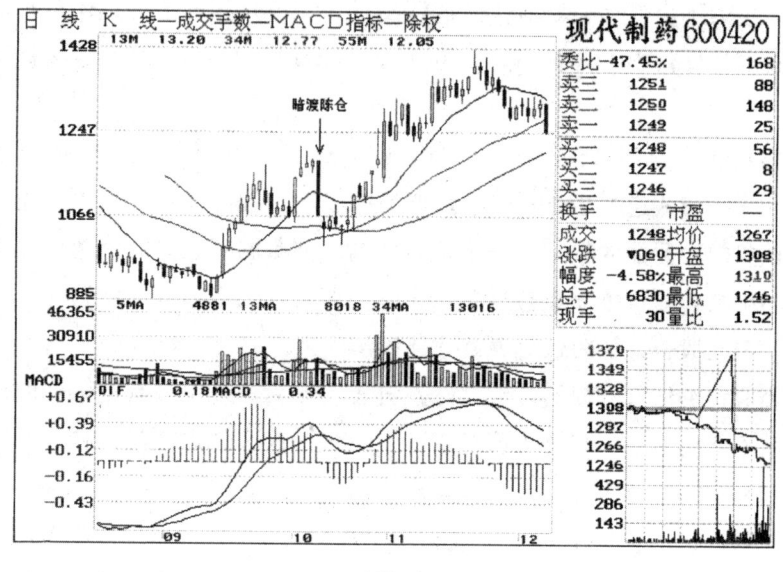

（图三）

（4）**益民集团**（600824）。该股的起涨点是不规范的【破镜重圆】和【均线互换】，小幅上涨几天后，主力反弹琵琶，用一个不规则的【独上高楼】抖落筹码。说它不规则，是因为它的高度不够，【独上高楼】一般出现在大幅扬升以后，通常以涨停或接近涨停开盘，成交量特别巨大，这些该股都不具备，只是在形态上具备了【独上高楼】的外貌，所以说，这根带量阴线是震仓而不是出货。有筹的应随着主力的动作适当减仓，然后按135战法的操作原则，在13日均线附近伏击它。股价在13日均线处受到明显支撑，但拉出一根中阳后，便开始在【独上高楼】中间徘徊不前，9月9日，股价又莫名其妙地拉出一根大阴线，给人一种出逃的假象，其实，这是主力在【暗度陈仓】，利用收阴即跌的心理进行震仓，看看股价的位置，看看完整排列的均线系统，就知道这根阴线是"人祸"而不是"天灾"。股价在获得34日均线的支撑以后，继续带量上扬。9月21日，股价冲高回落后开始宽幅振荡，虽然最后主力把股价强行拉起，但【一剑封喉】挡住了股价的去路。换言之，股价阶段性高点已经形成，不及时出局就会先让你退回利润，然后再锁定你。在股价进入上升通道以后，"看山是山"基本上能踩准主力的操盘节奏。见图四。

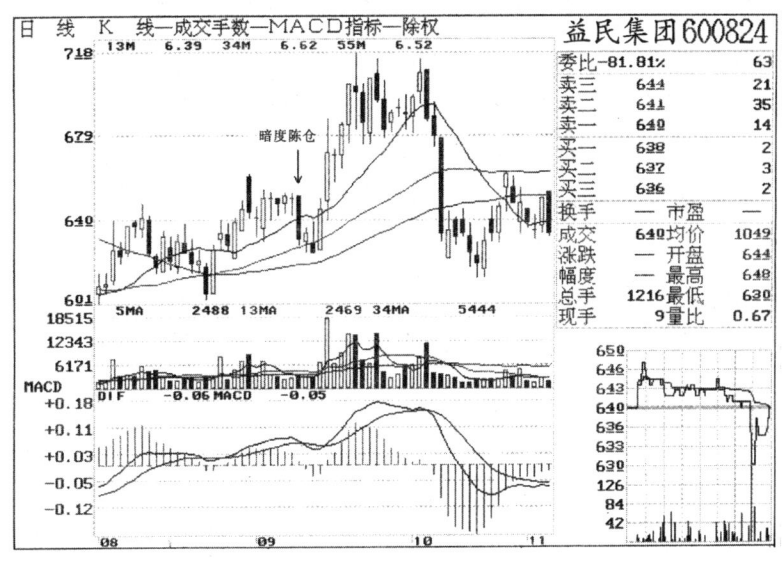

(图四)

操盘素质是在与市场的搏斗中逐渐形成的。炒股的敏感性、灵活性以及持股的坚忍性、恒久性,都是一个专业投资者所应具备的。不少人不敢碰 ST 股票,认为风险太大,实际上,自从你进入股市那天起,就意味着你已经选择了风险。因为股市本身就是一个充满风险的地方,任何一只股票都没有贴着安全的标签。垃圾股里有黄金,绩优股里有垃圾。在股市越是你认为安全的地方,风险越是最大;越是你认为风险最大的地方,也许安全系数最高。坚持自己的投资理念没有错,但理念必须符合市场的发展,必须和相应的技术结合起来。对不同的股票,要采取不同的操作策略。一个成功的投资者正是很好地运用了自己的理念和战法,或趁热打铁,猛炒一把;或默默无闻,耐心守候。真正做到炒起来连抓 5 个涨停板,守起来没有几倍的利润不出局,那才是"大师级"的水准呢。

(5)**航发科技**(600391)。学会了识图就像学会了识字一样,自己心里亮堂了不说,股市也会变得更加绚丽多彩起来,因为主力的一举一动都在你的监视之下,就像老百姓说的"一撅屁股就知道你拉什么屎"。识图真有这么重要么?还是让下面的图表自己说吧。【均线互换】的完成,表明拉升前的技术准备工作已经就绪;【破镜重圆】,意味着股价止跌回升;【暗度陈仓】是主力在清洗获利盘;【梅开二度】是新一波拉升的开始;

【一枝独秀】是股价的阶段性高点……总之，只要 13 日均线不下穿 55 日均线，行情就没有结束。

通常情况下，股价在拉升时，主力希望有跟风盘不断涌入，这样可以节省拉升成本，激活市场人气。但主力又不希望你赚得太多，所以主力经常利用意外调整来清洗获利盘。只有垫高市场的平均持股成本，股价的上涨才会变得轻盈，主力深谙此道，只是散户不识庐山真面目，所以，总是当仁不让地担当猪八戒背媳妇的角色。

资金雄厚、信息垄断是主力的优势，但对于一个已经学会了识图的投资者来说，主力的这些优势并不意味着它能占到多大便宜。因为主力资金庞大，进出市场必然会在盘面上留下痕迹。同时主力为了控制散户的情绪而使出的种种伎俩，恰恰反映出它们的真实用心，这一点也许主力自己也没意识到。135 战法根据股价的运行规律，用非常具体直观的股价形态揭示了主力在不同阶段的做盘意图。只要投资者根据 135 战法给出的提示进行适当操作，就可以踏准股价的运行节奏。对照下面这张 K 线图，看看是不是这样。见图五。

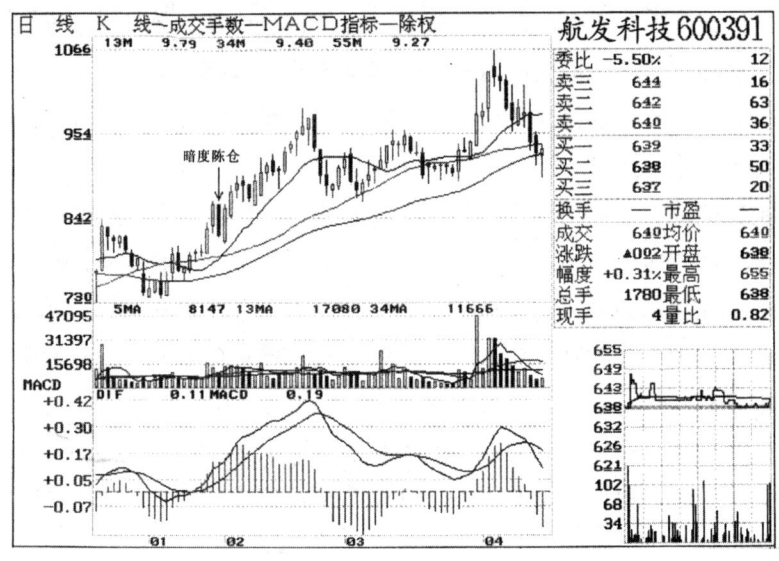

（图五）

（6）**佛山照明**（000541）。股价从【海底捞月】的中部【揭竿而起】，当人们的眼球都开始向它聚焦时，主力嘴里嚷着"此地无银三百两"，自己却开始【暗度陈仓】了。不明真相者发现抛盘汹涌，纷纷出局躲避。然而第二天股价就止跌企稳，由于没有成交量的支持，所以说股价仍将整理一些时日。至于整理多少天，我们不清楚，但可在13日均线附近等着它。股价在不规则的【梅开二度】处企稳以后，成交量开始温和放大，股价开始小幅推高，当股价越过前高点，引起人们注意时，主力又采用【一石二鸟】震仓，但在13日均线处又获得支撑，不是有人吓跑了吗，股价第二天就拉出涨停板。发现中计，返兵追赶，股价又突然回师而下，把你弄得晕头转向，买也错，卖也错，这时候要立即停下来，看看均线系统的方向、看看"Y值"的大小，就可以看出股价是不是顶。一般讲，上升趋势一旦形成，短期内是很难改变的，适当增强"抗震"能力，还是很有必要的。多数个股在拉升途中就像坐过山车，虽然把你吓出一身冷汗，但终归会让你心满意足。见图六。

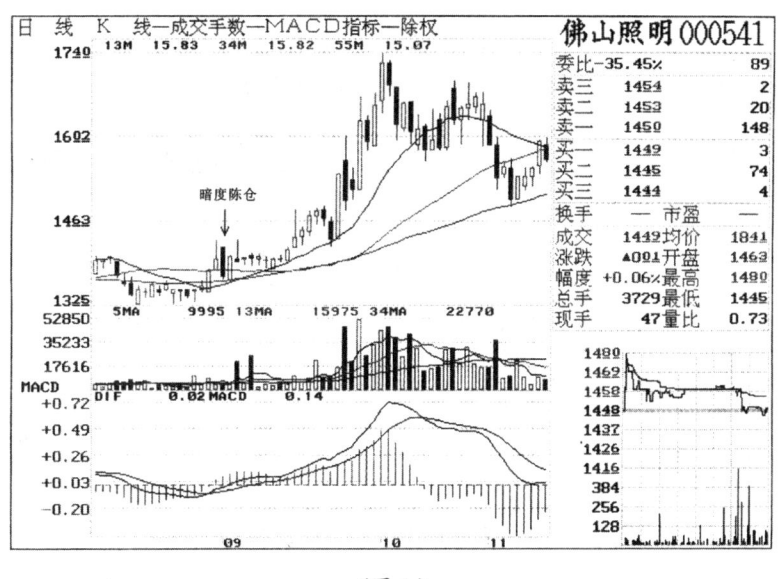

（图六）

（7）**迪马股份**（600565）。【日月合璧】的出现，标志着股价已开始见底回升，主力用一组【蚂蚁上树】把股价送上55日均线，量区里的【步步高】表明有增量资金进场。【蚂蚁上树】的最后一根阳线从55日均线上

【揭竿而起】，吸引了不少跟风盘，为了把前期的获利盘驱逐出局，主力用了一组"小浪子"进行洗盘，就在人们认为股价开始走弱时，主力一举收复前三日的失地，等你重新开始关注它时，主力又用【一石二鸟】震仓，你拍马便走，于是，主力又把股价拉了上去，你再硬着头皮跟，不想主力开始【暗度陈仓】了。主力之所以反复折腾，就是为了垫高市场的平均持股成本，让你挣钱，但不会让你挣太多。如果你了解和掌握了主力的这些操盘手法，就可以做出以不变应万变、以时间换空间的决定，再也用不着成天提心吊胆的了。

有阳光就祝福，有月亮就祈祷，有星星就许愿，有钱就孝敬主力，但没能感动上帝，因为你输入的密码有误。一是不知道K线的含义，就知道疯买瞎卖。蒙对一次只能赢一点，按指令交易却锁大利；二是没有属于自己的交易方法，总是管不住自己的手。要知道钱一旦变成股票，就应该无条件地服从主力。

一个好的交易方法，它会告诉你什么时候去买，也会告诉你什么时候去卖。只有我们不再算计主力的时候，命运也许就要改变了。在人生道路上不趋于低俗，在识见上就不会流于浅薄。见图七。

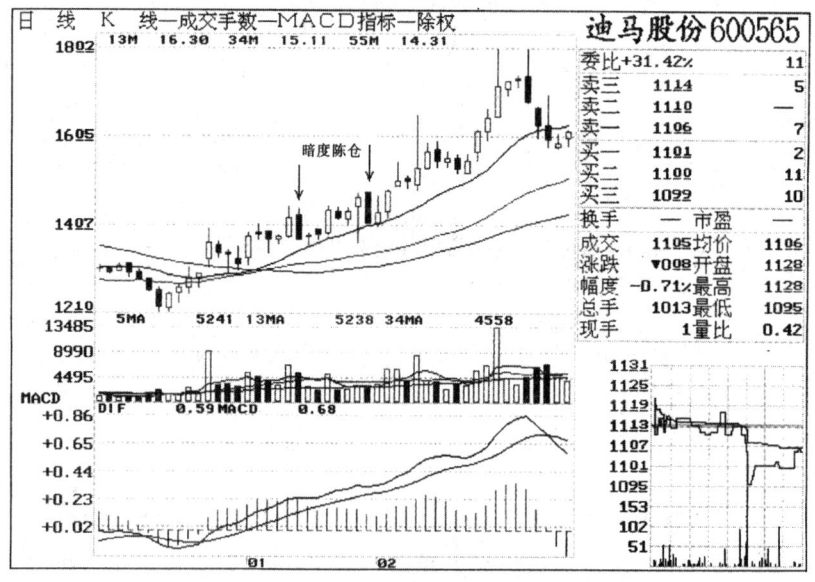

（图七）

第9节 暗度陈仓

公元前206年,刘邦率领起义军攻下咸阳,秦王朝被推翻,项羽仗着力量强大,自立为西楚霸王,把巴、蜀、汉中41县划归刘邦,封他为汉王。刘邦听从了张良的计策,在往南郑的途中,把经过的栈道都烧了,表示以后不打算再回关中,消除项羽对他的疑忌。不久,刘邦就带兵绕道从故道出兵,在陈仓打败了章邯,又回到了咸阳。后来人们把它演义为"明修栈道,暗度陈仓",即打仗时在正面迷惑敌人,从侧面突然袭击的战略。上一节我们讲的【明修栈道】,戳穿了主力"诱多"的阴谋,这一节【暗度陈仓】又捅到了主力"逼空"的痛处。主力做市时经常穿插使用这两招。

◉ 买进时机

(1)【暗度陈仓】出现当天,密切关注。

(2)翌日股价止跌回升时,轻仓试探。

(3)股价收复【暗度陈仓】后,半仓跟进。

(4)股价突破前期高点,重仓出击。

◉ 友情提示

(1)【暗度陈仓】一般出现在波段操作的个股中,并经常与【明修栈道】一起被主力交替使用,是主力震仓兼吸筹时经常使用的杀手锏,效果非常好,只是苦了那些不明真相的投资者。在所有震仓手段中,【暗度陈仓】是最为恶劣的一种,但机会也相对较多。

(2)【暗度陈仓】的阴线实体越长越好,股价跌幅越大越可靠。实体长,跌幅大,恐慌性抛盘就越大,暗示洗盘越彻底。

(3)看成交量是否自然萎缩。属于主力打压的【暗度陈仓】在股价下跌过程中,成交量是自然萎缩的,表明只是散户在抛。

(4)【暗度陈仓】出现以后,股价一般不会在底部停留,因为意图一旦被人们识破,人们反过来就会与它抢夺筹码。发现【暗度陈仓】后,密切关注,止跌企稳后大胆吸纳,不要被主力气势汹汹的打压所吓倒。

交易时经常举棋不定的，说明他的心已经累了。累了就要休息，硬撑会把身体拖垮的。

第10节　破镜重圆

◉ 古为今用

《孙子兵法·谋攻篇》："知彼知己，百战不殆；不知彼而知己，一胜一负；不知彼，不知己，每战必败。"知道主力的意图，熟悉自己的交易系统，这样的操作十之八九会取胜。如果不了解主力，只熟悉自己的交易系统，那么胜负各半。如果既不了解主力又不了解自己，结果只能是每战必败。

◉ 形态特征

股价在拉升途中，主力经常采取意外的调整来清洗获利盘，但股价一般会在55日均线附近止跌企稳。它由两根K线组成，第一根是多日回调形成的中阴线，第二根是低开高走的覆盖第一根阴线的长阳线，这是主力洗盘结束，新升浪开始的信号。我们把55日均线附近的这两根阴阳相间的K线称为【破镜重圆】。见下图。

第10节 破镜重圆

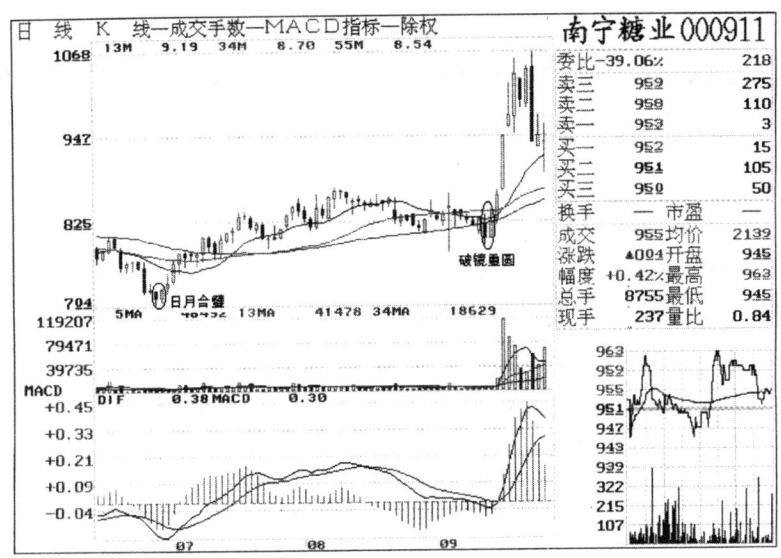

【破镜重圆】是股价重新起涨的临界点

● 形成机理

股价经过拉升，积累了一定的获利筹码，为了减轻未来的拉升阻力，主力经常采用震仓手段驱逐获利盘，然而，主力又不愿破坏自己的拉抬成果，因此，股价一般不破55日均线，就在人们普遍认为没有行情的时候，股价突然又止跌回升，【破镜重圆】的出现，标志着主力洗盘的结束，股价仍会延续原来的升势。

经典案例

（1）ST 南化（600301）。该股的起涨点是【三军集结】和【揭竿而起】的复合形态，理论上讲，复合形态要比单一形态成功概率高，然而由于当时指数环境不好，股价仅仅向上拓展了10％的空间，就随大盘一起向下寻底，但它的走势明显强于大盘。大盘深陷空头排列，默默无语两眼泪，而ST南化已置身多头排列，耳边响起了驼铃声。

9月9日，股价跌破55日均线，局势岌岌可危。然而，第二天的【破镜重圆】挺身而出，力挽狂澜，才使得股价化险为夷。

赚钱的过程就像踢足球，当你带球向球门行进的时候，对方对你围追堵截、死缠烂打，有时好不容易冲破包围准备射门的时候，突然有人伸出一脚将你绊倒在地，摔得你眼冒金星、满地找牙。如果你还不想放弃，就会从地上爬起来，拍拍身上的土，重新再来。

9月10日，股价平开高走，回调不创新低。当大盘还在那里寻寻觅觅、苦苦挣扎的时候，ST南化已经冲破均线的两道封锁，【破镜重圆】了，比大盘提前3天见底。这时候，恐怕没有多少人相信它是真的，然而均线系统已多排列示，技术形态明显走强。我们该信谁呢？大盘制约着个股，但个股也反作用于大盘。如果股市里80％的个股都具备了【破镜重圆】的形态，那么，大盘的嚣张气焰就会随之减弱，因为大盘是对所有个股的综合反映。当大盘处于跌势尾段或平衡状态时，我比较倾向个股形态。道理很简单，能给我们提供利润的，是那些完美的个股形态，而不是大盘的升升降降。从这个意义上讲，尊重个股比尊重大盘更重要。县官不如现管，这不是真理，但却是事实，而事实往往比真理更有说服力。

【破镜重圆】出现以后，股价的表现又是怎样呢？图表上写得清清楚楚，无须赘言，事实胜于雄辩。见图一。

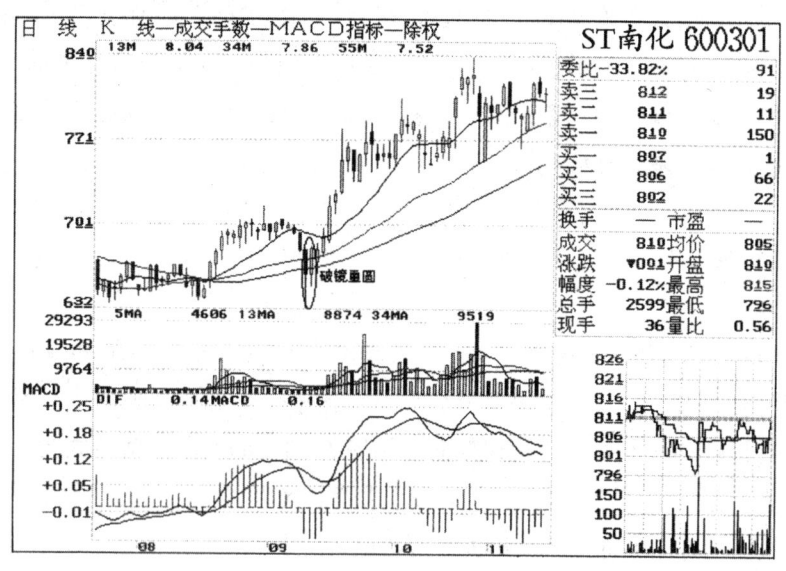

（图一）

（2）**中集集团**（000039）。主力在【动感地带】底部闹事以后，股价依然在 55 日均线上赖着不走。然后，主力又虚张声势地从 13 日均线上【揭竿而起】，由于无人喝彩，主力只好不了了之。战术上也由积极进攻改为积极防御，控制着股价在 55 日均线之上默默地等待战机。主力可以如此，我们不能。因为制空权掌握在主力手里，这就叫"只许州官放火，不许百姓点灯"。不管什么时候，都要把自己的位置摆正。散户只有在主力高兴的时候才可以稍微地放肆一下，更多的时候还是要绷紧脑子里这根弦，既不惹它，也不逗它，无条件地顺从它。

股价的第一个【破镜重圆】由于出现得不是时候，因而难圆其梦。为什么说出现得不是时候？它的 55 日均线尚未走平，说明场内依然有不少获利盘，所以，整理仍将继续。第二个【破镜重圆】出现在起翘的 55 日均线之上，大家的持股成本基本上趋于一致，故构不成大的抛压，因而股价只能选择向上。在【破镜重圆】形成以前，股价先有一波拉升，然后缩量整理，最后在 55 日均线附近第二次握手，只有具备这样条件的【破镜重圆】，才具有操作意义。需要提示大家注意的是，【破镜重圆】的阳量一定要大于它的阴量，阳线一定要覆盖前面的阴线，这是判断"破镜"能否"重圆"的关键。见图二。

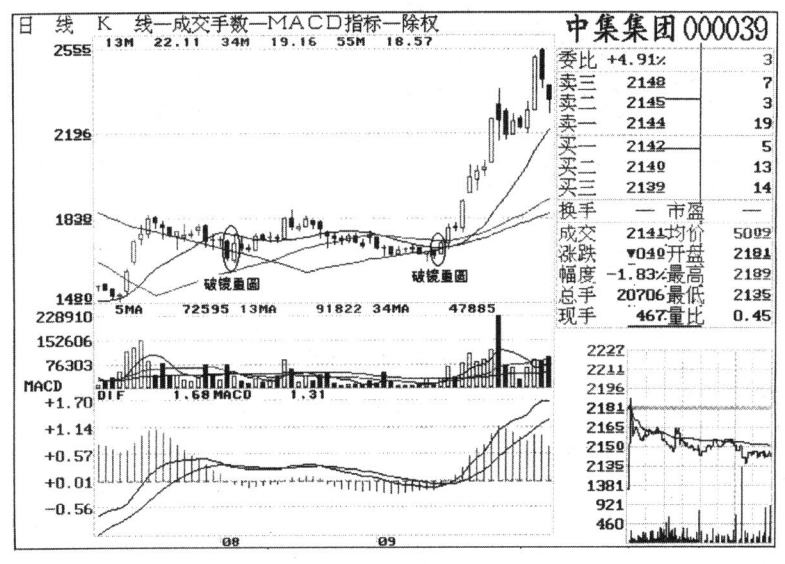

（图二）

(3) 上海机场（600009）。该股走出【动感地带】以后，以横盘代洗盘，【均线互换】完成之时，正是股价【破镜重圆】之日。然而股价依然没有起色，为什么？因为第一个【破镜重圆】出现的位置稍高，因为成交量阴盛阳衰，所以才使得股价不能够一举成功。第二个【破镜重圆】出现的位置尚可，但形态不够规范，同样是阳气不足，如果不是【一阳穿三线】给它及时大补，股价恐怕还会继续疲软下去。当然也得益于【梅开二度】的鼎力相助，否则，股价难有大的作为。

分析股价形态，要瞻前顾后，不能"只见树木，不见森林"。既要看它形成前的每个细节，又要看它形成以后的具体演变，绝对不是按某种形态介入后就等着拿袋子装钱那么简单。"心随股走，及时跟变"，既是认识形态的起点，也是利用形态的归宿。见图三。

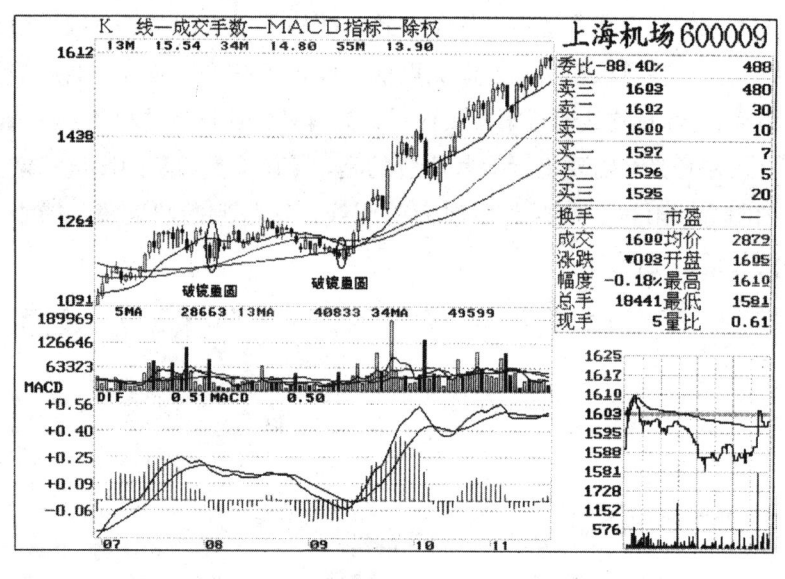

（图三）

(4) 营口港（600317）。股价在越过【动感地带】以后，没有长驱直入，而是在55日均线之上继续进行休整。为什么会出现这种情况呢？从图表上可以看出，前期均线系统的空头排列过于陡峭，股价上摸55日均线不是水到渠成，而是强行提带。所以，13日均线扭转得不够舒展流畅。

由此可见，主力前期建仓过于仓促和急躁，不洗盘就拉升，主力肯定不会当这个冤大头，但又不想洗得太深，怕扔出去的筹码捡不回来，所以就控制着股价在55日均线上小幅振荡，以横盘代替洗盘。我们知道，主力建仓时，由于吸纳量大，往往使股价出现一定的升幅，若动作不隐蔽，就容易露出行踪，一些机灵的投资者就会趁机上轿。为了减轻未来的拉升阻力，在正式拉升以前，主力一般都会进行一次较为彻底的洗盘动作，从而使筹码得以充分换手，达到垫高市场平均持股成本的目的。但主力洗盘往往会跌破55日均线，而且股价很快就会被拉上去，一旦股价重新站稳55日均线，通常是较好的进场时机。这就是【破镜重圆】的理论依据，也是我们敢于进场的技术依据。

其实，135战法的最大特点就是可操作性强，因为它把主力的意图都给拟人化了。通过具体的形态，就容易发现主力的行踪，这样一来，不但节约了时间和精力，也大大降低了判断主力的难度。如果把【破镜重圆】这个买点换成文字来表述，就复杂多了：投资者在操作中，应首先判断该股是否有主力在建仓，这在新股、次新股较为容易判断。一般来讲，上市后长期在一定区域内反复振荡，且呈涨时放量、跌时缩量的形态，一般可视为主力在偷偷地建仓。其次，要密切关注55日均线的支撑作用，主力洗盘一般以55日均线为限，即使跌破该线也无须惊慌，由于受到市场平均成本的牵引作用，往下的空间不会超过10%，此时可越跌越买。再次，可耐心等待最佳的买入时机。一般来讲，股价重新企稳55日均线之上时，意味着主力洗盘结束，此时是低风险、高收益、高效率的买进时机。最后，我们给这种买入法取个煽情一点的名字，叫"买在主力洗盘结束时"。

看罢这段文字，投资者是不是有点丈二和尚摸不着头脑。也许你会说分析得有道理，实战中该如何操作呢？具体的进场是哪一天，精确的进场点位是哪一点，资金该如何布局，形态失败后该怎么办，恐怕还是一头雾水。现在有了【破镜重圆】这个具体的技术形态，再操作起来是不是就简单多了？

股市本无传奇，因为，所有的传奇都隐藏着不和谐的画外音。传奇有多神奇，真相就有多惨淡。生活告诉我们，这个世界从来不存在完美的人和事，股市里过于完美的操作，只发生在童话的想象中。炒股的常态是，除了突然高兴外，就是千疮百孔与劫后余生。

所以，阳线并不代表着富贵，只有把股票抛出去才能细数你赚到的银两；主力出货时那些不可告人的勾当，则习惯性地包容着鸡零狗碎的不堪和不得已。见图四。

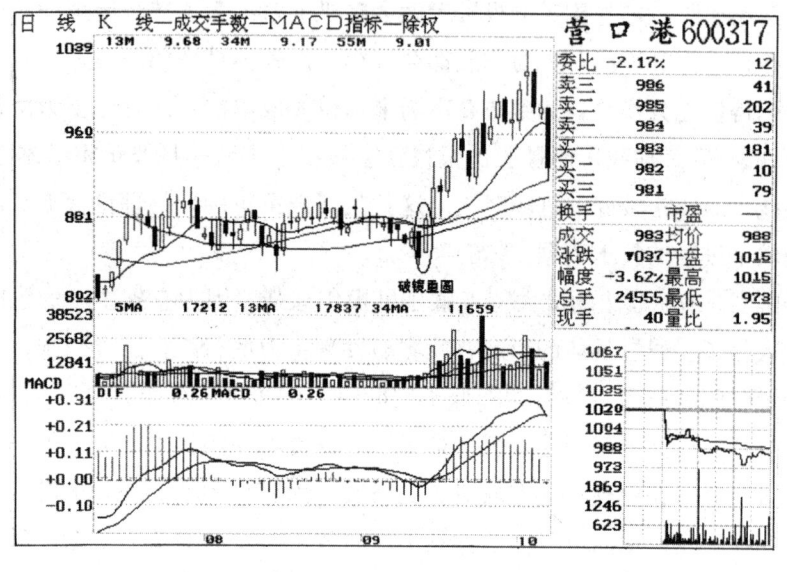

（图四）

（5）**新疆众和**（600888）。股价先有一波拉升，然后缩量回调。单从成交量上来看，我们初步认定主力没有全身而退，但是判断主力何时重新上攻，就必须借助其他技术手段，而不能瞎猜。我们知道，只有当【均线互换】完成以后，股价才具备了上涨的条件。但并不意味着【均线互换】以后，所有的个股都会涨起来，【均线互换】只是股价上涨的一个条件，股价是否能涨起来，还要看"量、价、线、形、位"的技术合成情况，还要看股价位置和指数环境是否和谐共振。而且【均线互换】分四个类型，每个类型的市场意义是不一样的（参见《黑客点击》）。该股【均线互换】完成以后，由于没有量能的支持，所以股价涨不起来。【破镜重圆】形成以后，还是由于能量不济，所以依然难圆其梦。随着时间推移，第二个【破镜重圆】又走进画面，量能尚可，但形态不够规范。这就需要第二天重新确认，如果翌日温和放量上攻，即可考虑进场。判断一个形态是否成立，除了外观上形似，还有内在条件的神似。

9月15日，股价携量上攻，一举突破两道均线封锁，重新确立了股价的升势，主力经过两个多月的艰难跋涉，今天终于【破镜重圆】了，半仓跟进。此后股价一路振荡攀升。见图五。

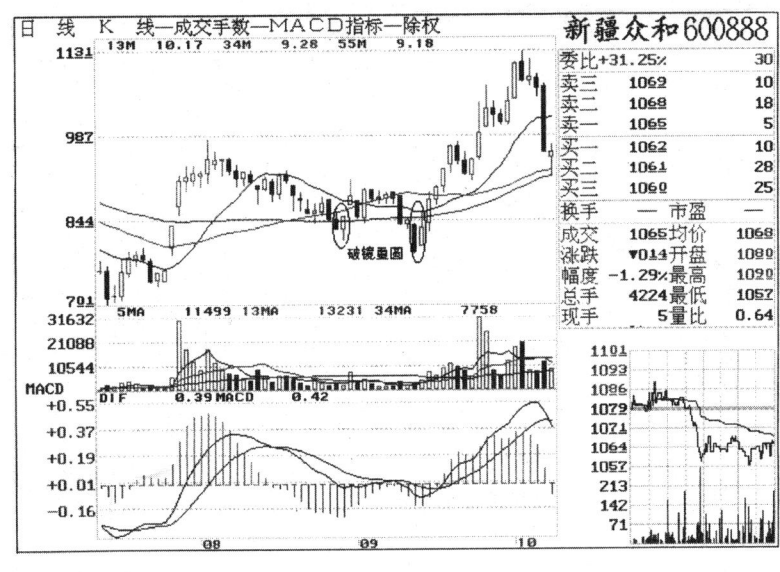

（图五）

（6）**梅花生物**（600873）。股价经过一波拉升之后，往往会进行回调，但在均线没有重新走好之前，我们很难预测主力下一步会怎么走。这时就需要利用股价形态来判断主力的具体走向。比如梅花生物的前身*ST明珠，主力经过一波拉升之后，随即就布设空头陷阱，旨在把前期的跟风者一网打尽。有经验的投资者都明白，无论主力怎样打压，股价在55日均线附近会有一定支撑。结果如何呢？股价在55日均线处止跌企稳，止跌企稳只是说明股价不再跌了，但要重新起涨，必须寻找到新的上升动能，这时候"阳克阴"就派上用场了。我们知道，无论股价下跌时间多长，别管它的跌幅有多大，只要股价不吃掉最后一根阴线，股价就没有东山再起的可能。当股价在55日均线附近出现"阳克阴"之势，我们说，股价有了转机，如果又有适当的形态相配合，就可以考虑进场了。

之后，股价在55日均线附近出现了一个【破镜重圆】技术买点，由于量能不济，故只能等股价重新站上55日均线再说。【破镜重圆】的第二天，股价温和放量，并且站在了55日均线上，这时，就可视为【破镜重圆】成立。操作ST类股票重在形。因为参与此类股票的人相对较少，所以不能要求成交量像其他股票那样有效放大。而且要坚持快进快出，因为主力控盘程度高，进与退非常神速，而且从不留余地。见图六。

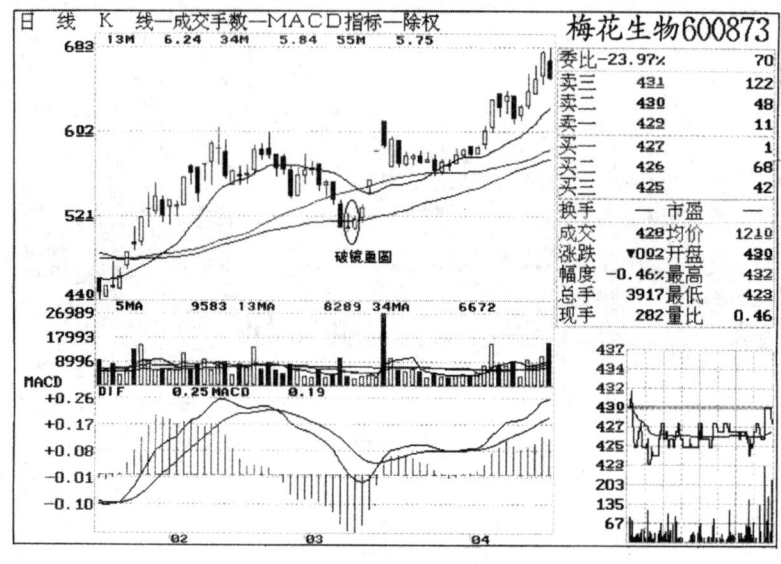

（图六）

（7）**中百集团**（000759）。该股在【投石问路】以后，主力采取了小波段操作，这种操盘手法特别适合那些看盘功夫好、节奏感强、反应速度快的投资者。股价经过一波拉升之后，快速进行回调，就在人们认为行情已经终结的时候，股价反而止跌回升。如此循环往复，主力赚得有滋有味，但却苦了那些技术不精而又特别喜欢追涨杀跌的短线客。其实，股价的涨跌事先都有征兆，只不过有的明显有的不明显罢了。比如中百集团，股价经过一小波拉升，就用【一剑封喉】结束涨势转入下跌，然后再拉起来再打下去，在股价的反复振荡中不但垫高了市场的平均持股成本，自己也从中赚到不少差价，关键要有精湛的操作技能。【破镜重圆】结束整理，股价重拾升势。

操作中的许多失误不是来自外在因素，而是操作者本人的自以为是。总觉得这个股票要涨，或者总担心手里的股票要跌。结果，不该买的买了，不该卖的卖了。在学会了识图以后，这种情况就会有很大改观。学会了识图，就知道尊重股价形态的客观表现，再不会靠主观预测去操作了。这样一来，盲目性和随意性就会大大减少。炒股不像人们想象的那样复杂,是人们自己把它给弄复杂了。按图索骥,按部就班,见山是山,见水是水。一言以蔽之,跟着主力走就行了。股市本身就是聪明的化身,所以不喜欢那些太聪明的人,只钟爱那些死心塌地地看着自己脸色行事的"顺绵羊";主力不喜欢那些总想抄自己后路的人,却偏爱那些火上浇油跟着自己猛打猛冲的"亡命徒"。凡是到股市来的人,都不承认自己傻。但是,只有把聪明变成自己的实际操作技能才叫聪明,否则,要么双耳失聪,要么双目失明。见图七。

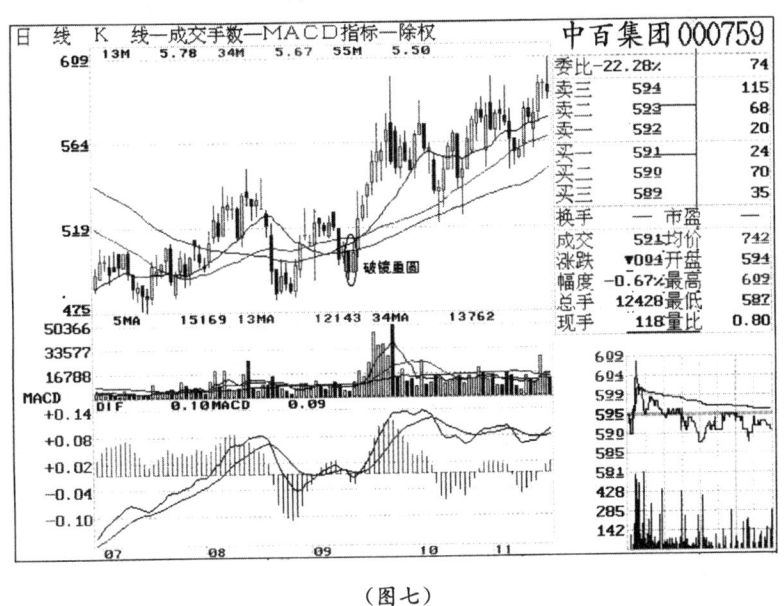

(图七)

(8) **重庆啤酒**(600132)。【黑客点击】出现以后,由于后续量能不足,股价只是象征性地敷衍一下,【均线互换】的完成,不但没有把股价托起来,反而使得主力恼羞成怒,正当人们感到疑惑之际,股价在55日均线附近找到了支撑,这个支撑就是【破镜重圆】。由于这个阳线的量能不足,主力仅仅把股价推上55日均线,然后在前高点附近用【一石二鸟】进行震仓。第二天,股价低开高走,温和放量,第二个【破镜重圆】应运而生,说明调整结束,新升浪开始。【破镜重圆】是股价质变的节点,在这里适当跟进,一般都能买在股价起涨的临界点上。见图八。

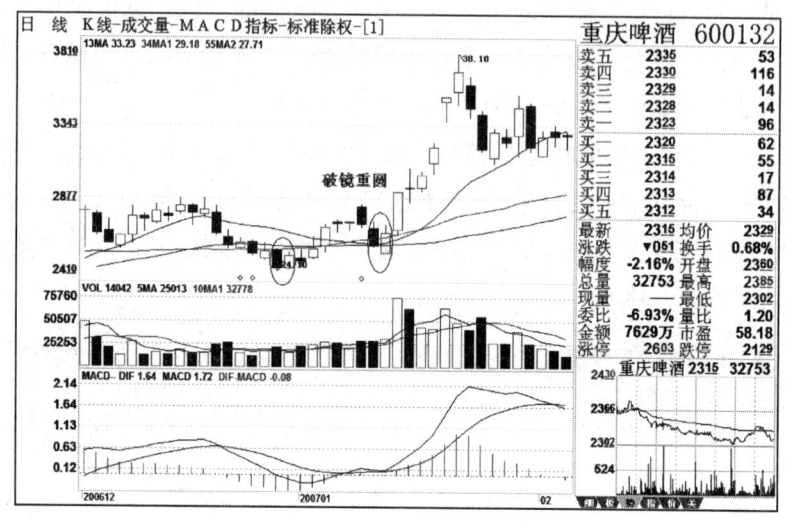

（图八）

【破镜重圆】的第二天，股价携量上攻，一举突破近期整理平台，然后一路扬尘而去。5天后，图表上出现【拖泥带水】式的【狗急跳墙】，暗示股价阶段性顶部已经来临，调整不可避免，仓位重的应主动减仓，仓位轻的明日择高出局。翌日，【一枝独秀】的出现，主力再次发出离场信号，如果依然不领情，后面的日子就不太好过了。

● 买进时机

（1）【破镜重圆】出现当天，轻仓试探。

（2）翌日拉出持续带量阳线，半仓跟进。

（3）股价突破前期高点，重仓出击。

● 友情提示

【破镜重圆】与【日月合璧】形态极其相似，但有区别，主要有四点：

（1）出现的位置不同。【日月合璧】通常出现在股价长期下跌以后，是强烈的见底反转信号；【破镜重圆】一般出现在股价的拉升途中，是洗盘的结束，新升浪的开始。

（2）市场意义不同。【日月合璧】引发的行情往往会一步到位；【破镜重圆】是上升行情的继续，一般会演绎成慢牛走势。

（3）K线形态略有差别。【日月合璧】的K线实体基本相当，呈并排之势；而【破镜重圆】的阳线实体比阴线长，呈覆盖之势。覆盖阳线越长，形态越可靠，出现的位置越高，攻势越凌厉。

（4）【日月合璧】的均线系统通常以空头排列列示，【破镜重圆】则正好相反。

> 人，有时候不逼自己一把，就不知道自己的潜力有多大。

第11节　一阳穿三线

◉ 古为今用

《蔚缭子·制谈篇上》："便吾器用，养吾武勇，发之如鸟击，如赴千仞之蹊。"它告诫军队，要改善我们的武器装备，培养我们的战斗作风，军队一旦出动，就像鸷鸟捕食那样凶猛，像倾泻到深谷的急流那样势不可当。投资者平时应熟练掌握和运用自己的操作系统，着重培养自己的条件反射能力和快速应变能力，一旦发现目标，就要像饿狼捕食那样勇猛地扑上前去，在机会面前，既不能手软，也不能心软。

◉ 形态特征

股价经过长期下跌和充分整理以后，均线系统的下跌斜率开始趋缓并逐渐靠拢，股价波幅日益收窄，某一天，股价突然放量穿越所有均线，这是主力展开大反攻的突出标志，是一次难得的进场良机。我们把这根一举穿越所有均线的巨量阳线称为【一阳穿三线】。见下图。

第11节 一阳穿三线

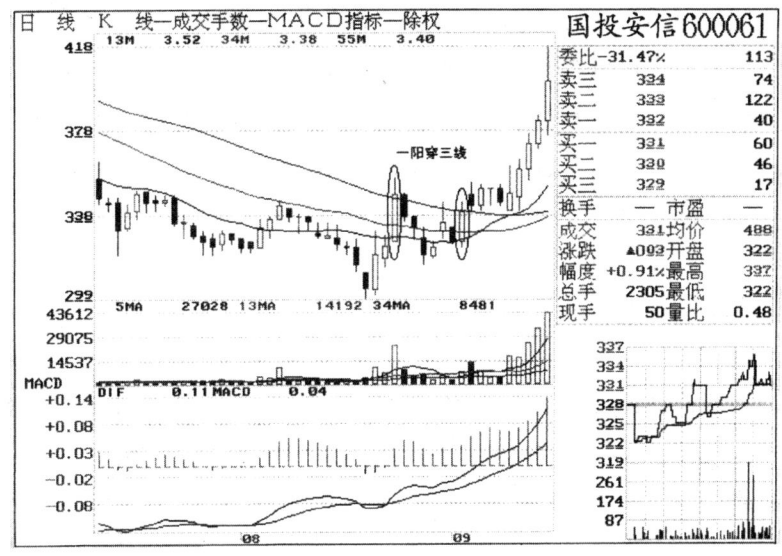

【一阳穿三线】是135战法中的经典攻击形态

在没有认识股市以前，股市是很抽象的，但等你认识了股价的运行规律以后，股市又是非常具体的，但人们已经习惯于道听途说，习惯于跟着感觉走，很少静下心来想一想，更不愿下苦功去探索和研究股价的运行规律。其实，任何个股的涨跌，事先都会出现程度不同的异动，要么成交量异常放大，要么股价飞速拔高或者下跌，表现在盘面上，就会形成各种不同的形态。根据这些形态，我们就可以进一步判断股价目前所处的具体位置，根据这些形态的均线周期，我们就可以判断行情的级别，然后做出轻仓试探、半仓跟进或重仓出击的决定，或者清仓或者减仓的处理。说起来，炒股就这么简单，因为它只是一买一卖，但在一买一卖的过程中，却隐藏着错综复杂的市场现象，隐藏着错综复杂的技术结构，也隐藏着错综复杂的心理变化。如果我们脑子里储存了大量的股谱，如果我们据此建立起自己的交易系统，如果我们在实战中能够严格地按照交易系统发出的指令进行操作，那么，炒股就会变得十分简单和愈加轻松起来，资金卡上的阳线也一定会灿烂得多！

◉ 形成机理

股价经过长期下跌以后，做空能量得到有效释放，成交量的日益萎缩，表明场内浮动筹码已经不多，随着时间的推移，成交量由小到大，表明有一股资金正在悄悄吸纳，而股价波幅的日益收窄，表明主力的收集已进入尾声，如果有一天股价突然携量上攻，那一定是主力大打出手了，跑步跟进方显英雄本色。【一阳穿三线】是股价起涨的临界点，从这个点位切入，一般都会获得一段可观的利润。

经典案例

（1）**抚顺特钢**（600399）。股价经过长期下跌以后，成交量日趋萎缩，表明场内的浮动筹码已经不多。股价温和放量站上13日均线，一枝【红杏出墙】来，表明股价的底部已被探明。由于股价离55日均线的位置较近，因而判断它的上涨空间不会太大，可轻仓试探，可持币观望，但不应放弃对它的关注。股价在55日均线附近缩量整理3周以后，于2004年9月15日开始携量上攻，它的成交量比上个交易日突然增加了1万手，这说明了什么？说明主力结束整理，开始转手做多。假设这只是一种猜测的话，看看它的技术形态就十分清楚了。画面上的【一阳穿三线】秀色可餐，这是一个经典的攻击图形，而且它的"量、价、线、形、位"均符合技术要求。我们知道，【一阳穿三线】是主力资金大规模进场的标志，从这个点位介入，一般都不会让你空手而归。

【一阳穿三线】出现以后，股价一路飙升，短短7个交易日，股价从4.05元涨至6.18元，涨幅52.6%。如果在【一阳穿三线】形成之时不敢跟进，那么，在以后的推进过程中，就更不敢跟进。想想吧，那些涨势凶猛的股票往往都是你不敢买的股票。从这个意义上讲，你越不敢跟进，它就越涨，在股市弃强趋弱是不明智的。

9月23日，股价低开高走，但冲高回落后，却在高位出现了放量滞涨，它预示着主力正在暗暗地出货，起码是在减仓。画面上的【一枝独秀】非常明确地发出了离场信号，这时，无论你怎样钟爱它，也必须先出脱持股。雷厉风行，令行禁止，是专业选手的必备素质。当建立起自己的实战交易系统，并把它运用得得心应手以后，资金和技术已变得不再重要，重要的是严格执行操作纪律，毛泽东早就说过："加强纪律性，革命无不胜!"纪律是进军的号角,纪律是撤离的令箭,谁漠视它,谁就要受到严厉的惩罚,谁就会付出惨重的代价。"在限制中方能显身手,只有规律能让我们自由。"限制自己,也就是要善于把握股价涨跌的临界点,正确对待自己的长处,抑制自己的欲望,始终保持"心随股走,及时跟变"的操盘风格,在临界点的范围内发挥自己的最大才能。见图一。

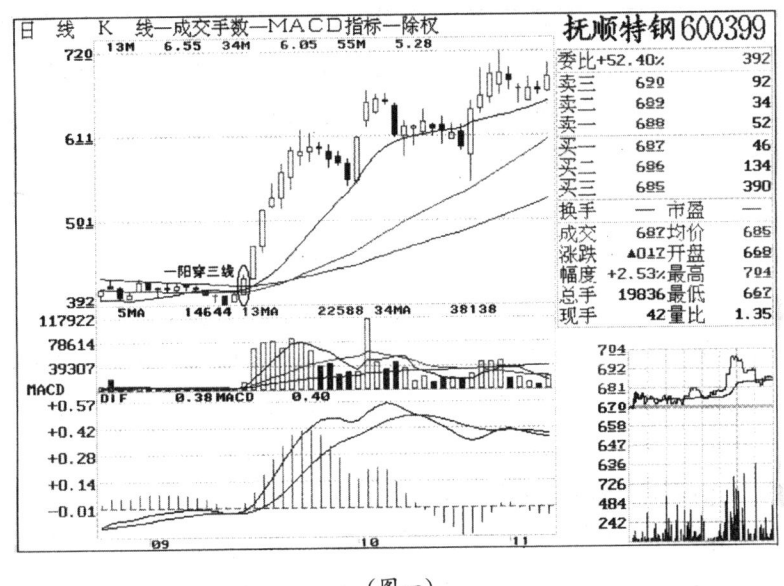

(图一)

当建立起自己的交易系统并且把它运用得得心应手以后,就应该把自己的主要精力放到那些异动股上面来。换言之,就是从对静态的搜寻,转移到对动态的捕捉上面来。因为,异动,意味着要动。很多人在看盘时,往往只盯着自己手里的股票看,对那些大幅异常波动的股票根本不屑一顾,仿佛与己无关似的,结果机会一次又一次地与他擦肩而过。许多人都有一种输不起的心理负担,在这种心理负担的压力下,他们不敢跟进那些快速启动的股票,他们怕套、怕输,所以总是去买那些长期爬在底部区域的所谓低价股,他们认为这样安全。这种投资理念与股市的本质相差甚远,其投资模式也相当落后。要知道,股市是强者的天下,只有坚定地站在强者一边,安全系数才更大一些。强势股之所以强,是因为有强庄入驻,弱势股之所以弱,是因为没有主力资金去关照它。

密切关注异动股,大胆追击强势股,既是一种降低时间成本的有效方法，更是一种快速获利手段。其实，捕捉异动股并不像人们想象的那样艰难，只要掌握了135均线操作方法，看盘再仔细些，机会就不会从身边一次又一次地溜掉。

（2）**太钢不锈**（000825）。股价经过长期下跌和充分整理以后，均线系统逐渐收拢，表明市场持股成本比较接近，暗示主力正在选择突破时机。随后，主力紧跟大盘放量上攻，股价穿越所有均线，表明主力志在必得。从【一阳穿三线】的"量、价、线、形、位"上来看，我们找不出什么破绽。这就意味着进场时机已经成熟，重仓出击。

我们知道，【一阳穿三线】是主力发起大规模进攻的标志，既然风险降临时我们首当其冲，那么，在机会扑面而来时，我们也要当仁不让。买入这样的股票一定要牢牢捂住，无论盘中怎样振荡，只要日线或分时线上不出现明显的见顶信号坚决不离场。

【一阳穿三线】是股价起涨的临界点，但它比【红衣侠女】的动力更足、上升速度更快，它与【揭竿而起】比翼齐飞，和【红衣侠女】一起被称为股市里的"拼命三郎"。

从图表上可以看出，自【一阳穿三线】发出买进信号以后，股价节节拔高，涨得人们心花怒放。然而，乐极生悲。正当人们期待它更上一层楼时，主力突然落井下石，巧使【金蝉脱壳】之计溜之乎了。虽然股价第二天又拉出了阳线，但只要看看量区里的成交量就会发现，这是主力利用技巧，进行虚浪拉升，并非进场做多的信号。假如你昨天没有来得及走，主力今天又给了你一个难得的逃命机会。关键在于，必须把【金蝉脱壳】的性质搞清楚，不然的话，你不但不抛，甚至还会在这根十分诱人的阳线上面加仓呢！

离场信号出现后的果断抛出，不是因为一怒之下的背信弃义，而是忠于主力，捍卫指令的神圣使命。主力撤庄时的欲盖弥彰，只是辜负了散户们的一厢情愿。

股市里所谓的黑马与猛牛，犹如玻璃缸里的金鱼，貌似骄傲地游来游去，实际上主力的意图在行家里手面前，暴露得一览无余。只是因为人们的想法太多，又大都不切实际，所以才经常给主力当炮灰。炒股没有方法，赢利苦短，日子艰辛。再猛的牛也有走累的时候，王子会秃顶，公主也会长皱纹。在股市的童话之巅，往往哀伤无限。见图二。

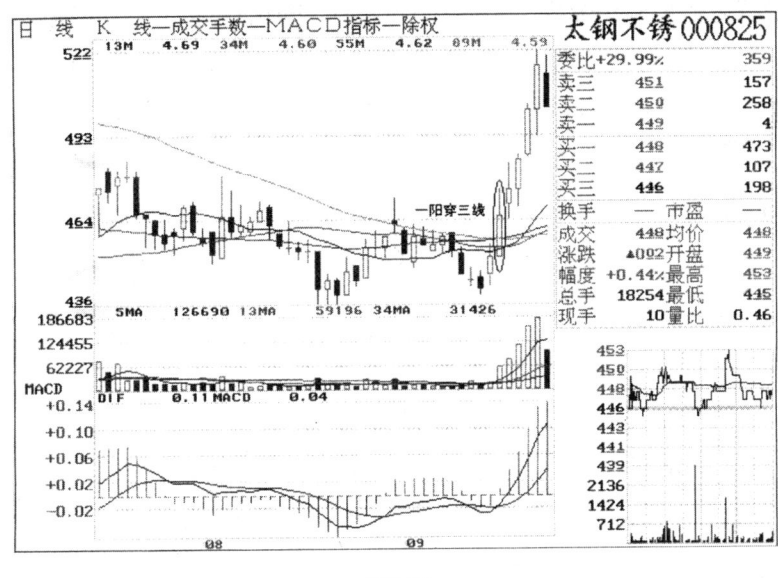

（图二）

（3）**第一医药**（600833）。2004年9月15日，股价带量穿过所有均线，表明主力坚决做多。只要发现【一阳穿三线】的技术形态，并且满足"量、价、线、形、位"5个条件，无论价位高低，必须保证当天进场，否则就有踏空的可能。

135战法的精髓是："心随股走，及时跟变。"很多人不是这样，他们总是以为自己比市场聪明，在分析个股、研究大势时，主观预测的成分偏多，在股价尚未出现任何启动迹象时，便自以为是地匆忙介入，然后做着股价翻番的美梦，结果，不是参与无休无止的盘整，就是随着股价飞流直下，说到底，还是心中没底的表现。客观地说，一只个股在一年中间真正值得去做的，也就那么一两次机会。因此，做股票一定要有"守株待兔"的耐性，它包含两个意思：一是在没有完美形态出现之前，要牢牢地捂住资金；二是在股票加速上扬时，要紧紧地捂住股票。135战法的一个重要原则是"拒绝盘整"。参与盘整不仅影响资金的运作质量，更容易把自己的心态搞坏。做股票不同于在银行存款，不是把钱兑换成股票到时候连本带息一起拿。炒股贵在做出差价，就是说，要随着股价的起浮不断地高抛低吸。135战法已经非常明确地告诉了你哪里是高，应该把它抛掉，哪里是低，应该进场吸纳。要养成看大盘的脸色行事，跟着主力走的良好习惯，这是做好股票的前提。至于技术，那是非常具体的东西，只要你肯下苦功，记住它的形态特征、形成机理，是很容易的事，剩下的就是多看和多练就行了。其实，炒股没有什么太深奥的东西，就看你用不用心。见图三。

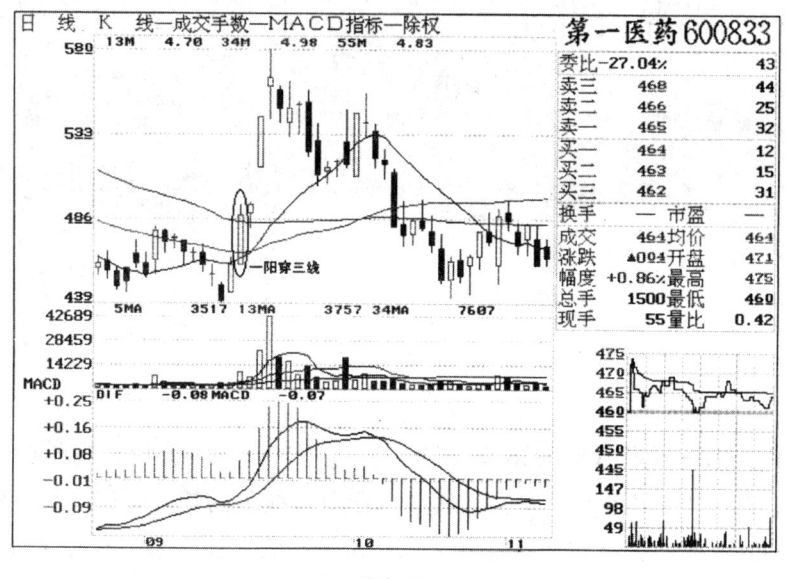

（图三）

【一阳穿三线】出现以后，股价只是象征性地整理了一天，这根缩量小阳线就是让那些对技术一知半解的人出局，让懂技术却没有来得及买的人进场。一样的形态，不同的理解，于是，贫富差距就出来了。

第三天，股价高开高走，然后直奔涨停板。作为股民，没有比自己的股票涨停更惬意的了。高兴可以，切不可忘乎所以。凡是头一天涨停的股票，第二天一定要多加留意。一旦发现情况不妙，及时退场观望。

第四天，股价依然高开高走，但冲高回落后开始放量滞涨，而且盘中振荡加剧，主力出货的嫌疑很大，图表上的【一枝独秀】发出的见顶信号清晰可见。此时此刻，即使你意犹未尽，也应及时出脱持股，恋恋不舍、优柔寡断则易丧失最后的出场良机。

（4）**中化国际**（600500）。该股经过充分整理以后，均线系统日趋黏合，股价幅度日益收窄，表明主力的进攻时间表已经进入倒计时，这时候，非常需要一种外力打破这种沉闷的局面。正当人们忐忑不安的时候，股价突然携量上攻，【一阳穿三线】拉开了大反攻的序幕。前面讲过，【一阳穿三线】是主力大规模进场的标志，从这个点位切入，一般都会获得一段可观的利润。时不待我，机不再来。在机会面前特别需要勇气和速度。在判断大势上，需要浓缩，只有浓缩，才能看清它的运行方向；在个股分析上，需要放大，只有放大，才能细辨技术形态的真伪。这就是大盘与个股之间宏观与微观的关系，从大处着眼，从小处着手，这样，或许更有利于把握大盘与个股之间精巧的平衡。

生活中人们信奉眼见为实，股市里人们仿佛更喜欢耳听为虚。明知道是没影的事，愣是信以为真，而对那些实实在在的、完美无缺的技术形态却视而不见。从这个意义上说，改变一个人的投资理念比改变一个人的投资模式更难。

该股在【一阳穿三线】以后，股价一路振荡攀升，截至10月25日【独上高楼】出现时，股价已由9月15日的7.90元升至11.77元，涨幅48.79％。见图四。

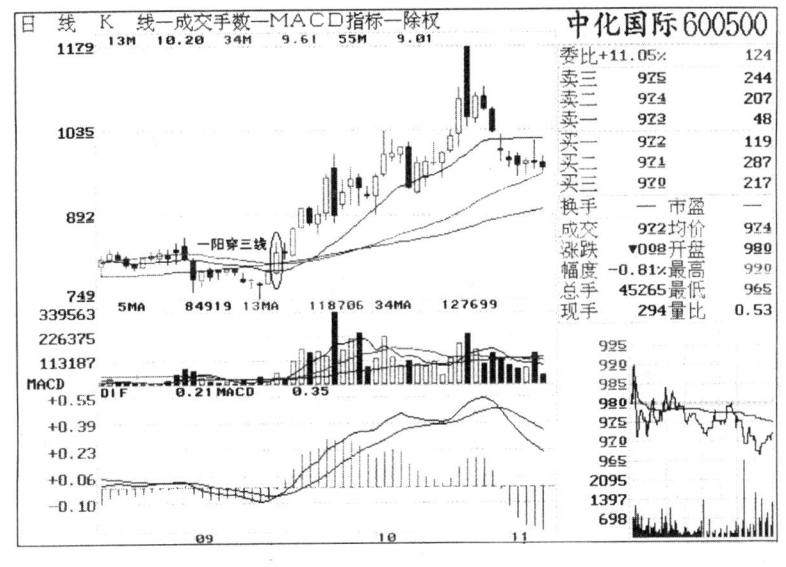

（图四）

(5) **浙江东方**（600120）。长期的下跌，使得该股已变得面目全非、惨不忍睹，萎缩的成交量悲泣着，说明留在场内的已经没有割肉的力气了。场外驻足观望的，依然心有余悸不敢进来。然而，这种情况没有维系多久，成交量就冷不丁地冒出来张望一番，主力攻击性补仓，时而也能露出一些蛛丝马迹。随着成交量温和放大，股价站上13日均线，但形态不是【红杏出墙】，规范的【红杏出墙】要求13日均线必须从阳线实体的中间直穿过去，同时，需要"量、价、线、形、位"的呼应。另外，完美的【红杏出墙】事先都有一组止跌阳线，13日均线之所以能够由跌到平，靠的就是这组止跌阳线的强行提带。

股价急匆匆地跳上13日均线后，主力接着就开始试盘，试盘就是测试上档的抛压，如果抛压太重，说明场内持股心态不稳，在这种情况下，主力就会把股价小幅推高，然后顺势向下打压。9月1日，主力通过试盘，发现抛压沉重，于是在34日均线上整理几天以后，继续向下打压。9月14日，股价止跌企稳，不规则的【日月合璧】不仅封住了股价的下跌空间，同时也打开了它的上升通道，【日月合璧】是股价转势的标志。

9月15日，股价冲破所有均线的封锁，直奔涨停板。【一阳穿三线】宣告了原有趋势的结束和新趋势的确立，如果我们不能与时俱进，不赚钱不说，恐怕最后还要遭到股市的淘汰。

股市是聪明人聚集的地方，凡是进入股市的人，都不会承认自己比别人笨。问题在于，大家都聪明，那谁赚谁的钱呢？游戏规则摆在那里，只能巧取豪夺，不许平均分配。两虎相争，必有一伤，自然界是这样，股市里尤为突出。这就要比眼力，比技术，比心态了。谁目光如炬，谁技术娴熟，谁心静如水，谁就能最终成为股市赢家。

第二天，股价小幅高开，稍作上冲便回到开盘价以下，然后在均价线附近小幅波动，很多人看到股价上攻受阻，生怕到手的利润再跑掉，往往会匆忙地把股票抛出。其实，股价每当冲过一道关卡后，技术上都有一个回抽动作，只是这个动作不能太大，时间不能过长，否则，【一阳穿三线】的性质就变味了，那就需择高点出局。

第三天，股价创出新高，但成交量却没跟上来，也许主力在观察市场的反应，这时候，我们只能看主力的脸色行事了。主力继续向上做，就持股不动,反手做空,就清仓出局。密切关注主力的一举一动,别瞎猜。

第四天,股价高开后,直线下跌,随后迅速地转体向上,展开更加凌厉的攻势。股价的升幅已接近30%,在相对高位拉出这么大的阳线,十之八九是主力在【明修栈道】,这样做可以收到多种效果,既让场内的不要卖出,又叫场外的赶紧买进,自己却在那里忙活着出货,这是"一箭三雕"啊!

第五天,股价低开高走,先是闪电般地向下俯冲,随后又电闪般地把股价拉到开盘价附近成交,故意给人造成一种整理的假象。看看量区里的大阴棒,哪有整理放这么大量的?不是出货才怪呢!图表上的【一剑封喉】寒气袭人,清仓出局。见图五。

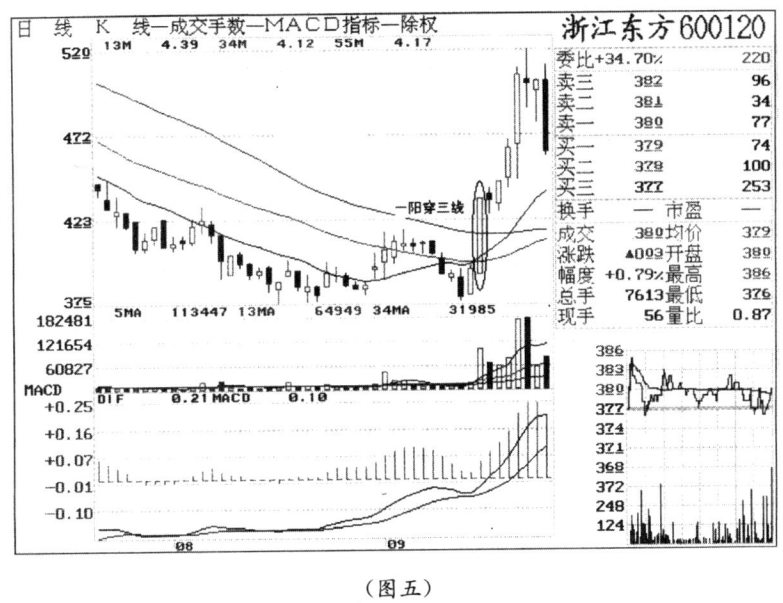

(图五)

(6) **天目药业**(600671)。该股经过三波下跌,股价从9元多跌到了3元多,如果你抱着价值投资或长期投资的理念去对待它,那就亏惨了。炒股就像炒菜,要勤翻动,不能切巴切巴往锅里一扔了事。但要知道什么时候该动,什么时候不该动。当然,在没有建立起自己的交易系统之前,这个火候是不好把握的。经常听股民说,等解了套,我再也不进股市了。说明他意识到了股市的残酷性,可主力会让你解套吗?这么说吧,既然主力套你,短期内就没打算让你出来。一只十几元、二十几元的股票,现在剩下的还不够零头，即使连拉 10 个涨停板也出不了坑，你凭什么解套呢，靠耐心等吗？其实，有些股票你根本不用等，因为等也是白等，它的油早就被主力给榨干了，能保住不退市已是万幸了。话说回来，要想解套也容易，斩掉手中的瘸驴，换成剽悍的黑马，这样多跑几个来回，不就把给瘸驴看病的钱赚回来了吗？同样达到了解套的目的。你可能会说，现在近 3000 只股票，谁知道哪个是黑马。现在我告诉你，凡是形成【一阳穿三线】【揭竿而起】【红衣侠女】技术形态的股票，都有可能成为黑马。这里面有两个问题：第一，你能不能发现；第二，发现了敢不敢骑。下面我们继续分析这张小图。

在该股的走势图上，一枝红杏脱颖而出，这是股价见底的标志，通常情况下，【红杏出墙】以后，股价一般不会再创新低，而且或多或少会有一些涨幅。9 月 14 日，股价一改往日的牛皮整理，携量一举攻破所有均线，这是股价反转的标志，是最为经典的主力攻击模式。从这个点位进场，就意味着你已经骑上了黑马，至于马的脚力如何，图表上的形态会及时告诉你，就像乘公交车一样，每到一站，不管你下不下车，乘务员都会例行公事地报一遍站名，提示下车的乘客下车。如果图表上没出现见顶信号，说明股价还没有到达终点，提前下车是不明智的。

9 月 15 日，股价跳空高开，而且开盘价就是最低价，盘中回调不破均价线，主力做多愿望十分强烈，股价很快封住涨停。许多人都希望有朝一日自己能骑上一匹黑马，可是当自己真的骑上以后，不是感到头发晕，就是觉得眼发黑，一句话，生怕到手的利润再跑掉，盘中稍有风吹草动，立马撒丫子就跑。如果在相对高位，这是好事，在初涨阶段则大可不必。股价一旦确立攻击态势，一般都会惯性上扬一段时间，而且主力出货时总是积极营造热烈的市场气氛，K 线形态也会清清楚楚、明明白白地告诉你。再说，主力一路气喘吁吁地爬上山顶，在众目睽睽之下，它总不会一下子蒸发掉吧，况且，只要它下山，必然会在盘面上留下痕迹。保持警觉是对的，杞人忧天那就活得太累了。

9 月 16 日，股价高开高走，顺势回落后再也看不见刚才那股蛮劲，盘中回调竟然破了昨日的收盘价。一般来讲，凡是第二天继续上攻的，回调一般不破昨收盘，破了昨收盘，就意味着股价将要调整。尽管主力很快就把股价拉到昨收盘以上的价位成交，但图表上的【一剑封喉】清楚地表明，目前股价已到了阶段性顶部。见山是山，见水是水，炒股绝对不允许有自我，任何时候、任何情况下，都要无条件地和市场保持一致。尊重市场是天职，服从主力是本分。见图六。

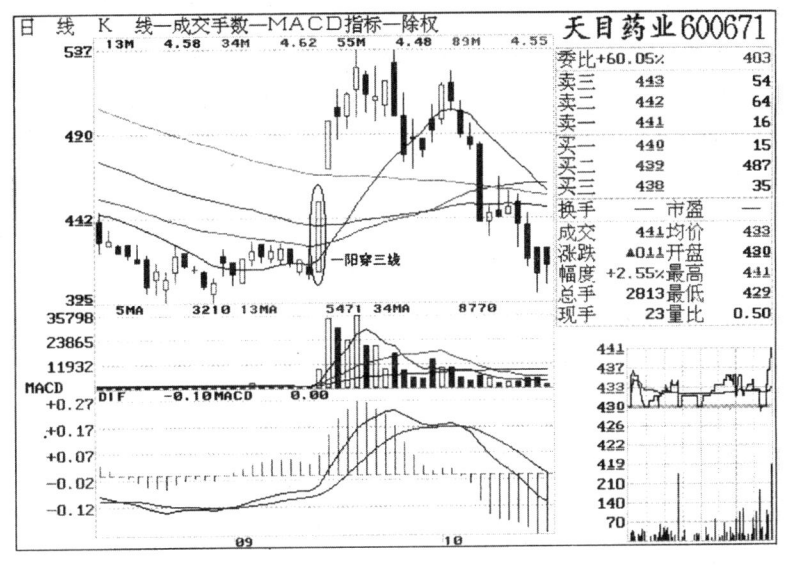

（图六）

（7）**重庆路桥**（600106）。正如喜欢热闹是人的天性一样，主力也喜欢扎堆。主力群体的这种整齐划一，绝不亚于任何一支训练有素的军队。2004年9月15日，在不同个股中间，出现了一大批形态相同的走势，而【一阳穿三线】和【揭竿而起】占了很大比重。这种现象预示着大盘将继续反转向上，预示着这些形态相似的个股将成为引领大盘的黑马集团。同一个时间，同一种形态，相似的结果，不可思议是吧，但这就是规律。

【一阳穿三线】的第二天，股价在昨日阳线的上影线里面进行强势整理，递减的成交量说明市场的抛压不重。稍微有点常识的人都不会在这里抛出。第三天，股价高开高走，主力的攻击显得更加凌厉，没几个回合，空方就败下阵来，股价高傲地站在了涨停板上。【一阳穿三线】这个买点，具有爆发力强、上涨速度快和持续时间短的特点。因此，在实战中，不必等【一阳穿三线】封住涨停再追，只要符合"量、价、线、形、位"5个条件，股价越过55日均线，就大胆地截击它。【一阳穿三线】的主力大都属于短庄猛牛型的。瞅准时机，短促突击一把，快速撤离是这类主力的真实写照。操作这种股票，进得要干脆，走得要利落。时间掌握在3～5天。

第五天，股价跳空高开，随后涨势如虹，跟风盘鱼贯而入，但股价冲高回落后出现放量滞涨。主力一边维系着市场人气，一边汗流浃背地派发。尽管主力钱多，却也不怕钱烫手，它总想把自己的货卖个好价钱，图表上的【一枝独秀】一语道破天机。清仓退场。见图七。

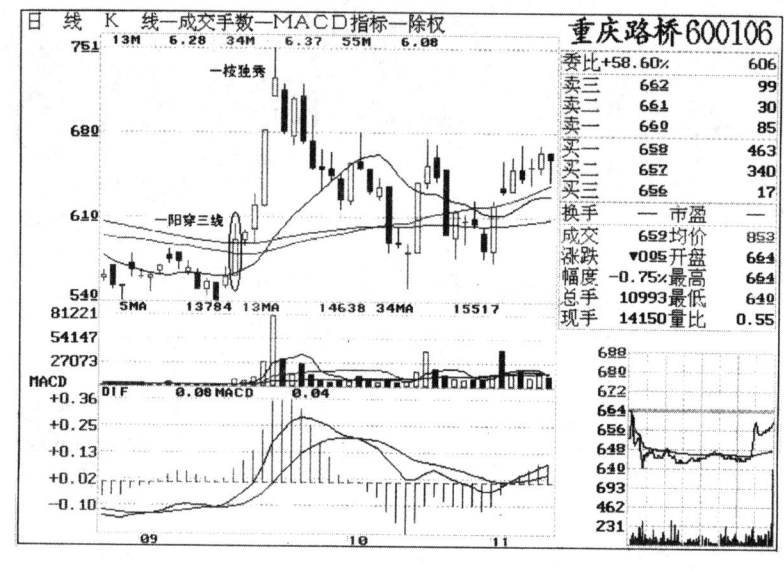

（图七）

马丁·路德金说："世界上的每一件事都是人们抱着希望做成的。"不管什么事情，只要坚持做下去，就会有回报。

有一个好的投资理念，实盘时就不会出大娄子；理念不值钱，却因为长期坚持才屡屡躲过灾难。而一个好的交易方法，会帮你走出困境，也会加快财富的聚集。若想在人前显贵，就得在人后受累。

（8）**盐湖股份**（000792）。不是所有的【一阳穿三线】都是猛牛型的，也有慢牛型的。但无论猛牛也好，慢牛也罢，关键是它们都能够走出一波像样的行情。比如，盐湖钾肥就属于慢牛型的，不也一样给了我们丰厚的回报，只不过时间稍长一些，更加磨人一些罢了。当股价进入上升通道以后，如果没有明显的见顶信号提示离场，只要Y值不大于10，就可以一路大胆持有，适当地增强一下自己的防震仓功能是非常必要的。凡是慢牛型的主力，出货时也是慢吞吞的，这倒给我们的离场提供了更加从容的时间。见图八。

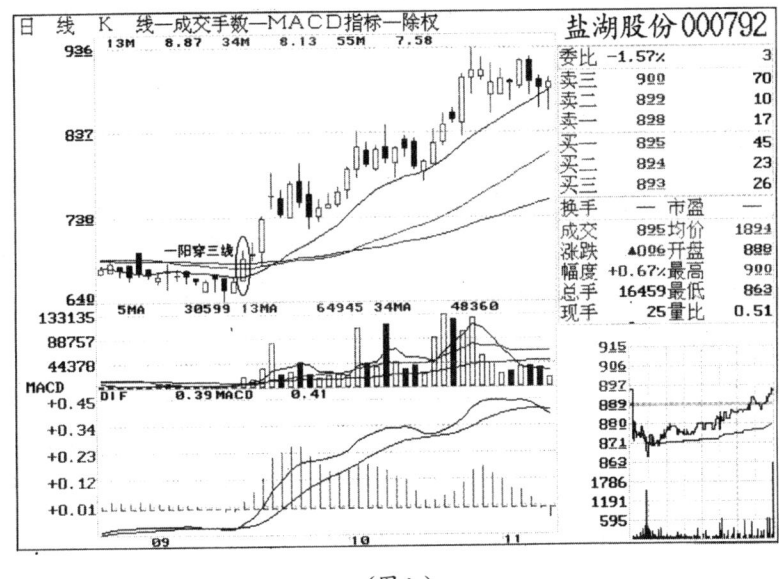

（图八）

面对【一阳穿三线】这种特别强势的股票，有的人就是不敢去追，他们认为这是在玩火。于是总喜欢在下跌通道里去买股票，结果越买越跌。当一轮行情结束时，别人早已获利了结，自己满手依然是一堆套牢的筹码。所以总是说，赚了指数赔了钱。为什么不买弱势股，道理很简单，弱势股之所以弱，主要是没有主力资金关照。没有主力资金关照的股票当然是在大盘强的时候比大盘涨得慢，在大盘跌的时候比大盘跌得快。无论你承认与否，目前的中国股市依然是一个资金推动型市场，一只股票如果没有大资金的关照，很难想象它会暴涨起来。

◉ 买进时机

（1）【一阳穿三线】出现当天，要不计价位地半仓跟进，必须保证当天进场。

（2）【一阳穿三线】的翌日，如果股价以缩量小阴线在昨天大阳线的实体里面报收，尾市可视情加仓。如果第二天股价平开高走或高开高走，重仓出击。

● 友情提示

【一阳穿三线】往往以迅雷不及掩耳之势迅速把股价向上推高，涨幅一般都会在7%左右，主力采取的是一种轧空战术。要求进场动作必须干净利落，猛虎一旦犹豫，还不如小蜜蜂果敢的一刺，捕捉【一阳穿三线】，勇气和速度是关键。

三条均线的间距越小，【一阳穿三线】的成功率越高。因为，均线越是黏合，市场上的持股成本就越趋于一致，故抛压不大；三线间的距离越大，【一阳穿三线】的成功率越低，间距大说明股价整理得不够充分，更容易造成获利盘的挤兑。另外，有的【一阳穿三线】属于没屁乱抽风，跟着大盘瞎起哄，并不具备真正意义上的攻击，判断攻击是真是假，用"量、价、线、形、位"一测便知。假的【一阳穿三线】，量能不足，涨幅不够，持续性差，一旦大盘进入调整，它比大盘跌得快。经典的【一阳穿三线】除了具备"量、价、线、形、位"这5个要件以外，以后的上升速度会很快，量价关系在这里至为重要。

【一阳穿三线】以后，允许股价有小幅调整，但必须在阳线实体的范围内进行，超过这个界限，即可认定这根阳线是主力精心设置的诱多陷阱，要认赔出局。通常情况下，【一阳穿三线】以后，股价一般都会进入快速拉升阶段，调整时间一般不会超过5个交易日，而且都会在阳线实体内进行。如果冲高之后很快回落，并且很快跌破这根阳线，说明这根阳线是主力放量诱多的骗线，应立即止损。

密切关注指数环境。如果大盘提供了充分的做多条件，一大批个股的形态出现扎堆现象，那就意味着这批个股是此次行情的主力军，应从中选择形态最为完美和走势最强的个股重仓出击，因为，只有最强的才有可能成为领头羊。只有领头羊才能超越大盘。

> 难耐是寂寞的等待，难抒是人们的感慨；难求是炒股的常态，难得是人生的精彩。

第12节 揭竿而起

◎ 古为今用

《龙韬·军势篇》："事莫大于必克；用莫大于玄默；动莫神与不意；谋莫善于不识。"用兵最重要的是所攻必克，作战最重要的是保守机密，行动最重要的是出敌不意，计谋最重要的是不被识破。贾谊《过秦论》："斩木为兵，揭竿为旗。"说的就是秦末陈胜、吴广发动农民起义时的情景。如果投资者发现了或者你所持个股出现了【揭竿而起】的技术形态，那么，恭喜你，你就要时来运转、扬眉吐气了。

◎ 形态特征

股价经过下跌，长期在底部区域横盘整理，均线系统呈黏合状态或间距极小的多头、空头排列。突然某一天，股价从三线上腾空而起，这是主力开始拉升的重要标志，我们把这根从三线上腾空而起的巨量阳线称为【揭竿而起】。见下图。

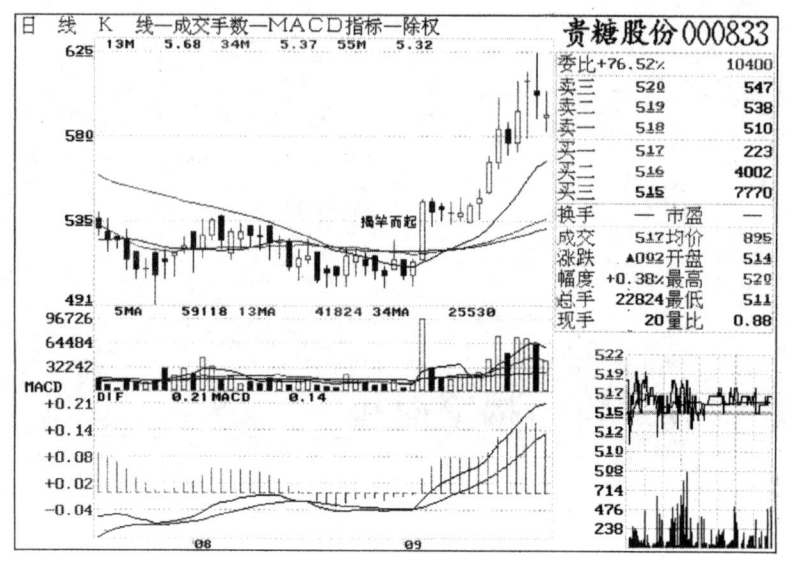

【揭竿而起】是135战法中的经典攻击形态

● 形成机理

　　股价经过反复整理，紊乱的均线系统为了一个共同的目标终于走到了一起。均线系统的黏合移动，表明市场持股成本基本趋于一致，说明该抛的都已抛了，不抛的暂时丧失了做空的动能，主力采取蘑菇战术，极富耐心地限价建仓，让场内的一些人因看不到希望认赔出局，使场外资金感到无利可图不愿进场。股价的窄幅波动，暗示着主力正在选择突破方向，当主力认为时机成熟时，就会【揭竿而起】，把股价迅速拉离成本区，在放量冲高的过程中完成最后的掠夺。【揭竿而起】是主力较为经典的攻击形态，在这里勇敢追进，就意味着买在了这波行情的起涨点上，短期内即可获得不菲的收益。

● 经典案例

　　（1）亿帆医药（002019）。该股上市以后，经过两个多月的市场磨合，它的13日均线已开始由下倾到走平，股价围绕13日均线上下窄幅波动，说明市场的平均持股成本就在13日均线附近，暗示主力正在选择突破方向，密切关注，同时做好进场准备。股价从 13 日均线与 34 日均线的节点处【揭竿而起】，郁闷已久的主力开始宣泄了。从股价的技术结构看，它的"量、价、线、形"完全符合进场条件，集中计划资金，重仓出击。从这个点位切入，一般都会让你乘兴而来，满意而去。【揭竿而起】是最为经典的攻击图形之一，成功概率极高，哪里出现【揭竿而起】，哪里就会一片欢歌笑语。

翌日，能量不减，但推进速度有所减缓。看来主力正在想法收拾前高点上的散兵游勇，以扫除前进道路上的障碍。

第三天，股价以气吞山河之勇横扫千军，拉出上市以来的第一个涨停板。从时间和位置上看，这个涨停板带有很大的收集性质。

第四天，主力以排山倒海之势继续扩大战果，牢牢捂住正在上涨的股票，千万不要为主力盘中气势汹汹的振荡所吓倒，只要交易系统不出现明显的离场信号，切不可心急火燎地把股票抛出。这个阶段是获利最快的阶段，但也是最最难熬的阶段。

第五天，股价创出上市新高后斗志大减，从盘口看，大卖单不断涌现，主力开始急流勇退了。【一剑封喉】及时地发出了清仓离场信号。见图一。

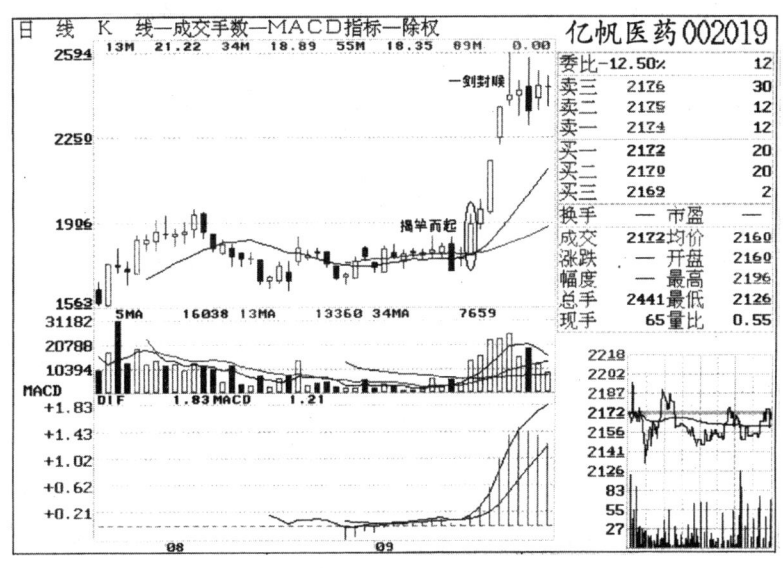

（图一）

和【一阳穿三线】一样,【揭竿而起】也有着"扎堆"的嗜好。如果在一个时期或者某一天,不同个股突然不约而同地【揭竿而起】,说明大盘已经开始向上反弹了。这时候,就需要放弃空头思维,勇敢地加入多头行列中去。勇气和速度在这时显得极为重要,如果你手中的股票不涨或涨得慢,要果断换股。只有捕捉到强势股,才能够快速获利,而具备【揭竿而起】和【一阳穿三线】技术形态的就是这样的股票。

(2) **五粮液**(000858)。该股除权以后走了一波贴权行情,直到13日均线上穿55日均线以后,股价的下跌空间才被封住。但股价始终在55日均线上方横盘整理,如果不是【揭竿而起】的出现,真的不知道股价还要整理多久,就是说,在【揭竿而起】之前买入的都无利可图。炒股贵在选择时机,绝不是频繁交易。明白了这个理,就别整天在股市想着搏杀了。对于股市来说,天天都有机会,对于个股来讲,一年也就那么一两次。赚钱需要技术,但更需要耐心。

【揭竿而起】的第二天,主力用小阴线震仓,由此可见,别管什么时候,主力都不会让你舒舒服服地挣钱,总是变着法子折腾你。空仓时,它拉阳线引诱你,等你兴冲冲地跟进了,股价却又不涨了。持仓时,它连拉阴线恐吓你,等你胆战心惊地出局以后,回头一看,股价原来并没有下跌多少。主力个个都是心理学高手,它们充分利用人性的弱点,经常把股民玩弄于股掌之间。主力这种声东击西的把戏,只对那些"睁眼瞎"有效,对那些经过严格系统的学习和专业训练的人来说,这一招就不灵了。在没有学习135战法之前,总觉得什么股票都可以买,总是感到钱不够用;对自己持有的股票,哪怕它是一头高位截瘫的秃驴,也会对它精心呵护。在掌握了135战法以后,你会发现,真正值得买入的股票并不多,应该卖出的股票倒是不少。现在,有人手里的股票,别说它下跌,只要它三天不涨,他们就会考虑把它打掉。一个大学生,寒窗4年,几万学费姑且不说,毕业后未必能够找到一个像样的工作。证券投资是一门非常专业的学问,很多人却以业余的心态去对待,别说没有进行过专业训练,甚至连炒股的A、B、C还没搞明白,就准备到股市挣大钱了,这是不是有点异想天开了呢?我经常对炒股的朋友们讲,如果你真的喜欢炒股,那就沉下心来,先把基本功夯实,在此基础上建立起自己的交易系统,把系统的每一个环节都了解得入木三分，把形态的每一个细节都练得炉火纯青，到那时，你肯定就不会再亏了。不亏，那就意味着你开始赚钱了。见图二。

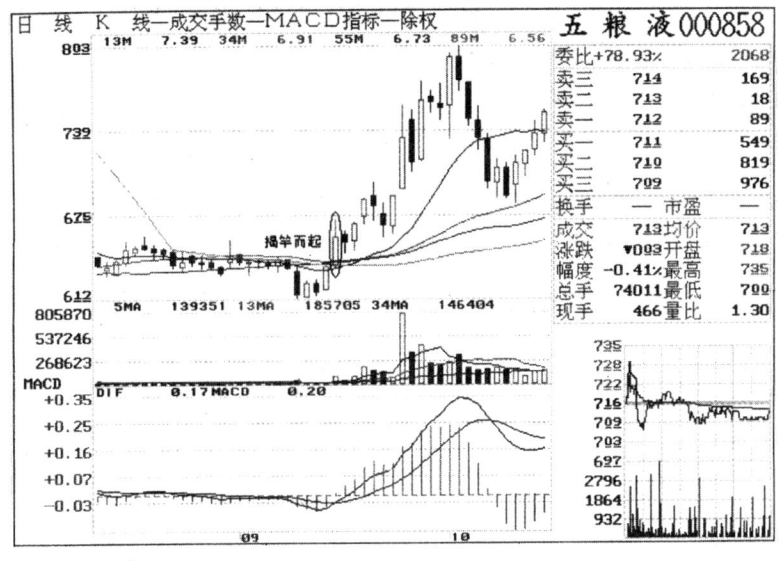

（图二）

（3）**海通证券**（600837）。主力的上攻时间也选择在 2004 年 9 月 15 日，技术形态也是【揭竿而起】，这些散落在不同个股之间的技术形态真是不可思议，孤立地看上去，它们太像是一个接一个的偶然了。可是，如果有太多的偶然，都在显示同一种现象，你还能心平气和地把它看作是偶然吗？不，这时候你必须承认，那就是规律。

为什么【揭竿而起】出现后股价就涨，而【一剑封喉】出现时股价必跌呢？这就是股价的运行规律，你可以不承认它，但你必须学会尊重它。散户在股市赚钱，除了技术，其他一无所有，如果不身怀绝技，在股市又能生存多久呢？我们承认，技术不是万能的，但混迹股市，没有技术是万万不能的。

过去，喜怒无常的股市经常把愚昧无知的我折腾得一塌糊涂，然而骨子里又不甘心就这么认输。于是，决心从最基本的 K 线学起，因为它是市场信息的原始记载，同时也记录着主力做盘的运作轨迹。而其他技术分析都是依据它的价格和成交量的变化来进行推论的。为了搞明白 K 线的实质，我虔诚地拜田宗久为师；为了把握股市趋势，我虚心向查尔斯·亨利·道学艺；我向江恩讨教时间周期；我与毕达哥拉斯探讨黄金分割率；我望着斐波拉契的神奇数列长久地发呆；我与格兰威尔就均线的参数设置争论得死去活来；同时还与艾略特坐在海边的沙滩上一起合唱"洪湖水浪打浪"……

一阵苦读，一番实战，结果发现这些理论与中国股市严重脱节，所以意外伤害防不胜防。加上自己功力不够，对别人的经验只会生吞活剥，压根就无法消化。尽管我非常努力，但终究事倍功半。我从不怀疑大师们的理论，但它们不能在中国股市里把我带向成功的彼岸。我深知自己几斤几两，于是决定退而结网。伴随时间的更替，有了后来的 135 战法。见图三。

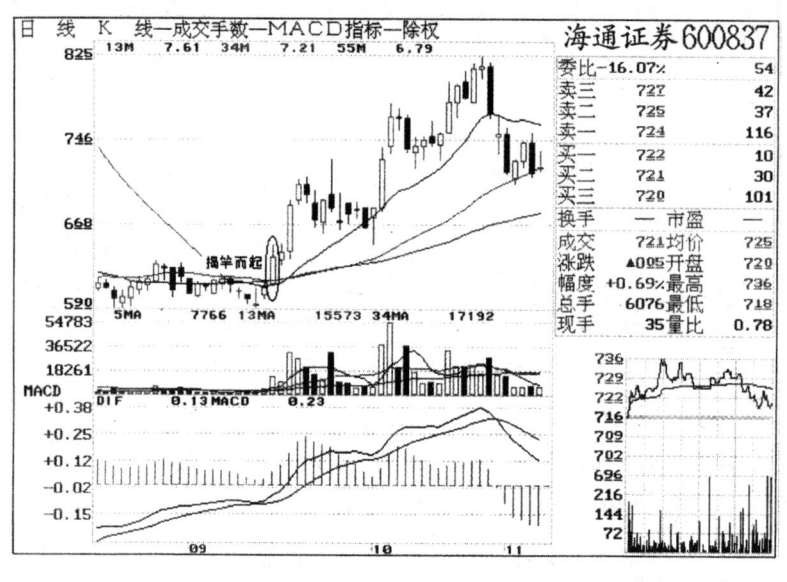

（图三）

（4）**贵州茅台**（600519）。在该股第二组【走四方】出现时，曾经狙击过它，痛饮茅台酒，口感不错，回味深长。所以闲暇时经常不断地与它打个招呼，嘘嘘寒问问暖。该股除权以后，第一天就以涨停板报收，走出一小波填权行情后，开始长时间的横盘整理，从量能上看，主力没有全身而退，随着股价波幅的日益收窄，均线系统开始逐渐收拢，特别是那组不规则的【蚂蚁上树】出现以后，我们知道主力快要闹事了，究竟怎么闹、以什么方式闹，一下子还说不清楚，因为图表上没有给出任何提示。在这种情况下，只有认真地看，耐心地等待，妄动意味着输尽。学习了相关知识,或者掌握了某些技巧以后,在买卖股票时,一定要有充分的技术依据,这是原则。

有一天,股价从55日均线上【揭竿而起】,主力终于开始闹事了,反正闲着也是闲着,那就进去凑凑热闹吧。见图四。

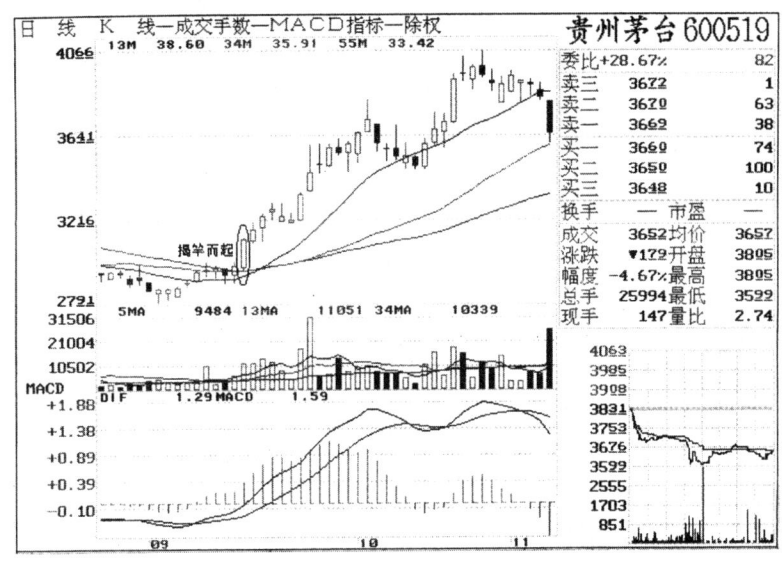

(图四)

【揭竿而起】以后,主力没有蛮力上攻,而是不温不火地碎步攀升,股价在不经意间填满了权,这是继深市的韶钢松山(000717)之后,第二只填满权的股票,直到这时人们才恍然大悟,但已追悔莫及。因为,【一剑封喉】已挡住了股价的去路。一个人走夜路怕黑,拉上几个人一起走,胆子就大了。在生活中人们已经习惯如此,但在股市里,大家都不看好的不敢买,非得大家都看好了才敢买,这可不符合少数人获利的规律啊。

(5) **万通地产**(600246)。这个主力挺有眼力价,它的起事日期同样选择了与大盘同步。因为这一天大盘已经开始见底回升,这就叫风借火力。逆水行舟事倍功半,顺水行舟事半功倍。那些唯我独尊、自以为是、经常与大盘对着干的主力,如果不是缺心眼,肯定就是少根弦,因为它不懂得借力。

主力选择这一天上攻有着一定的偶然性,但酿成【揭竿而起】的技术形态却是必然的结果。该股在起动前进行了充分的整理，首先是它的均线系统开始靠拢，其次是股价的波幅开始变窄，然后是一个【红杏出墙】和【一阳穿三线】的混合体，这一切都在预示着，搭上弓的箭将一触即发。所谓的技术分析，也就是看看股价的位置，瞧瞧均线系统的方向，瞅瞅 K 线组合的形态，摸摸成交量的虚实。把这 4 点归结起来，就是形态的"量、价、线、形、位"。一个完美的技术形态必须具备这 5 个条件，不具备这 5 个条件的肯定不是一个完美的形态。

翌日，主力携量上攻，然后一举封停，结果榜上有名，真可谓名利双收啊！只不过这个涨停板有点【拖泥带水】，长长的下影线已经埋下了隐患。但股价第二天一般都会有高点出现，【拖泥带水】不一定是顶部，但暗示着股价行将调整。老祖宗早就训示：害人之心不可有，防人之心不可无。打开预警系统，随时准备离场吧。

第三天，股价高开高走，顺势回落后，股价再也没有坚挺起来，而成交量却一直不甘寂寞，它暗示着主力正在那里偷偷摸摸地派发。图表上的【一剑封喉】已经说明了一切。也许此庄是个三级跳出身，助跑的时间长，真跳的时间短，一、二、三，完事，不过，倒也爽快。从量能的释放程度上判断，主力在做小波段，既然如此，我们就在 13 日均线附近狙击它。从股价的位置和 13 日均线的角度来看，二者会师大概需要一周时间左右，这段时间可以休息，可以另寻猎物，但绝对不能持股参与盘整。第一，你不知道股价盘多长时间；第二，你不知道盘整以后是向上突破，还是向下突破。

9 月 20 日，股价高开高走，顺势回落后开始放量滞涨，典型的派发特征，图表上的【一枝独秀】及时地通风报信，为我们的出逃立下了汗马功劳。K 线图会说话，通人性，就看你愿不愿和它交朋友。

炒股最难控制的是感情，最难提高的是素养，最难改变的是习惯，最难执行的是纪律，最难做好的是细节，最难处的是与主力的关系，最难把握的是机遇，最难倒腾的是资金布局，最难锁定的是利润。见图五。

第 12 节 揭竿而起

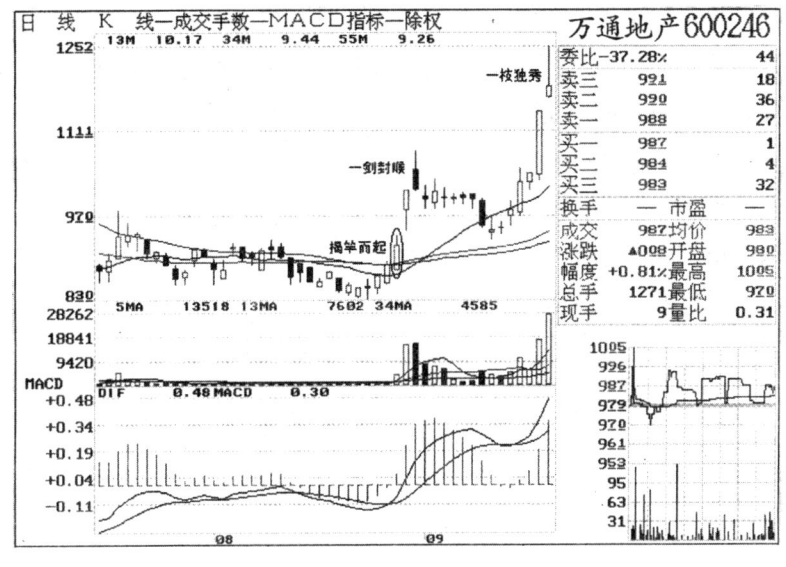

（图五）

（6）**西山煤电**（000983）。堪称跨年度大黑马。股价从【红杏出墙】到【金蝉脱壳】的出现，已经翻了一番。所以，在股价从 55 日均线上【揭竿而起】的时候，恐怕已经没有多少人再看好它。然而，人人望而生畏的股票，自从【揭竿而起】的形态出现以后，愣是把前期高点死死地踩在脚下，重新跨上了一个新台阶。在如此低迷的市场环境下，愣是演绎了一段股市神话，人们啧啧称叹，人们娓娓道来，可偏偏没有人去寻找制造这神话的形态。一位 50 多岁的大妈，从散户大厅气喘吁吁地来到我的工作室，说她 17 元买的股票现在跌到了 7 元，问我怎么办？我看了看这只股票后，语气坚定地告诉她，立即斩掉，换成西山煤电。她说，一斩掉我就亏大了。"不卖就不亏了吗？"我反问她。她支支吾吾地答不上来，然后自言自语道："西山煤电已经翻倍了啊"，然后瞪着眼睛问我，"你能不能保证它涨"？然后又一脸疑惑地望着我说："你不会是庄托吧？"她的话让我啼笑皆非。但我耐着性子给她讲了一些买进的技术依据，这位老大妈一脸的不耐烦："技术有什么用啊，跟对主力就行了。"我真想回敬她一句："你凭什么跟主力？"看着她那悲悲戚戚的样子，话到嘴边又咽了回去。我不知道这种观念是否具有一定的普遍性，这难道就是中国股市投资主体的缩影么？我的心底升起一股悲哀。

我在想，如果炒股不需要技术，恐怕人人都成百万富翁了，可事实上并不是这样。为什么有的人赚得盆盈钵满，有的人输得衣不遮体呢？恐怕不仅仅是运气吧。就连实力强大的主力，尚且不敢对道氏理论、江恩理论掉以轻心，而我们的一些股民连股市的皮毛都没摸着，却在宣布技术无用论。我茫然了。

从西山煤电的走势图上看，它的买卖点一目了然。如果你不懂技术，你能看明白这些K线里面包含的市场意义吗？见图六。

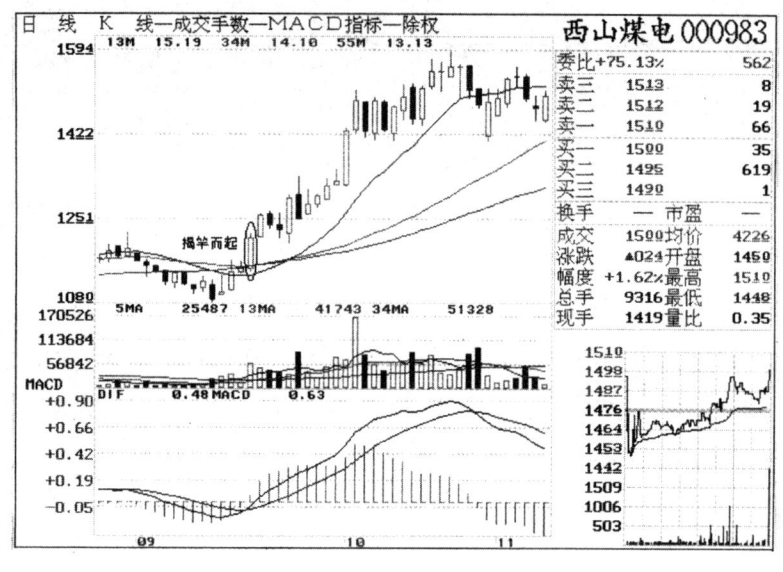

（图六）

（7）**万家文化**（600576）。从这张小图上，我们可以清楚地看到，在股价行进过程中，曾出现过一个【黑客点击】的买入信号，在如此低迷的市场气氛中，主力能否"点击"成功呢？这主要取决于第二天股价能否形成"阳克阴"之势。9月10日，股价收复昨日失地，别看这根不起眼的小阳线，它既是对【浪子回头】的确认，也标志着【黑客点击】的成功。轻仓试探。

9月14日，股价从刚刚发散的均线系统上【揭竿而起】，它标志着主力资金开始大规模地进场了。主力已经赤膊上阵了，我们也不能袖手旁观，赶紧跃出战壕，跟着主力猛冲吧。炒股在心态上一定要稳，但动作上一定要敏捷。

第二天，股价继续放量上攻，尽管冲高回落后形成了【一枝独秀】的形态，但却不是见顶信号。这是因为，第一，出现的位置较低，哪有刚刚越过整理平台就出货的。第二，成交量不够大，只比昨天多出了3000手，不符合放量滞涨的条件。所以说，这根具有【一枝独秀】形态的阳线，很可能是主力刻意制造的诱空骗线，它想趁着股价冲高回落，让获利盘回吐，自己再捡一些相对廉价的筹码。果真如此，主力后面肯定还有大动作，先耐心持有几天吧。

第三天，股价在昨日阳线的上影线里面强势整理，主力也担心打压过猛，抛出的筹码收不回来。

第四天，股价开盘即停，没想到胜利来得如此快！

第五天，又是开盘即停，主力已经杀红了眼，得提防着点，万一它来个"蹦极"表演，它倒是爽了，我们岂不前功尽弃了。还好，直到收市，股价钉在涨停板上纹丝不动。

第六天，股价以涨停板开盘，紧接着，成交量就像黄河决堤似的呼啸而下，【独上高楼】望尽天涯路，主力玩够了，要走了。我们怎么办呢？下山。见图七。

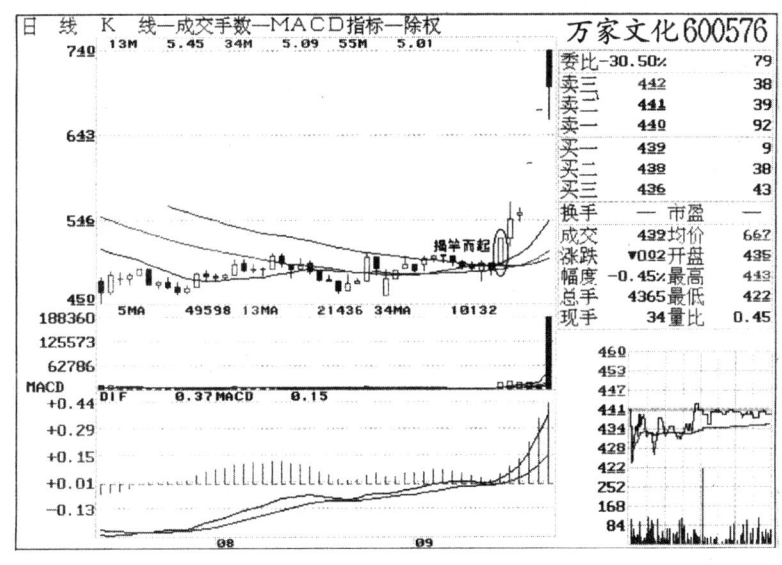

（图七）

◉ 买进时机

（1）【揭竿而起】出现以后，要不计成本地保证当天进场。

（2）【揭竿而起】的翌日，如果股价以缩量小阴方式出现，可适量加仓，但股价不得破【揭竿而起】的二分之一位。若第二天依然高举高打，或突破前期高点，就重仓出击。

◉ 友情提示

（1）【揭竿而起】通常出现在那些经过长期横盘整理以后的股票，技术形态酷似【三线推进】，极个别属于短庄猛牛。股价一旦起动，拉抬速度呈现出快而猛的特点。

（2）【揭竿而起】出现后，股价一般都有小幅回调，绝大部分都以横盘整理的形式出现，强势特征极为明显。应密切关注成交量的变化，一旦发现股价重新放量上攻，立即盖帽抢进。

（3）在三线上【揭竿而起】的股票，一般都会成为强庄牛股，因此在持股上应多一分耐心，只要股价不发出明显的离场信号，就一路持有。如果股价的整理时间不够充分或均线系统黏合时间不够，由于突发因素导致股价匆忙【揭竿而起】的，以后的升幅一般都不会太大。

（4）【揭竿而起】与【三线推进】的形成机理和形态特征基本相似，区别在于介入的时机上。【三线推进】的形态出现以后，要求在三线的上沿或下沿逢低吸纳，能捡到较为廉价的筹码，但主力的进攻时间不好把握，所以，按【三线推进】技术形态介入的，一定要有足够的耐心。【揭竿而起】表明拉升已经开始，动静较大，态势明朗，容易发现，便于跟进，可以节省时间，但成本相对较高。

> 炒股犹如一场马拉松赛，开始比的是灵感、体力和运气，接下来比的却是坚忍、纪律性和资金布局。

第13节　一石二鸟

◉ 古为今用

《太白阴注·作战篇》："未见利而战，虽众必败；见利而战，虽寡必胜。利者，彼之所短，我之所长。"没见到有利因素就开战，虽然人多也必定失败。看到有利后才去打仗，虽然人少也必然胜利。有利就是对方的短处，我的长处。在股市，机会天天有，但机会现形时的身姿和角度，有时并不符合人们当初的期望，这正是机会的诡谲多诈之处。它有出其不意的刁钻，而且经常伪装成一幅失魂落魄的模样，因而许多人没有能抓住已经降临的机会，却又天天寻找新的机会。

◉ 形态特征

股价经过长期下跌和充分整理以后，成交量开始温和放大，股价慢慢爬上55日均线，均线系统已成多头排列，表明股价已进入上升通道，上升途中，主力经常采用"一阳二阴"的手法来震仓，这是股价行进过程中的停顿，并非走软信号。我们把这"一阳二阴"的K线组合称为【一石二鸟】。见下图。

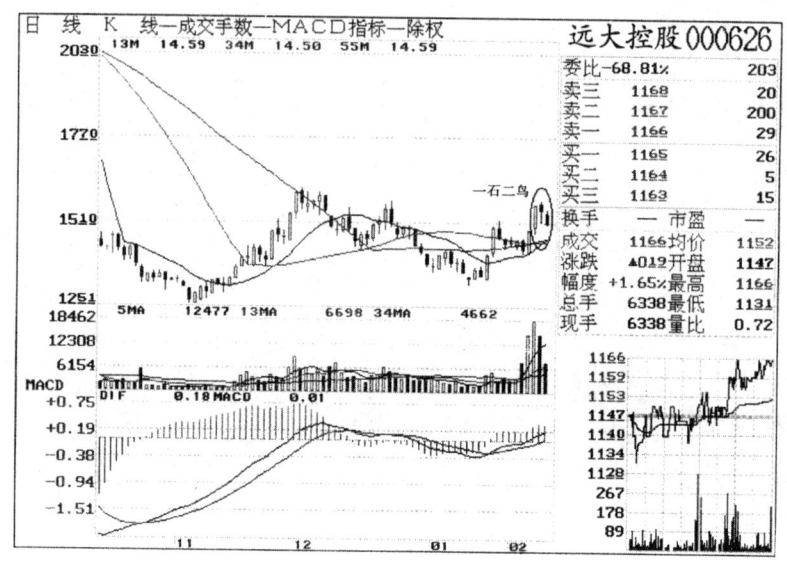

【一石二鸟】是股价上升途中的震仓

◉ 形成机理

股价重新站上 55 日均线，说明有主力资金在运作，之所以不立即拉高，是为了消化获利盘，积蓄再度上升的能量，但这种整理是温和的、不引人注目的。庄股爆发前一般都很平静，价格波动很小。价值区的日趋收窄，是股价面临突破的征兆。阳线是试盘，阴线是震仓，这是较为经典的震仓手法，在拉升途中经常被主力所采用。它比【三剑客】振幅小，比【双飞燕】振幅大。只要投资者知道这种形态是震仓，不是出货就行了。

📉 经典案例

（1）**美达股份**（000782）。股价经过充分整理，均线系统日趋黏合，股价波幅日趋收窄，表明股价正在面临突破。股价从均线系统上【揭竿而起】，标志着主力资金已开始大规模地介入，一波呼之欲出的行情就要爆发了。

为进一步蓄势，主力采用【一石二鸟】进行震仓，然后观察市场的反应，当主力发现抛压不重时，便选择以横代震，进一步清理浮筹。9 月 14

日，股价携量上攻，并一举突破前期的整理平台，然后义无反顾地把股价送到【一枝独秀】处，主力取得了连拉13阳的骄人战绩，同时也给我们传递出离场信号。见图一。

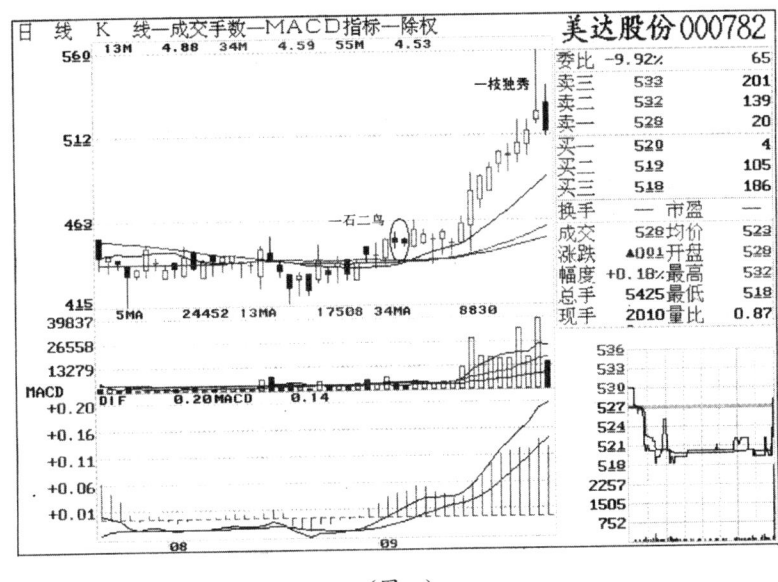

（图一）

【一石二鸟】由三根K线组成，第一根是带量阳线，后两根是缩量阴线。这种形态较为常见，是主力主要的震仓手段。它具有时间短、见效快的特点，所以被主力反复使用，并且屡试不爽。但任何事物都有双重性，【一石二鸟】既给主力节省了时间，也给我们提供了从容的进场时机。大路朝天，各走一边，各取所需，皆大欢喜，倒也爽快。

（2）**新大陆**（000997）。自从主力走出【动感地带】以后，股价走势就有了新的转机。在股价的行进过程中，我们经常看到主力采用【一石二鸟】这种震仓手段，既清除了短线浮筹，又维护了良好的市场人气。聪明的主力都不会大幅洗盘，这样不但劳民伤财，也容易把人的积极性挫伤。然而凡事都有其不利的一面，震仓幅度小，股价的升速慢，如果【一石二鸟】反复在一只个股里面出现，就很容易形成慢牛走势，这就需要极大的耐心，只要股价不出现急拉，不出现明显的见顶信号，就坚定地为主力锁仓。不要小看小步密走，不知不觉中它就爬上了山顶，涨得你无法相信，涨得你目瞪口呆。这种慢牛走势只适合那些稳健的投资者，不急不躁，取胜之道。激进的投资者参与这样的股票，不把他憋死，也会把他急疯。这就是说，好的操作方法不一定每个人都适用，具体使用时需考虑自己的交易风格。风格无好坏，赚钱就行。见图二。

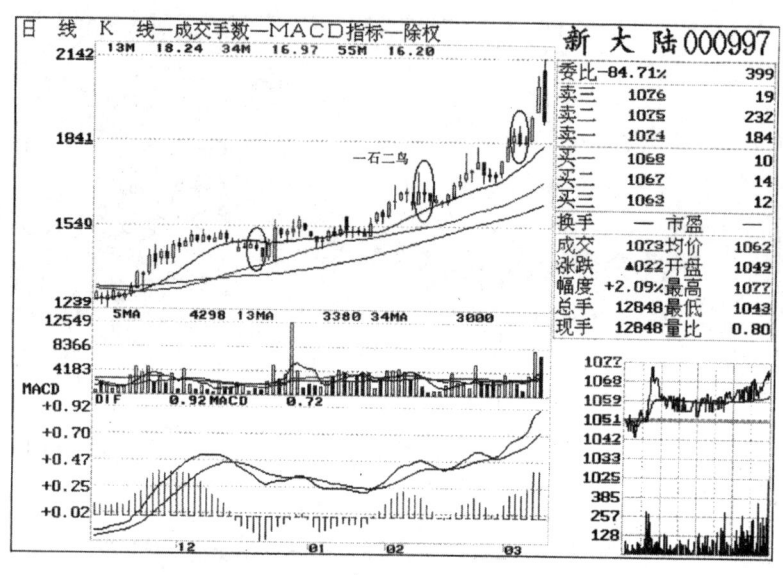

（图二）

（3）**焦作万方**（000612）。该股在【梅开二度】出现以后，均线系统又重新形成了完整的多头排列，从均线的上升角度看，形成慢牛走势的可能性要大一些。随后，股价沿着13日均线缓慢爬升，在股价的运行过程中，主力反复使用【一石二鸟】震仓，每震一次，股价就向上挪一步。涨得心烦，跌得腻歪。没有一定的定力，还真拿不住。我觉得，如果玩的不是超短线，只要均线系统不走坏，最好持有一段时间，力争把一波行情做足。频繁进出，从一定意义上讲，规避了短线风险，算总账不一定赚钱。凡是【一石二鸟】在一只个股里面反复出现的，后势一般都会演绎成振荡盘升的慢牛，在持股上不妨多一分耐心，但是，当股价开始加速上扬时，表明股价离顶部已不远了，要提高警惕，随时准备离场。

当股价低开高走时，主力才发现那根灿烂的大阳线是散户们把家里所有值钱的东西都来一起燃烧，才发出的令人目眩的光芒。主力的目的达到了，于是，股价顺势回落，遗憾的是，股价再也振作不起来，慢慢地、一点一点地形成了【一剑封喉】，主力发出离场信号，清仓出局。见图三。

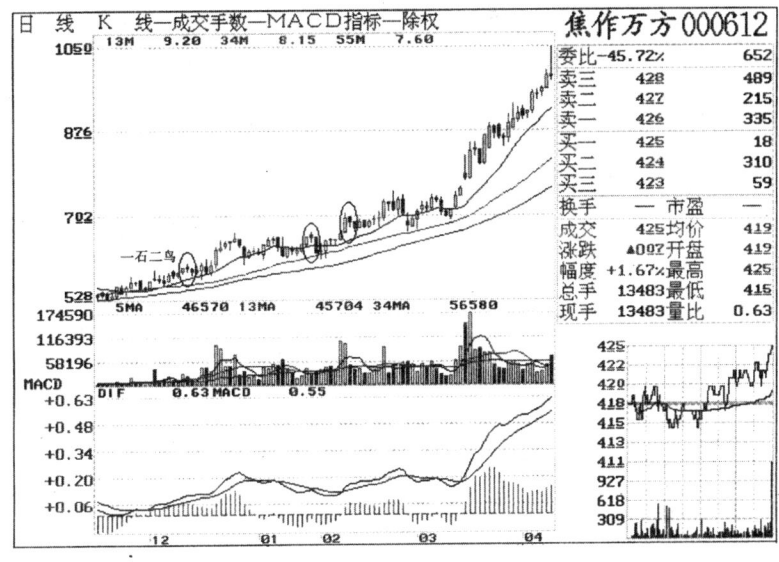

（图三）

（4）万向钱潮（000559）。事物的质变往往源于一个非常偶然的因素。这不，一个小小的"红杏"，竟然惹得主力大动肝火，【揭竿而起】，这样一来，反而加快了股价走出【动感地带】的步伐。【黑客点击】协助主力完成了【海底捞月】的神圣使命，至此，股价上涨前的所有技术准备工作已经就绪。有时候，我们对着飞速上扬的股价、舒展流畅的均线赞羡不已，但我们是否想过，主力为了把股价推高，是怎样地绞尽脑汁、机关算尽呵！拿该股来说，主力收集完筹码以后，仅是把它送到"发射塔"这段路程，主力就磕磕绊绊地闯了四关，即：【红杏出墙】【揭竿而起】【黑客点击】【海底捞月】，这还不算股价走出【动感地带】所用的时间。没有一种执着精神和顽强的韧劲是完不成这个系统工程的。那些幻想一夜之间就怎么着的人，面对主力不急不躁的操盘风格和脚踏实地的辛勤劳作，除了赞誉喝彩，是否想过退而结网，打造自己的捕鱼工具呢？成功是踏着失败的台阶一步一步地爬上来的，不是坐直升机或空中缆车飞过去的。但人们似乎更注重结果，而对酝酿结果的过程并不怎么留意，这恐怕总是少数人盈利的根源所在吧。关注过程，就是关注股价运行过程中的每一个细节，因为过程是由细节组成的。如果对股价行进过程中的每一个细节都能够了如指掌，即使主力成心算计你，想必也不是一件容易的事。

当该股的均线系统刚刚开始向上发散时，主力就开始采用【一石二鸟】震仓，主力非常珍惜自己的劳动，它不愿意别人就那么轻易地来瓜分自己的胜利成果。既然如此，我们也别傻愣着，抓紧进场，积极参与这场由主力发起的财富保卫战吧。见图四。

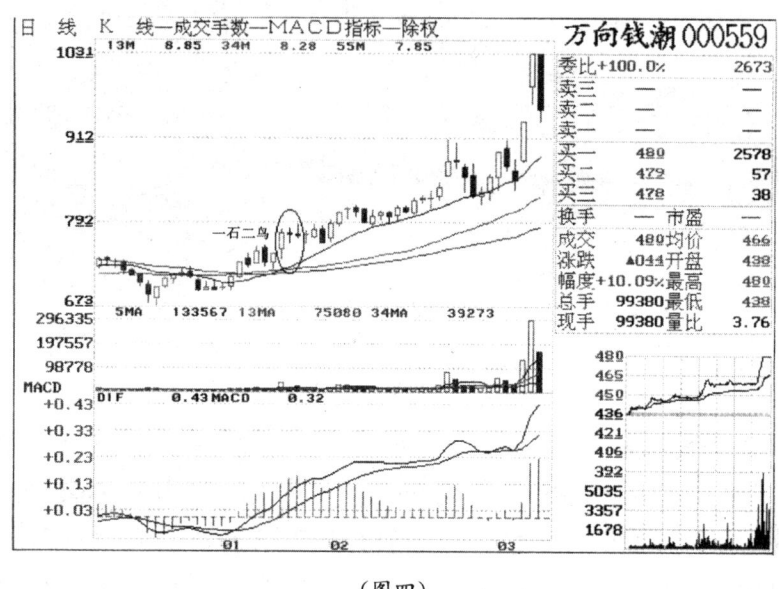

（图四）

（5）**海航投资**（000616）。【一阳穿三线】刚刚点起人们的希望之火，【一石二鸟】便拿着灭火器匆匆赶来，火势很快得到遏制，于是，人们悻悻而去。主力这一招息事宁人还真管用，股价缓缓地落在了13日均线上，实际上，【一石二鸟】后的4天横盘就是为了和13日均线见个面，这是主力在进行技术上的调整，是为股价的进一步拉升积蓄能量。股价和13日均线匆匆拥抱一下后，主力精神抖擞地向上一阵猛冲，累了，就在13日均线上小憩一会儿，然后继续向前赶路，直到【一枝独秀】发出终点预报时，汗流浃背的主力才特不情愿地停下脚步。所有的主力都是按着一定的线路有条不紊地行进着，绝不像人们想象的那样猛打傻冲。好在每天的K线把主力的一举一动都给录了像，别总在大厅里凑热闹，把录像带回家反复观看，兴许能从中发现一些你感兴趣的东西。见图五。

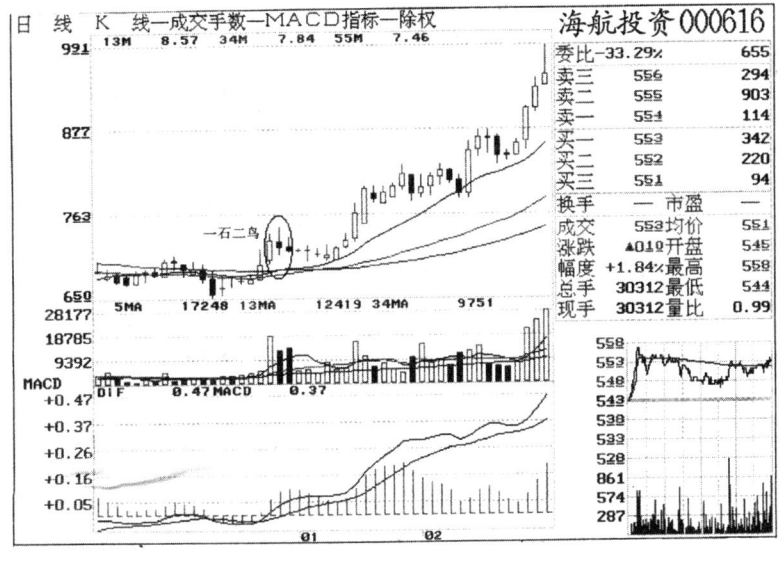

（图五）

（6）**广州发展**（600098）。股价先有一波拉升，然后沿着 13 日均线进行窄幅整理，后在成交量的配合下，股价继续小幅推高，为了清理上升途中混进来的浮筹，主力使用【一石二鸟】进行震仓，通过震仓，垫高市场的平均持股成本。规范的【一石二鸟】是一阴有量，二阴无量。一阴有量说明主力在刻意打压，二阴无量说明只是散户在抛。如果一阴无量，二阴放量，暗示股价的整理仍将继续。标准的【一石二鸟】是：两根缩量阴线的最低点不会跌破前面阳线的开盘价。但实战中我们经常碰到的是非标准的【一石二鸟】。非标准就是形态不够规范，但不规范的形态并未改变其市场意义。见图六。

股价运行有没有规律，答案是肯定的。为什么【红衣侠女】一出现，股价会突然飙升？为什么【独上高楼】出现以后，股价会连续下跌？这就是股价内部所固有的规律。一般说，股价每次穿越均线都说明有一种新的力量在入驻。而【均线互换】的完成，则表明股价拉升在即。当我们把握了这些规律以后，就等于找到了开启财富大门的金钥匙；那时再操作起来，就有一种行云流水的感觉。【一石二鸟】出现的第二天，股价止跌企稳，然后沿着原来的趋势继续上行。

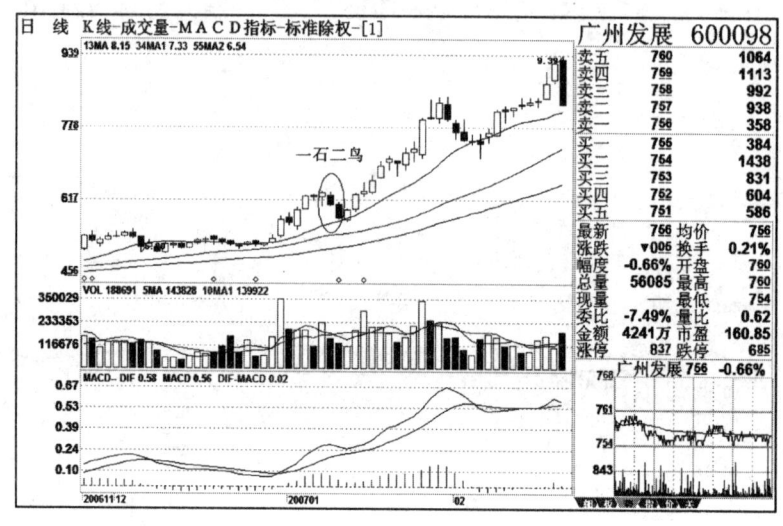

(图六)

(7) **华润三九**（000999）。均线系统逐渐收拢，股价波动日益变窄，别管什么股，只要具备这样的技术特征，我们就可以说，这只股票离拉升的时间不太远了。该股第一次从13日均线上偷偷地【揭竿而起】，故没有引起多少人的注意，第二次【揭竿而起】就有点假戏真做的味道了。为了掩人耳目，主力用【一石二鸟】遮遮掩掩，随后的锤头小阳线一不小心露出了狐狸尾巴。于是，主力一不做，二不休，干脆甩开膀子无所顾忌地大干起来，主力坚信："猴子不上树多敲几遍锣"，不怕你不跟。主力连拉8根阳线以后，感到口干舌燥、疲劳至极，于是，索性蹲在13日均线上休息片刻，然后重拾升势，继续扩大战果。如果不是【一剑封喉】挡住它的去路，这匹脱了缰的野马还不知蹿到哪里去呢！

该股从起动到结束，图表上都写得清清楚楚、明明白白，不会看图，成吗？看图说话，看图说话，没有看图就先不要说话，这和吹牛不一样，说错了是要报税的呦。见图七。

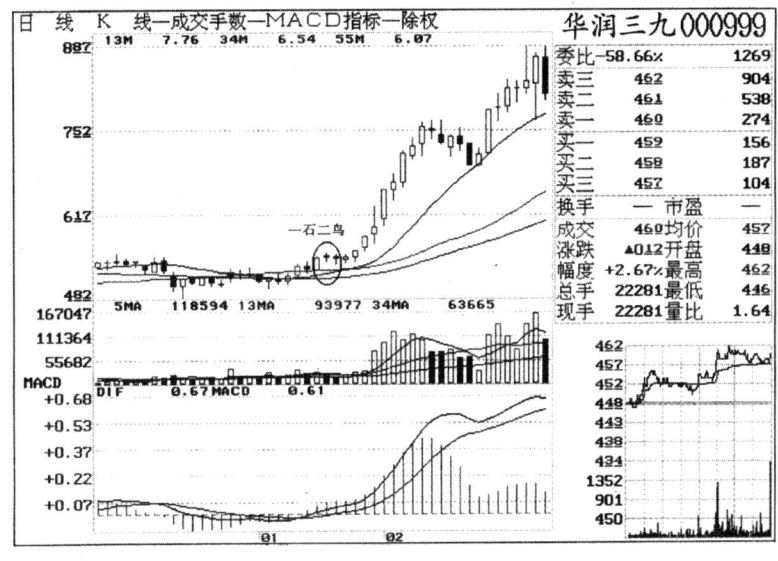

（图七）

◉ 买进时机

（1）【一石二鸟】出现当天，轻仓试探。

（2）股价收复昨日失地，半仓跟进。

（3）股价突破前期高点，重仓出击。

◉ 友情提示

（1）【一石二鸟】一般出现在13日均线与55日均线叉点附近，出现在股价的拉升途中，是较为经典的蓄势拉升信号。出现在高位区是出货，出现在下跌途中没有任何市场意义。

（2）阴线小于阳线，股价一般不破试盘阳线，特殊情况下也破，但很有限。为了充分蓄势，主力有时会连续使用两组【一石二鸟】震仓，这样更有利于以后的拉升，但股价波幅始终被控制在一个很小的范围内。

（3）阳线有量，阴线缩量，形态的成立需要翌日量价的双重确认。

（4）捕捉【一石二鸟】应看准股价目前所处的具体位置，同时参照当时的指数环境，若形态没有出现在适当的时候，可靠性就会大打折扣。

每笔交易都能做到进退有据，所获利润就不再是幸运的意外。

第14节　拖泥带水

◉ 古为今用

《三十六计·李代桃僵计》："势必有损，损阴以益阳。"这句话很有辩证思维的味道，它告诉人们，当局势发展必然有所损失的时候，要舍得局部的损失，以换取全局的优势。比如，因判断失误错买了的时候，应立即止损，而不是硬拖，这样就可以把损失降到最小的限度。丢卒保车就是对牺牲局部利益换取全局胜利的最好注解。

◉ 形态特征

股价经过大幅扬升，突然在某一天，股价跳空高开，以涨停板或接近涨停板开盘居多，然后逐波回落，主动性抛盘明显增多，表明主力开始悄悄派发。由于主力手中筹码太多，不可能一次性派发出去，因此收盘前将股价强行拉起，以利于明天更好地派发，K线实体大多留下长长的下影线。我们把这根带长下影线的阴线或阳线称为【拖泥带水】。见下图。

第14节 拖泥带水

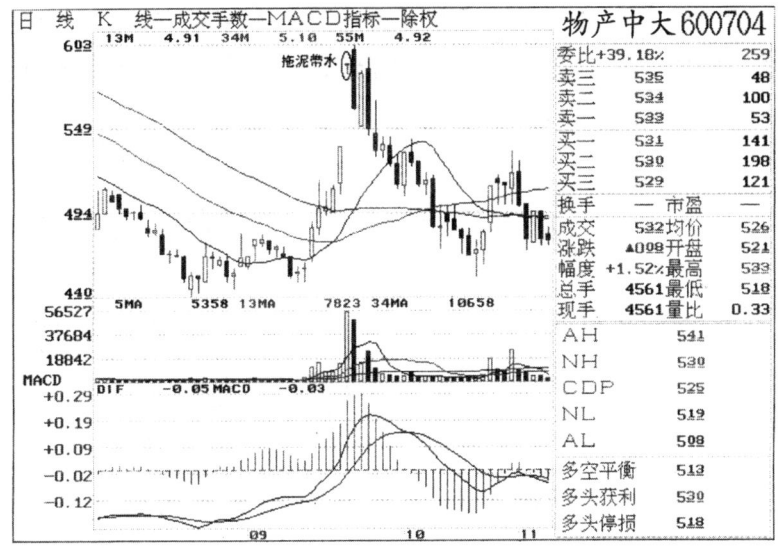

【拖泥带水】是见顶形态，清仓出局

● 形成机理

股价经过大幅拉升，主力做盘计划已经实现，为了顺利出局，主力往往采取边拉边派，然后在派发尾段实行清仓大甩卖。但为了掩人耳目，在收盘前强行将股价拉起，给人一种洗盘的假象。第二天，股价通常低开低走，开始是缓跌，然后逐渐加速，锁定套牢盘。随后，犹如一江春水向东流。

经典案例

（1）**万家文化**（600576）。该股的起涨点是135战法经典攻击形态【揭竿而起】，股价的起涨点非常准确，技术形态的4个要件完美无缺，股价的位置正好处在【动感地带】尾部。大盘提供了充分的做多环境，在适当的时候选择一只适当的股票，是一桩非常美的事。平时复盘，做作业，做模拟盘，就是为了当目标出现时，在第一时间抓住它。

股价经过一波快速拉升，于9月21日出现了【拖泥带水】的见顶信号。这一天，股价高开高走，主动性抛盘激流而下，主力离场坚决。如果

141

依然心存幻想，第二天主力就会把你拴个结实。【拖泥带水】发出见顶信号以后，股价的下跌速度是很快的，而且短期内不会再见到这个高点。这就要求我们立即清仓出局，如果是当天误入的，第二天一定要不计盈亏地对准接盘猛砸。幻想反弹出局，股价早已跌去一大截了。见图一。

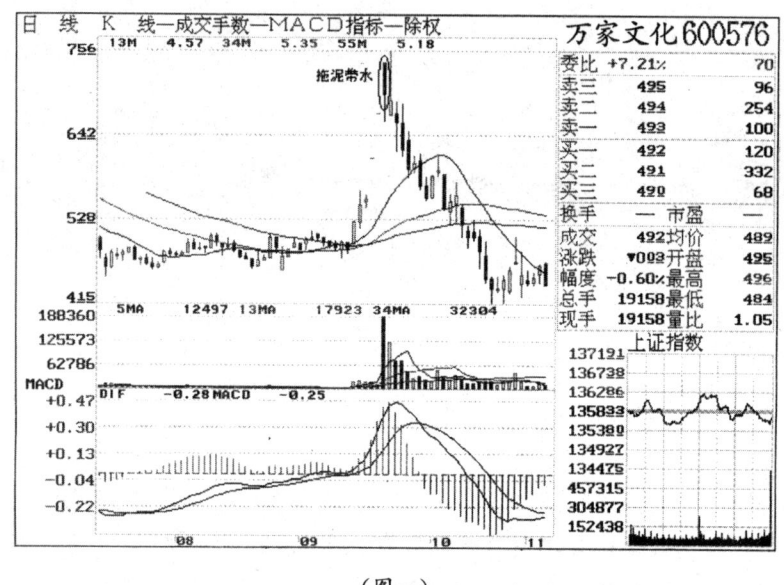

（图一）

（2）**美都能源**（600175）。该股的起涨点是【投石问路】，股价的见顶形态是 9 月 20 日的【拖泥带水】。进出点位非常明确，如果不能严格地按照交易系统发出的指令进行操作，第一，会丧失获利机会；第二，套你没商量。股价整理了这么长的时间，就是为了这 4 天的上涨，刘翔苦练数年就是为了雅典奥运会上短短的十几秒钟。机会是在瞬间产生的，奇迹也是在瞬间创造的。把握精彩瞬间，就是把握成功的机会。如果你想成为名副其实的短线高手，那就请你在把握瞬间上狠下工夫吧。知识可以传授，能力需要反复锤炼。知识和能力是两个截然不同的概念，有知识的人不一定有能力，有能力的人肯定精通某方面的知识。股市里眼高手低的人很多，扎实肯干的人很少，这恐怕是大面积亏损的一个重要原因吧。尽快地完成"三个转变"，不但迫在眉睫，而且刻不容缓。

人们思维上存在一种误区：只要账户上有资金就立即换成股票，生怕影响资金的使用效率。所以，不管股价目前处于什么位置，也不问是否有进场形态出现。其实,如果资金得不到合理使用,就是资金的最大浪费。我们一定要想明白一个问题,股价的上涨与下跌都是有条件的,这个条件就是形态。形态说明一切,纪律决定输赢。见图二。

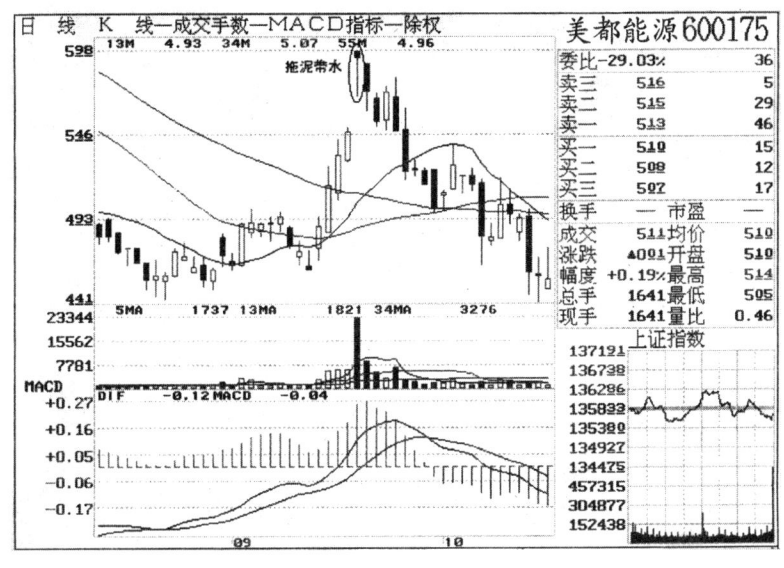

(图二)

(3)**交大昂立**(600530)。该股的第一个起涨点是【日月合璧】,股价的阶段性高点是9月21日的【一剑封喉】,当时倘若不及时抛出,那就让你的资金沉淀,说不定在主力压价逼仓时还会割肉出局。由此可见,养成按交易系统发出的指令进行操作是多么的重要。

该股的第二个起涨点是11月19日的【揭竿而起】,如果当天不能及时进场,第二天就踏空了。第三天追进接的又是最后一棒,因为股价走势出现了【拖泥带水】,这是股价进入顶部的明显信号。

11月24日上午,我受邀在电视台的直播间现场解盘,正好有一条热线切过来,一位女士询问交大昂立后势如何操作。我斩钉截铁地告诉她:"清仓出局。"第二天,我接到的第一条热线又是这位女士打来的,说昨天没舍得抛,结果吃了跌停板,问今天怎么办。我仍然语气坚定地说:"开盘即抛。"她说,我8.50元都没卖,现在7元多再卖不是亏了吗?我说,不卖更亏。以后再没接到她的热线,不知她抛了没有。那天听她的语气,似乎对我的回答不满意。如果我告诉她继续持有,即使股价"跌跌不休",

也许她也会心安理得，因为她的逻辑是，不卖就不算亏。有些话是真的，听上去却不那么舒服；有些话是假的，却令人毋庸置疑。由此可见，听真话也是需要勇气的。见图三。

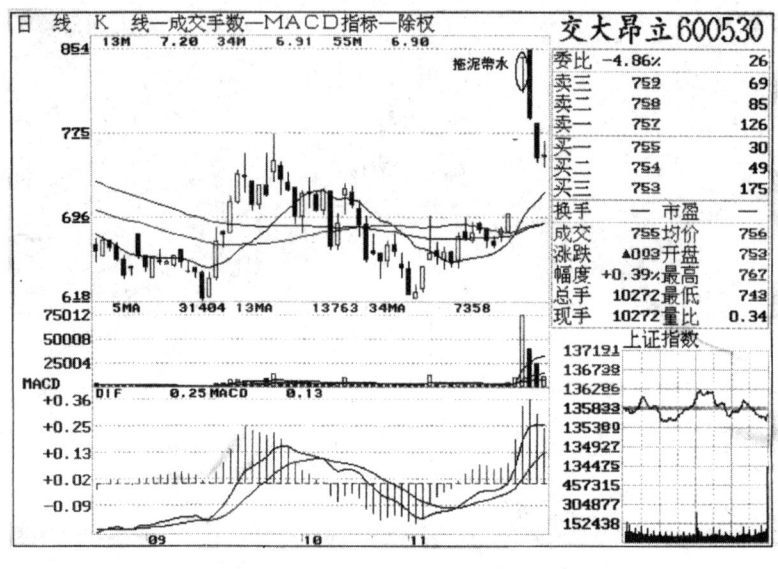

（图三）

（4）**泰合健康**（000790）。有些个股整理尚未完毕，由于突发因素，它们往往放弃原来的计划，随着大势浑水摸鱼，我把这类股票称为起哄股。操作起哄股，应本着快和短的原则，有利就走。当卖出形态出现时，即使无利也要走。无论做短线还是长线，在进出点上面都应按短线的要求去做。拿泰合健康来说，它的起涨点是【日月合璧】和【红杏出墙】，这个形态极不规范，从上看是【红杏出墙】，从下看是【日月合璧】，这样一个"混血儿"，就注定了它是短命的。所以在买进时就应考虑到这一点，不要期望值太高，出现离场信号，立即拔腿走人，没什么可商量的。

股价经过一波快速拉升，行进途中出现【拖泥带水】，这是主力的出货信号，起码是调整信号，无论是出货也好，调整也罢，反正眼下股价是不涨了，拿着一只不涨的股票对我们来说是毫无意义的。

高铁驶入终点站，不管你愿不愿意都必须下车；股票出现离场信号如不及时抛出，轻则退回利润，重则资金严重缩水。

坐飞机的时候，发现一个有趣的现象：飞机刚落地，人们就立即从座位上站起来开始整理行李，他也知道飞机还会滑行一段时间，可心里急啊。我在想，假如没有进场指令愣要强行介入，正如飞机的舱门不开，急也没用。见图四。

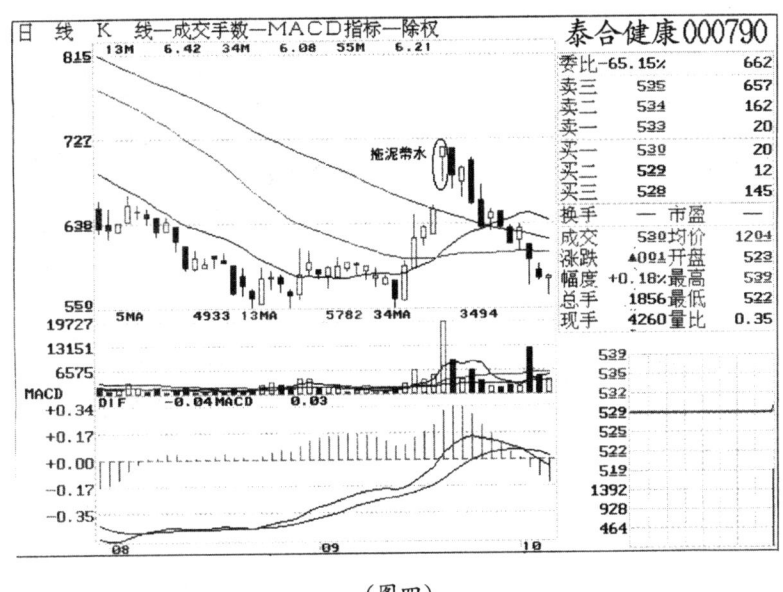

（图四）

【拖泥带水】有三种，"阴线、阳线和T线"，别管以什么形态出现，都是离场信号。有的【拖泥带水】出现以后，股价照涨不误，但绝大多数在第二天就开始下跌了。如果股价的起涨形态比较完美，在拉出第一或第二个涨停板以后出现【拖泥带水】，股价一般还有新高。但是带实体的【拖泥带水】，无论阴线实体还是阳线实体，恐怕就没有那么幸运了。【拖泥带水】一般出现在连续涨停以后，出现在一波大的拉升以后，操作中密切关注股价的位置。出现在相对低位或上涨初期，操作意义不大。

（5）**万向钱潮**（000559）。该股的起涨点非常明确，而且一周内连续三次发出买入信号，分别是【红杏出墙】【揭竿而起】【海底捞月】。这就是说，主力给我们提供了非常从容的进场机会，而且无论从哪一个点位切入都是正确的，因为技术依据是极为充分的。对买进信号的无动于衷，是对金钱的蔑视和亵渎。

股价一路磕磕绊绊，由于有13日均线的呵护，由于有均线系统的支持，终于如愿以偿地攀上了山顶。看盘经验丰富的人都知道，凡是慢牛攀升的个股，一旦进入加速上扬阶段，股价离顶部就不远了。但同时也提供了短线获利机会。任何股价在下跌前都会给你一个明确的暗示，在这种暗示没有给出以前，任何时候买进都是正确的。炒股保持警觉是对的，但不要杞人忧天，更不要自己吓唬自己，即使天塌下来，也有高个顶着！我们怕什么呢？见图五。

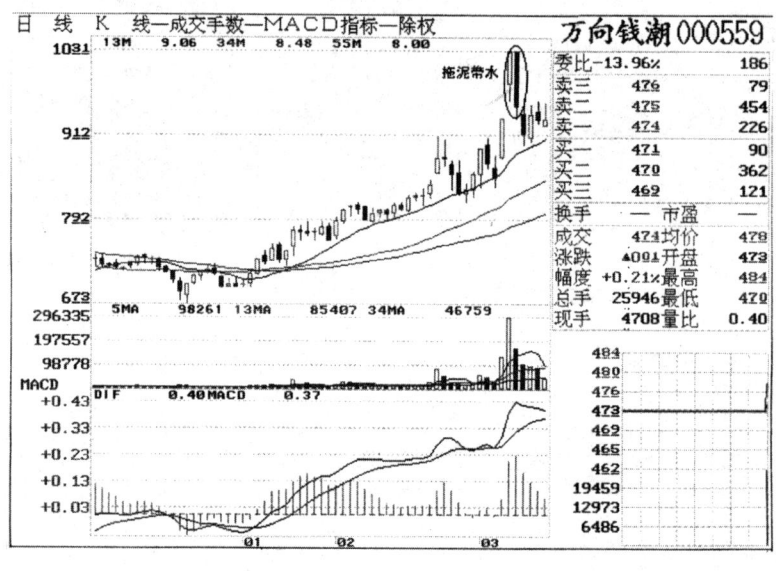

（图五）

股价在相对高位拉出涨停板，主力的意图很明显：抢夺人们的眼球，为自己顺利下山寻找替罪羊。这一招果然有效，成交量跟了上来，股价封住了涨停，但【拖泥带水】的见顶信号也清晰可见。别看股民是弱势群体，但也不乏勇敢者。

（6）**熊猫金控**（600599）。股市里，"羊群效应"较为普遍，不但散户群体存在，主力群体也存在。从熊猫金控的前期走势看，它的震荡筑底过程刚刚开始，但大盘突然反转向上，精明的主力立即改变了原来的初衷，进行了一次短促突击。主力的这种"及时跟变"能力是值得我们学习和身体力行的。从某种意义上说，在掌握相关证券知识和操作技巧以后，重要的就是看一个人的"及时跟变"能力。有的人基本知识很扎实，就是因为"及时跟变"能力差，嘴上得去，手上不去，所以漏掉了许多不该漏掉的机会。提高这种能力说起来很简单，先按图索骥，再按部就班。日复一日，就会形成条件反射，随着时间的推移，这种条件反射就会慢慢地转化为一种市场直觉。见图六。

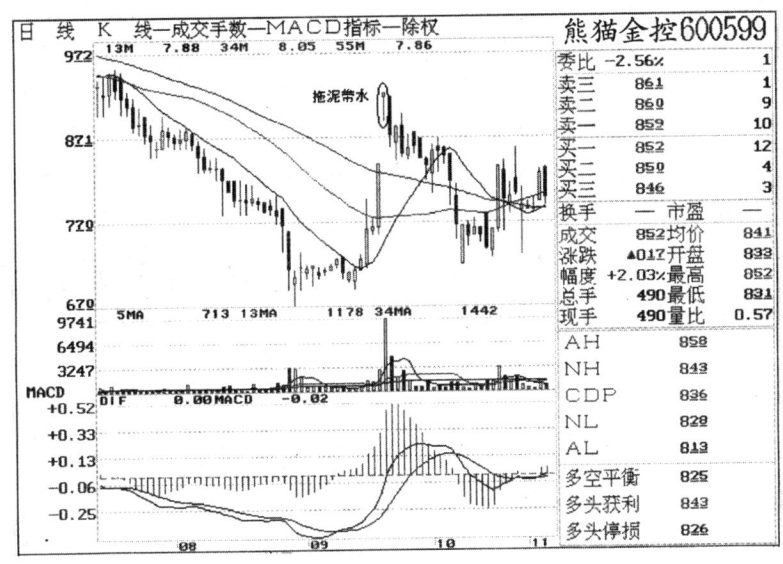

（图六）

股价跳空高开，成交量成倍放大，但进攻动作有些【拖泥带水】，股价虽然最终以涨停报收，但却埋下了隐患。9月22日，股价低开低走，一根大阴线锁定套牢盘。

从【红杏出墙】到【拖泥带水】，股价仅仅运行了5天。为了这5天，不知人们熬过多少不眠之夜，学会了识图，这种煎熬就可以避免。

（7）兰生股份（600826）。该股的起涨点是2004年11月10日的【红杏出墙】，股价经过1周的整理后，趁人不备来了个无预警攻击，连拉4个涨停板。这种逼空走势是主力实力强到极致的表现，如果在【红杏出墙】处没有及时进场，以后就没有机会了，那就真的踏空了。遇上此类个股，一旦主力给你吃货机会，就预示着股价已经到了顶部。有筹的要坚决离场，无筹的誓死不进。假如在第四个涨停板打开以后跟进，翌日股价高开低走又不舍得抛，那麻烦可就大了。【拖泥带水】是个美丽而温柔的陷阱，实战中一定要设法避开它。

炒股就是一个熟练活，交易的次数多了就悟到其中的奥妙了，要善于总结。炒股与市场的磨合期大概在三年左右，在这中间，既要完成心理与市场的对接，也要完成技术与主力的对接，还要完成股票与资金的对接。见图七。

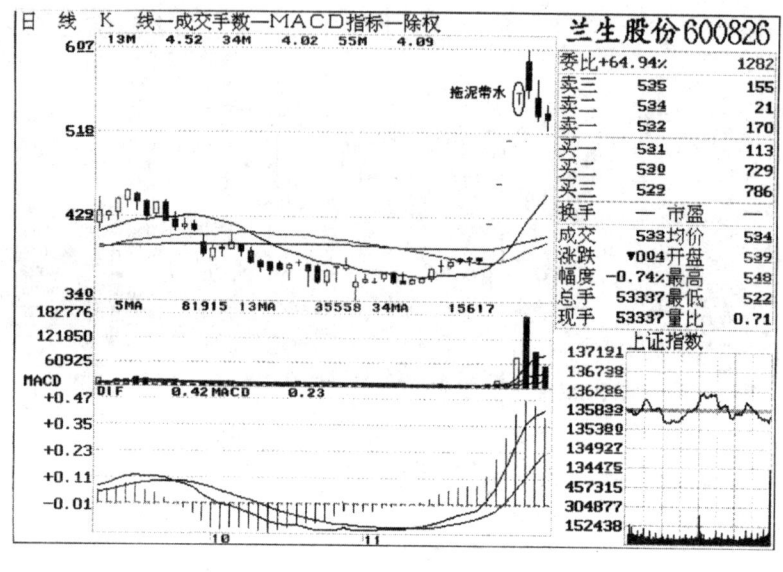

（图七）

● 卖出时机

（1）【拖泥带水】出现当天，清仓完毕。

（2）翌日，趁股价惯性冲高时，快速撤离。

● 友情提示

【拖泥带水】与【独上高楼】的形态特征、形成机理基本相似，比如都是跳空高开，都是巨量，都是见顶信号等，但有区别：

（1）K线形态不同。【拖泥带水】跳空高开，报收带长下影的阴线、阳线或T线。【独上高楼】跳空高开，报收巨量阴线。

（2）位置不同。【拖泥带水】一般在昨收盘上方5％的位置放量滞涨，在收盘前强行把股价拉上去。【独上高楼】开盘即带量下跌，股价一般都会破昨收盘，下影线较短。

（3）意义不同。【独上高楼】预示着一波行情的终结，股价短期内一般不会再越过楼的高点。【拖泥带水】如果以"T"线报收，股价一般还有惯性冲高。

（4）操作方法不同。【独上高楼】出现后，必须在当天清仓完毕，绝不能拖泥带水。【拖泥带水】如果以阴线出现，当天应清仓；如果以T线出现，可在股价的惯性冲高过程中择高出局。一般说，【拖泥带水】留给投资者的出局时间相对多一些。

主力【拖泥带水】是为了派发筹码，投资者【拖泥带水】则易丧失获利机会。为安全起见，不管是【拖泥带水】还是【独上高楼】，都是不祥之物，最好是敬而远之。

> 在指令和行为之间，经常出现一个令人沮丧的断裂，造成这个断裂的原因是：理念和纪律上的模糊不清。

第15节　金蝉脱壳

◉ 古为今用

《文韬·兵通篇》："兵胜之术，密察敌人之机而速乘其利，复疾击其不意。"大意是，作战取胜的方法，在于周密查明敌情，抓住有利的时机，而出其不意地打击它。蝉变为成虫要脱去幼虫的壳，比喻用计脱逃而使对方不能及时发觉。《西游记》第二十回里说："这个叫做'金蝉脱壳计'，他将虎皮盖在此，他却走了。"股市里，这种事比比皆是，"声东击西""口蜜腹剑""鱼目混珠"等，这些都是主力在出货时经常使用的【金蝉脱壳】之计。

◉ 形态特征

在上升行情中，尤其是在高价区，出现一根跳空低走的阴线，但不破昨日阳线，显示一开盘抛压涌现，股价反弹无力，这是主力弃庄的信号。我们把这根躲在阳线实体内的阴线称为【金蝉脱壳】。见下图。

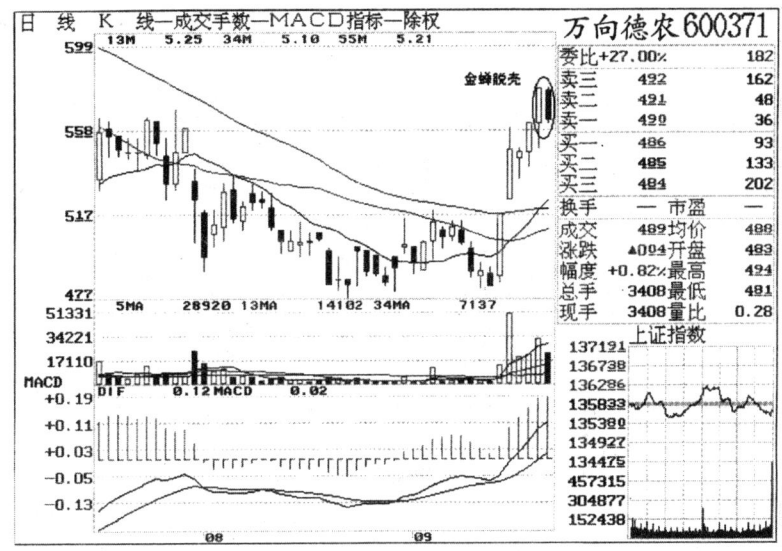

【金蝉脱壳】是股价即将下跌的临界点

● 形成机理

股价经过大幅扬升，为吸引散户全面跟进，这时候，主力往往会一边放量对倒，一边暗中派发。在出货尾段，股价跳空低开报收中阴线，量不太明显，给人一种整理的假象。实际上，这是主力利用旺盛的市场人气悄悄地把股票在高位易手，让人们在欢乐和期盼中死去。主力出货完毕，股价呈自由落体运动。

● 经典案例

（1）**格力电器**（000651）。该股的起涨点是【一阳穿三线】，从前期走势看，主力准备得并不充分，而且与大盘节奏不吻合，大盘反转时，主力显得有些犹豫，大盘回调时，却又开始蛮力上攻。任何主力离开大盘的支持都难有大的作为。股价经过一小波拉升，【一枝独秀】发出调整信号，股价在13日均线处获得支撑后重新上扬，但能量显得力不从心。10月27日，股价携量上攻，当天以中阳线报收，表面看攻击强劲，然第二天却低开低走，主力玩了一个【金蝉脱壳】之计，表明股价已反转向下，今后将以阶段性派发为主，投资者应及时出脱持股，不然的话，就会被主力扔在山顶上。见图一。

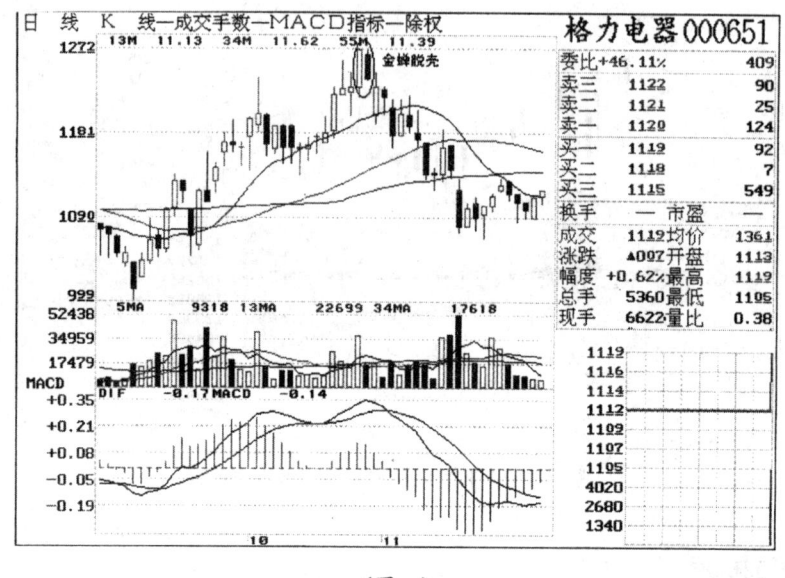

（图一）

（2）**海航基础**（600515）。在这张小图上可以清楚地看到，主力的进出动作干净利落，从【一阳穿三线】到【金蝉脱壳】，仅仅用了5天时间就结束了这次短促突击。如果不是平时训练有素，战时是很难抓住这种机会的。

"攻击是最好的防御。"这是一条军事原则，但它不仅适用于战场，也适用于证券市场。轻轻地触摸仙人掌，它会刺伤你，大胆地握住它，它的刺就碎落了。

对刚入市的人，我希望先把每个形态的市场意义搞明白，然后进行识图训练，再进行模拟盘训练，最后再转入实战盘训练。有的人心浮气躁，识图训练还没过关，就越过模拟盘训练，直接进入实战操作，结果事倍功半，最后不得不从头再来。识图是前提，模拟训练质量的好坏，直接影响着操盘水准。模拟训练看似枯燥乏味，但却非常有效。若想成为一个专业高手，这个训练既不能替代，也不能越过，只能靠自己亲自体验。一个拳击手为了练习左直拳的完美控制与时机掌握，在比赛前他曾经对着镜子中的自己用左手出击过1万次以上。我希望大家在没有压力的情况下进行训

第15节 金蝉脱壳

练,这样在以后的实战中,就会没有任何精神紧张的表现,把他们变成机器人,对压力无动于衷,不担心亏赢如何,只是按照交易系统发出的指令来完成他们学到的各种动作。

记得在部队第一次打靶时,心里非常紧张,平时的训练水平根本发挥不出来。我发现,只要不是正式射击,我能把枪举得纹丝不动。用空枪瞄靶子,手也显得很稳,可是一旦子弹推上膛,枪身便开始上下左右地晃动。为了克服这种情况,我开始进行空枪训练,经过一段时间的练习,我基本能做到镇定而谨慎地瞄准、扣动扳机、击发,同时也开始关注自己如何举枪、枪身是否歪斜、扳机是否扣得太紧,由于没有过度紧张和对结果的过度担忧,就不会产生"目的战抖"。经过上千次空枪训练,在第二次进行实弹射击的时候,我发现自己也能处于同样的心理状态,完成同样镇定、谨慎的动作。

后来,我把这种方法移植到炒股上面,把每个形态的市场意义搞清楚。但随着识图训练能力的增强和模拟训练成功率的提高,越来越意识到这种训练的必要性了。炒股是一门行为学,只有"动"得恰到好处,才能最终击中目标。见图二。

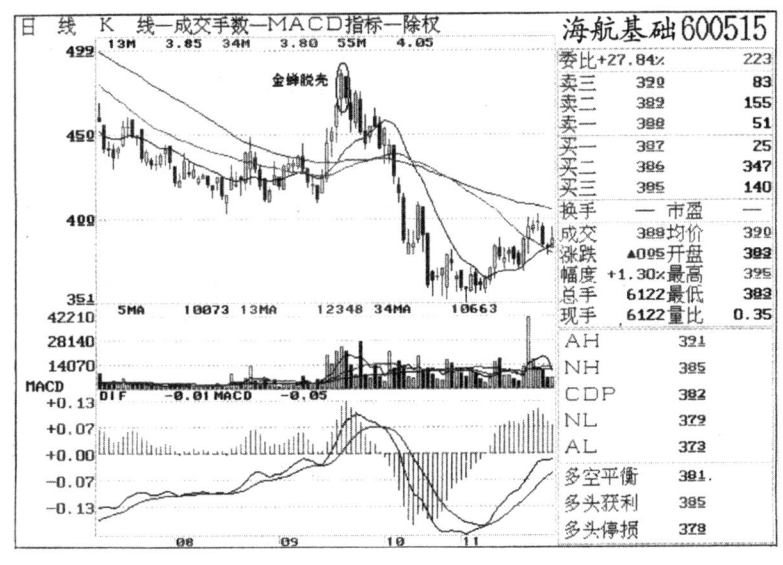

(图二)

（3）**中远海特**（600428）。【狗急跳墙】的第二天，【金蝉脱壳】就出来了，表明该股的阶段性高点已经形成，但股价调整一段时间后又创出了新高，而且出现了第二个【金蝉脱壳】。实战中，【金蝉脱壳】出现以后，股价很少有创出新高的。遇到这种情况，也应先出局，实在看好它，再找点进去。

该股的涨跌在时间上和动作上都与大盘保持了惊人的一致。大盘涨它就涨，大盘跌它就跌，一切看着大盘的眼色行事。像这种唯命是从的跟屁虫，在股市里占有很大比重；只有少数个股另辟蹊径，走出独立行情。在表面看来，仿佛是齐涨共跌，其实个股早就出现了严重的两极分化。那些整理充分的、有着完美形态的个股不但涨幅大，而且持续时间长；而那些整理不够充分、形态上又有缺陷或什么形态也没有的，涨幅不但小，而且持续时间短。根据这种特点，在大盘反转向上时，应尽量选择那些形态完美的个股介入，因为有形态或形态完美的个股涨幅大、安全系数高。见图三。

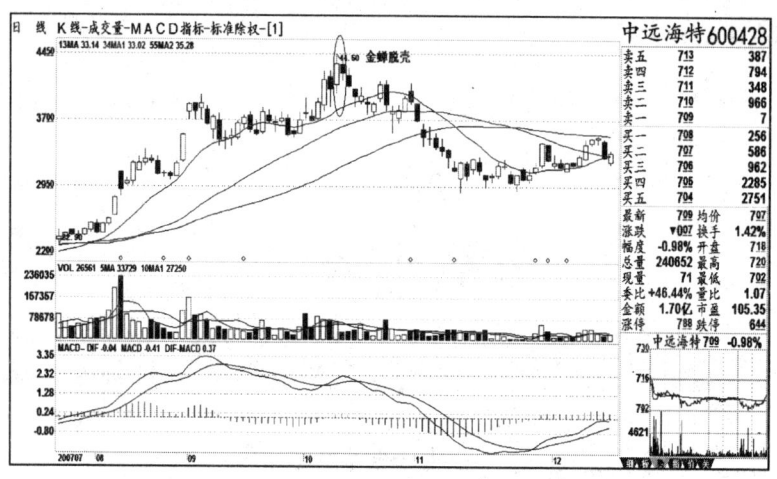

（图三）

（4）**春晖股份**（000976）。该股的走势显得很有章法，主力采用【红杏出墙】【投石问路】和【黑客点击】三个步骤才走出【动感地带】，尽管股价后来的涨幅不大，但离场倒是很快。9月21日，股价跳空高开，然后带量上扬，给人一种信心和力量，但更多的还是期待，然而第二天，主力却反其道而行之，股价低开低走，仿佛故意撕开一个缺口，给昨天没有来得及跟进的一个机会，实际上，这是主力使用的【金蝉脱壳】之计，识不破这一点，就很容易掉进主力精心设置的陷阱。实战中，密切关注股价的位置，仔细分辨股价形态，发现不妙，拔腿走人。见图四。

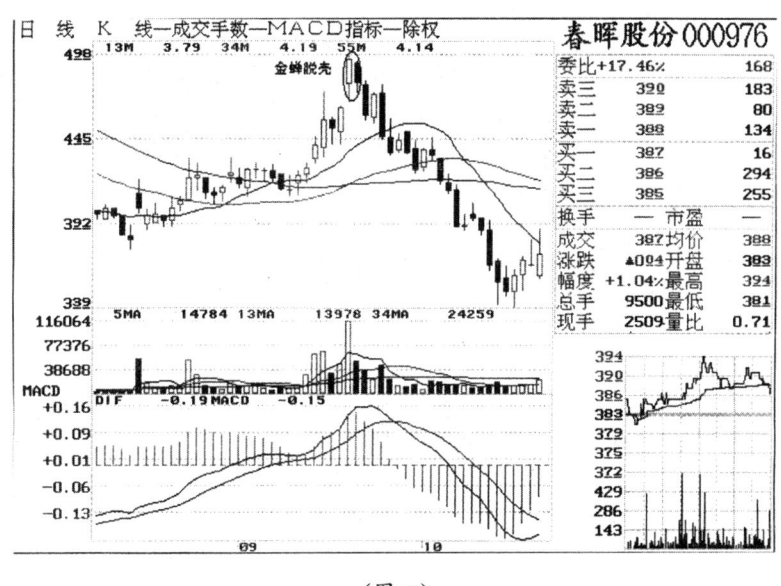

（图四）

（5）**创元科技**（000551）。该股起涨的临界点是【一阳穿三线】，下跌的临界点是【金蝉脱壳】。主力的进退动作特别明显，即使"邯郸学步"，也会有所斩获。很多人对明显的上涨信号视而不见，对明显的下跌信号无动于衷，不看大盘的脸色，不看主力的表情，只盯着自己的持仓成本，这样是做不好股票的。所谓"心随股走，及时跟变"，就是根据股价的变化而变化。很多人亏损就是因为不会识图造成的，图表上传递的信息看不明白，又往往根据自己的理解去瞎猜，所以，碰壁是必然的。其实，市场的任何变化、主力的一切意图全部被客观地摄入一根根 K 线里面，这里面蕴含着数学、心理学、哲学和美学等多学科的内容。从这个意义上讲，看不懂 K 线是无法炒股的。

太极讲究练形、练意、练理的过程，强调内动大于外动，外动小于内动。只有做到了目有所向、意有所指、气有所达，由心知逐渐过渡到身知，方能知行合一、随心所欲。炒股亦然。只有图形看多了，才能分辨出它的真假，才能在某个形态出现时产生一种条件反射，进而过渡到市场的直觉。试想，如果一些图形连见都没有见过，你怎么知道它姓甚名谁？你怎么去判断它是敌人还是朋友？为何买了就跌、卖了就涨？这不是你的运气不好，也不是主力非要和你过不去，而是你看不懂图表的缘故。见图五。

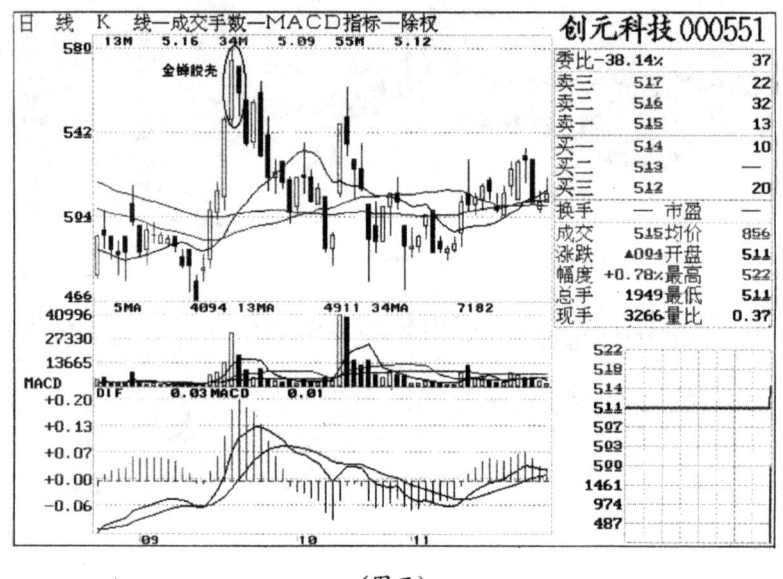

（图五）

（6）**亚星客车**（600213）。该股的涨跌在时间和动作上都与大盘保持了惊人的一致。大盘涨它就涨，大盘跌它就跌，一切唯大盘是举。这种唯命是从的跟屁虫在股市占的比例很大，只有极少数个股另辟蹊径，走出完全独立的行情。表面上仿佛还是齐涨齐跌，其实中间有着严重的分化。凡是整理充分、形态完美的个股涨幅较大，持续时间长；凡是整理不够充分、形态有缺陷或什么形态也没有的，涨幅小、持续时间短。基于此，在大盘反转向上时，应尽量选择那些形态完美的个股介入，因为它涨得快，风险小。严把买进关就是要"刻舟求剑"，放宽卖出关是为了落袋为安，或者叫君子不立危墙之下。

就该股而言，它的起涨点是不规则的【日月合璧】，下跌的临界点是不规则的【金蝉脱壳】。不规则就是有缺陷，操作上就应格外小心。实战中，必须按照原则和充分的技术依据进行操作，这是避免人类弱点的最好方法。见图六。

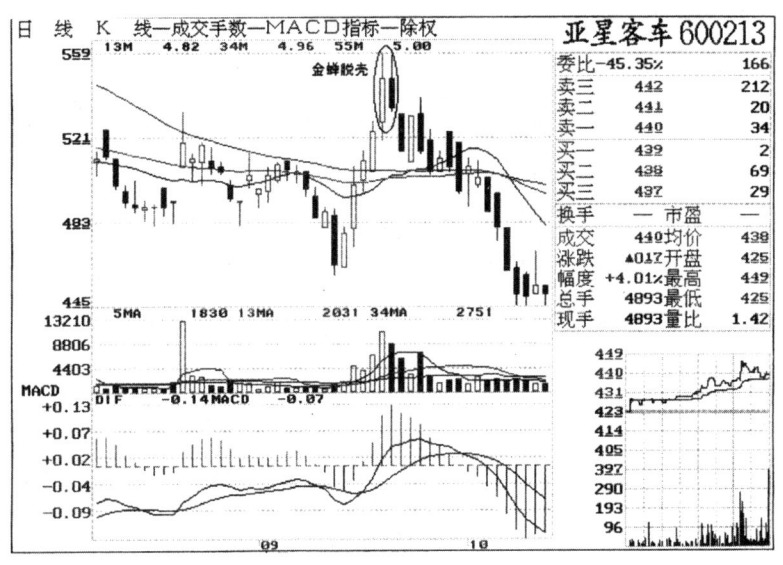

（图六）

一个完美的股价形态，必须经过"技术合成"的综合验证后才能够确认。如果多项技术指标提示的方向相同，可能是大行情；如果提示的方向不尽一致，就可能是小行情；如果是大规模的图形，且与大盘图形相一致，则有可能成为领涨板块的领头羊。条件、方法、技术都给你了，能不能用它调制出一杯可口的鸡尾酒，那就看你的功力和技巧了。

（7）**西藏城投**（600773）。该股起涨的临界点不太明显，下跌的临界点倒是一目了然。一般讲，主力在吸货时总是遮遮掩掩，生怕过早地暴露自己的真实意图。还有另一种情况，基于某种原因迫使主力在短期内完成建仓。比如西藏城投，在【红杏出墙】前后，主力的吸货痕迹非常明显，阴阳小十字星伴着温和的成交量、低迷的市场气氛和隐约的利空传闻以及人们的失望心理，可是当大盘突然反转向上时，主力一改过去的小打小闹，迅速抬高股价，但不会抬高很多。拉高建仓必然会混进来一部分跟风盘，为了把这部分获利盘驱逐出局，主力故意打穿重要的技术支撑位，引发技术派人士止损，但在股价走势最为恶劣的时候，往往有一股力量在悄然吸纳，这股力量就是人们爱恨交织的主力。

一般说，大行情必有大成交量，如果股价急速上升，成交量不断增大，那么必为大行情，成交量的定性可以同以往的天量相比。如果大量出现以后股价顺势回落时，成交量极度萎缩，股价调幅较浅，那么，当成交量再度放大，则往往是大行情的前奏。股价能不能向上突破，成交量的有效放大是关键，否则就是假突破，股价升幅有限。需要提醒投资者注意的是，一个【步步高】出现以后，随即又恢复到原来的水准，这并不表示股价拉升在即，而是主力的即兴表演。

实战中，一定要从大处着眼，就是看均线系统的运行方向，只要均线系统呈现完整的多头排列，对于股价的盘中波动不妨采取听之任之的态度；从小处着手，就是要在盘中找精确的进出点位，严格按照交易信号进行复合操作，长短结合，大小兼容，把方法用活。见图七。

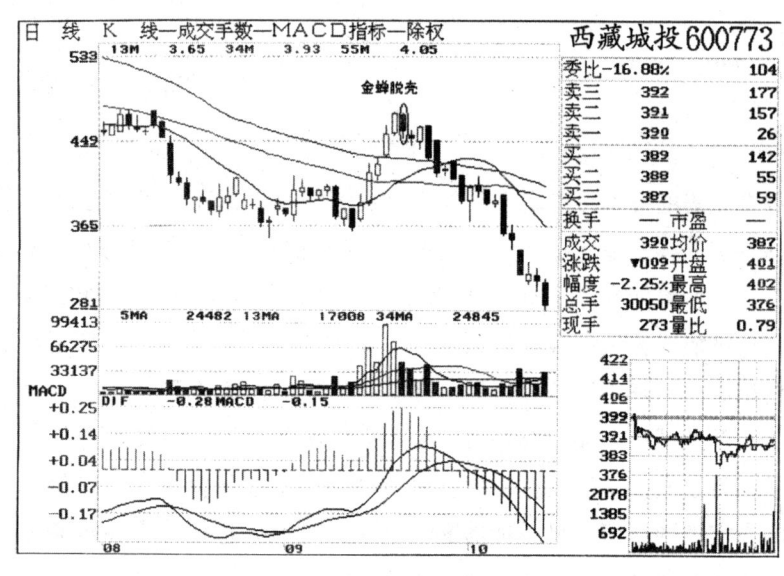

（图七）

◉ 卖出时机

（1）【金蝉脱壳】出现当天及时清仓。

（2）当天没有来得及走的，第二天开盘即抛。一般讲，开盘价就是最高价，丢掉幻想，落袋为安。

◉ 友情提示

（1）【金蝉脱壳】通常出现在行情火爆时，这种出货方式风险太大，适合中小盘操作。

（2）从出货力度上讲，【金蝉脱壳】小于【独上高楼】，然一旦形成【金蝉脱壳】，股价短期内几乎没有重新拉起的可能。

（3）【金蝉脱壳】和【拖泥带水】的 K 线形态有些相似，形成机理相同，但市场意义不一样。【拖泥带水】出现后，股价有时还会惯性上扬几天；【金蝉脱壳】表明主力去意已决，股价一般都是节节败退，在操作上应区别对待。但无论哪种形态，都是股价下跌信号。

> 炒股好累，看盘疲惫；复盘想睡，被套受罪；吃饭没味，喝酒老醉；抢劫不会，输赢纳税；交易不慎，投资变消费。

第16节　一箭穿心

◉ 古为今用

《孙子兵法·作战篇》："久则顿兵挫锐，攻城则力屈，久暴师则国用不足。"意思是说，旷日持久，就会使军队疲困、锐气挫伤，攻城就会耗尽力量，长期战乱，就会使国家经济困难。

无论大盘还是个股，一年中真正上涨的时间极其有限，大部分时间处于量变过程中。一年四季满仓运转，把自己拖得筋疲力尽不说，弄不好还会使资金严重缩水，会降低市场的敏感度，人一旦进入麻木状态，那就只剩任人宰割的份了。尊重和利用规律，而不是去违背和创造规律，方能取得预期效果。"兵贵胜，不贵久。"在高风险的市场上行走，投资者应养成重兵出击、快速撤离的交易风格。

◉ 形态特征

股价在高价区振荡走低并破55日均线，中、长期均线由升趋平，13日均线开始下穿55日均线，表明主力已派发完毕，股价在节点下方多以小阳报收，如果节点下方收阴线，说明该股已经停止呼吸，更应该从速离去。我们把13日均线下穿55日均线的节点称为【一箭穿心】，它是股价暴跌的临界点。见下图。

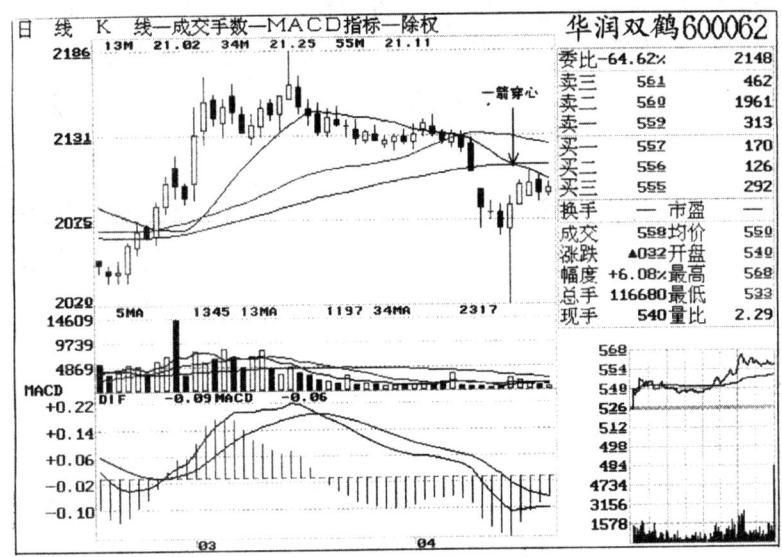

【一箭穿心】是股价下跌的临界点

◎ 形成机理

股价经过大幅拉升后，主力就会伺机派发，由于仓位太重，不可能一次性地把筹码批发出去，于是就控制着股价在高位反复振荡。在派发的尾段，也就是在13日均线下穿55日均线的同时，主力故意使K线收阳，进一步迷惑散户，碰上没风度的主力，K线索性收阴。【一箭穿心】的出现，意味着一轮大的调整已经开始，此时，投资者要不计盈亏地清仓离场，这样，尽管比前期出货多蒙受些损失，但可以保存有生力量。

经典案例

（1）**金科股份**（000656）。股价在高位的反复振荡，真实地反映了主力在派发时留下的一片狼藉，派发也不是一件容易的事。均线系统的【分道扬镳】，说明主力的派发已进入尾声，这时候无论你有什么想法，出局才是第一要务，而且每一根阳线都是难得的出货机会。随着13日均线下穿

55日均线，主力使出致命招数【一箭穿心】，股价直挺挺地倒了下去。【一箭穿心】是主力出货完毕的标志，股价没有了主力的呵护，只能"花自飘零水自流"。面对簌簌而下的股价，若不采取断然措施，那么，主力就会在你支离破碎的心上再涂抹一层盐水，从而使你对【一箭穿心】刻骨铭心，永世不忘。见图一。

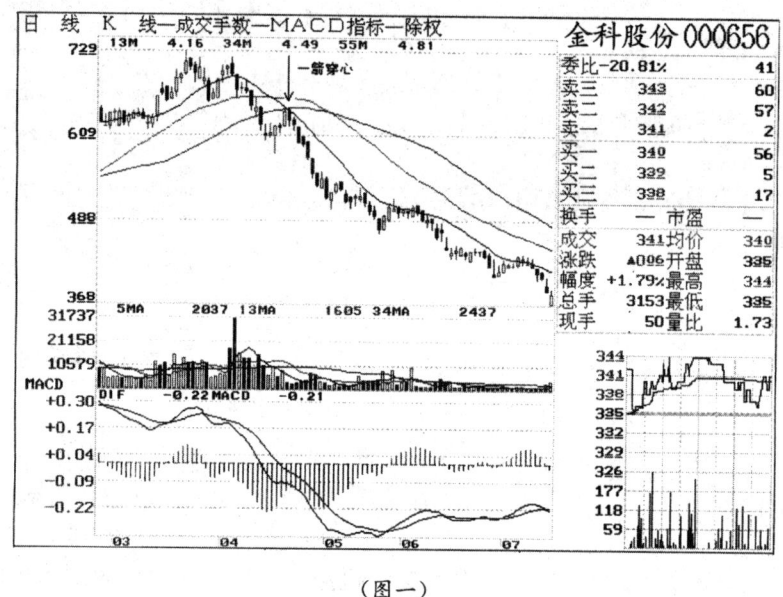

（图一）

（2）**海南海药**（000566）。2004年6月2日，13日均线开始下穿55日均线，盘中主力蛮有绅士风度，拉出一根阳线，向一直追随它南征北战的投资者表示歉意，倘若把主力的意图理解偏了，认为是重新起涨，那就大错特错了，后果可要自负。

如果说55日均线是人的躯干，那么13日均线就像一把利剑，而节点下方的阳线或阴线就好比人的心脏，当13日均线下穿55日均线时，犹如一把利剑刺透你的心脏，危在旦夕。【一箭穿心】和【突出重围】一样，都是股价暴跌的临界点，面对这些致命招数，必须沉着应对，如果依然不去躲闪，那么，天天在做发财梦、一心想扭亏为盈的你，结果怎样呢？恰似《红楼梦》里的王熙凤，"枉费了意悬悬半世心，好一似，荡悠悠三更梦"。

华润双鹤使了一招【一箭穿心】，股价从20多元跌到了3.87元；金科股份使了一招【一箭穿心】，吓得股价瑟瑟发抖，一路屁滚尿流；海南海药使了一招【一箭穿心】，让股价缩水31%……一言以蔽之，任何主力使出这个杀手锏，即使不把你置于死地，也会让你伤筋动骨、大伤元气。如果你不服气，敢和主力叫板，主力就会立刻让你明白，谁才是市场的老大！见图二。

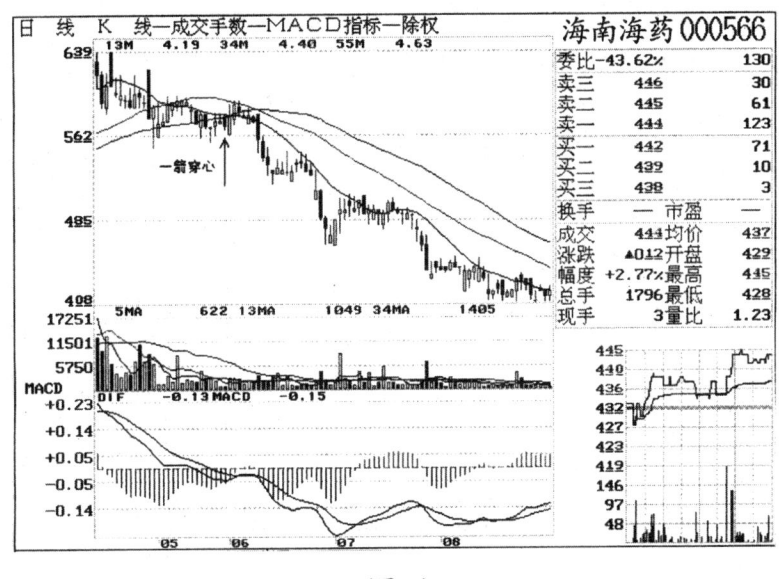

（图二）

股民在股市挣点钱不容易，成天担惊受怕不说，还经常遭遇意外的伤害。日复一日，所谓的证券投资者，也就变成了股票的消费者。为了改变这种"人为刀俎，我为鱼肉"的被动局面，除了信奉"力能胜贫，谨能胜祸"的存活之道，重要的是要有一套具体的避险手段。不然的话，很难在股市有立身之地。135战法的攻防手段，都是笔者身体力行、反复验证了的实战总结，每一个买卖点都凝结着笔者的血和泪。之所以把它无私地公布出去，就是希望备受股市煎熬的朋友们能重见天日。

（3）渝三峡A（000565）。尽管人们对主力恨得咬牙切齿，实际上主力没有人们想象的那么坏。无论是进场还是出场，它都非常礼貌地给人们打招呼。你之所以屡屡受气，主要是语言不通所致，并非主力要故意伤害你。就说渝三峡A吧，在它与你【分道扬镳】时，13日均线已经提前告诉了你，而且给了你充分的心理准备和出局时间。然而，人们依然认为主力是虚张声势，并不相信主力真的会下毒手。客观地说，主力已经做到仁至义尽了，你不领情，给你一个下马威并不算过分。【一箭穿心】既成事实以后，股价每次向上触摸13日均线，都是一次难得的离场机会。大盘一旦反转向下，没有3个月的时间不会停下脚步；个股一旦见顶向下，没有50%左右的跌幅，不会轻易罢休。"拒绝盘整，不抢反弹"是135战法的一个原则，放弃空头排列的股票既是常识，又是本分。尊重股价的客观走势，就等于尊重市场，尊重主力就等于尊重你自己。【一箭穿心】，不死也昏。见图三。

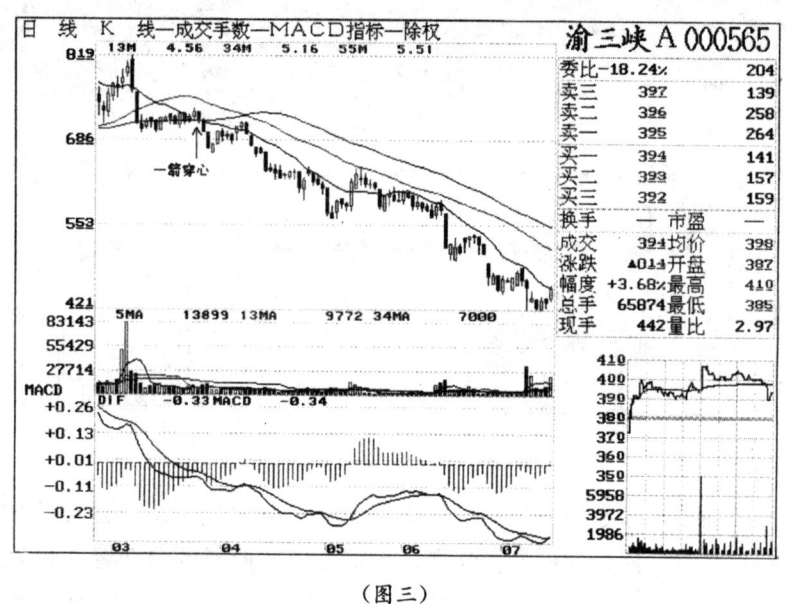

（图三）

（4）**中新药业**（600329）。该股经过一波下跌后，【一箭穿心】和【突出重围】同时出现。我们知道，它们都是股价暴跌的临界点，这时候果断出局才是最为明智的选择。

股市里这种不赢反亏的例子实在太多，它在每个人身上都或多或少地发生过。过去由于我们无知，就认栽了，权当认识股市所需交纳的学费，现在我们知道了它是股价暴跌的临界点，就再也不能逆来顺受了。有这么一个现象值得注意，很多人在卖出时不是以股价形态为依据，而是以自己的持仓成本价为参考，这是一种非常错误的投资策略，它会将你引向万丈深渊。正确的做法是，以股价形态为依据，不管你的成本价是多少，当股价形态出现卖出信号时，必须不计盈亏地出局。要做到这一点，首先要熟记各种形态的特征和含义，其次要严格按照交易系统给出的提示进行操作。

有人问我，为什么要建立自己的实战交易系统，不建立这个系统就不能炒股吗？先说第一个问题，任何一个实战交易系统都是建立在对股价运行规律的认知上，然后根据自己的实战不断地修正或完善这种认知，使其更加符合自己的交易风格，这样一来，就可以从容地面对市场上的风风雨雨，即使遭遇不测，也可以有更加充分的回旋余地。实战交易系统犹如一个"制导机制"，好的实战交易系统会引导你走向成功。再说第二个问题，不建立交易系统也能炒股，但却无法避免盲目性和随意性，而且回旋余地要小得多，获利的机会和避险的手段也相对少一些。所有的股市高手都有自己的实战交易系统，买和卖完全听凭于交易系统发出的指令。从某种意义上说，一个严谨的交易系统能有效地克服人性的弱点，最大限度地避免盲目和轻信。一个能够战胜自我和超越自我的人，肯定是一个善用交易系统的高手。见图四。

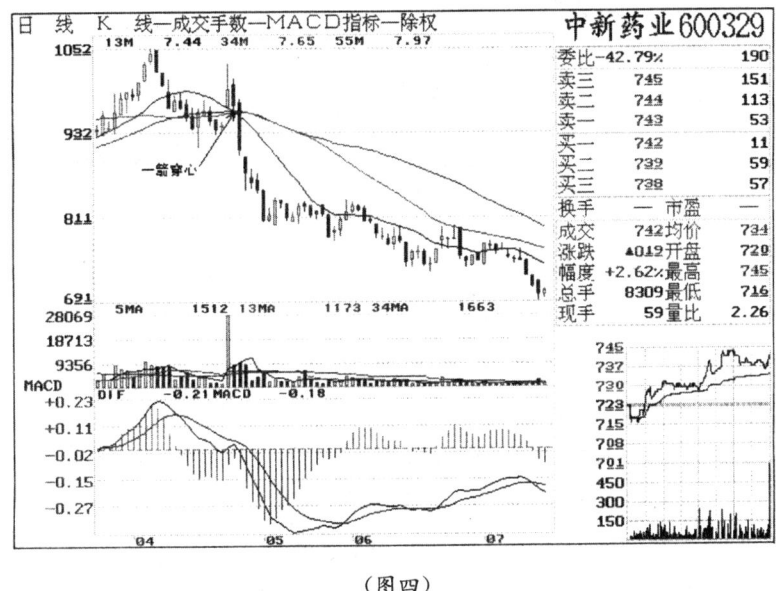

（图四）

（5）**启迪桑德**（000826）。【一箭穿心】，不死也昏。这一点在该股上也得到了印证。也就是【分道扬镳】的第三天，13日均线又开始下穿55日均线，暗示着股价即将进入暴跌阶段，然狡黠的主力在翌日又拉出一根

165

带量的小阳线，主力从来不做亏本的买卖，临死也要拉上几个垫背的。股价后来的走势印证了那根小阳线是主力刻意制造的诱多杰作。此后，股价始终贴着13日均线缓缓下滑，让你在希望中慢慢死去。【一箭穿心】是股价暴跌的临界点，这一点恐怕大家已经没有异议，那么，在实战中，如果发现自己手中持有的个股已进入暴跌的边缘时，相信你再也不会放任自流、听之任之了。见图五。

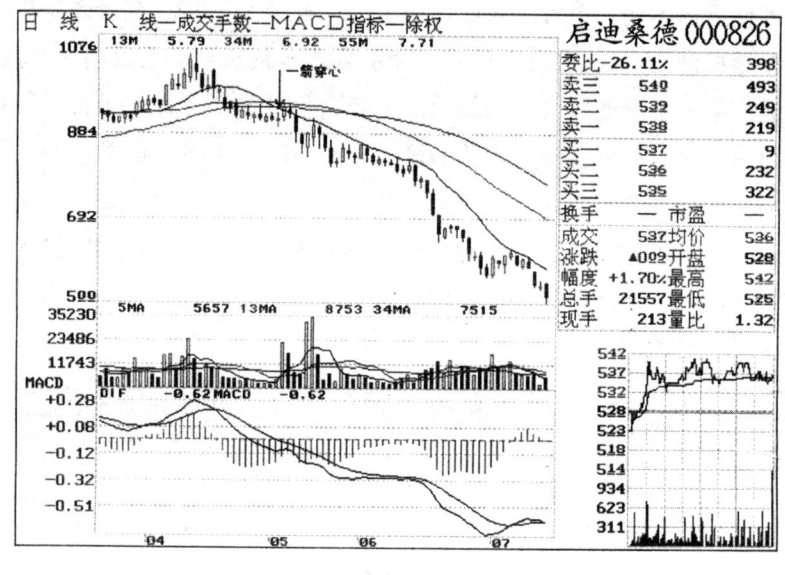

（图五）

（6）*ST 佳电（000922）。在【一箭穿心】出现以前，该股的双头形态已非常的明显，只不过人们不相信这是真的罢了。他们坚信主力是一个不食人间烟火的"永动机"，会一直往前走。当自己的股票被套时，期待着它赶紧涨；当自己手里的股票有了盈利时，希望它涨了再涨。但在期待和希望的同时，我们必须使自己的航船稳定地漂浮，绝不能让它被每一阵扑过来的海浪或猛烈的暴风抛起、冲撞或者击沉。

在股市，我们要像抵抗海浪长期冲击的岬角一样，巍然屹立，既要有容纳百川的胸怀，又要有安抚四周狂怒海浪的本领。但在对待某些股价形态上，哪怕它是稻草人，也要对它的实际存在作出积极的反应。何况，【一箭穿心】不是稻草人，而是恶贯满盈的"杀人犯"。对这样一个已经丧失了人性的亡命之徒，如果眼下没有足够的力量制服它，最好的办法就是先避其锋芒，然后再设法收拾它。

眼里只有自己而没有主力的人，不但赚不到钱，反而给自己平添许多烦恼。心放平了，一切都会风平浪静；心放正了，一切都会一帆风顺；心放下了，快乐与赢利也就随之而来。见图六。

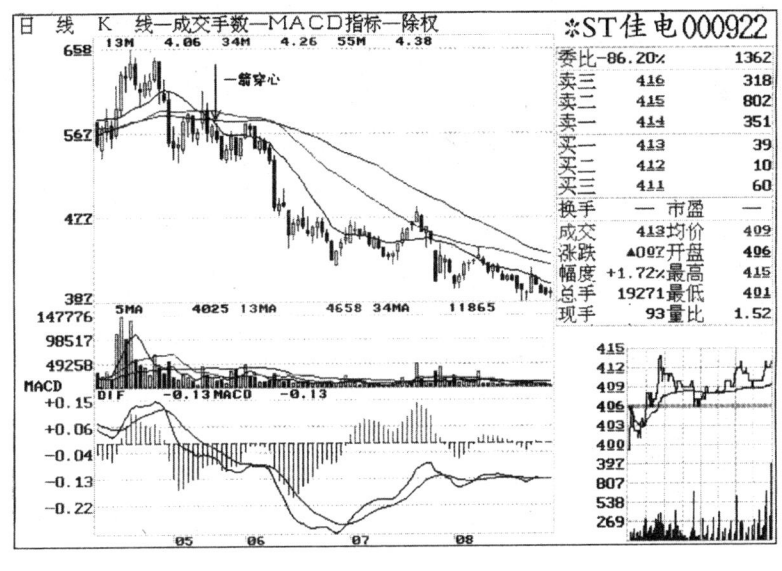

（图六）

（7）**乐凯胶片**（600135）。13日均线与主力【分道扬镳】以后，股价依然对它纠缠不休，但"哀莫大于心死"，悲痛欲绝的13日均线头也不回地穿过55日均线，气急败坏的主力发现自己无回天之力，于是就想，与其苟且偷生，不如同归于尽，所以主力就使出【一箭穿心】这个致命招数。股价在暴跌的临界点附近恋恋不舍地徘徊了一阵，最后还是"无可奈何花落去"。

凡是股价经过大幅扬升以后，一旦13日均线下穿55日均线，股价的跌幅一般都不会小于20%，所以说，对于那些形成【一箭穿心】或【突出重围】的个股，短期内不要碰它，下跌途中的股价就像一只饿狼，谁靠近它，谁就会被它撕咬得面目全非。

炒股很难，但这个难不是来自变幻莫测的股市，也不是阴险狡猾的主力，而恰恰是我们自己的弱点，这个弱点影响着我们的思维、影响着我们的行为。假如有一天，我们能够把这个恶魔从心灵深处驱逐出去，或者完全将它制服，那么，我们就没有不可战胜的对象。

然而，天下没有白吃的午餐，想收获就要付出。有的人总是想坐享其成、不劳而获，事实上这是不可能的。见图七。

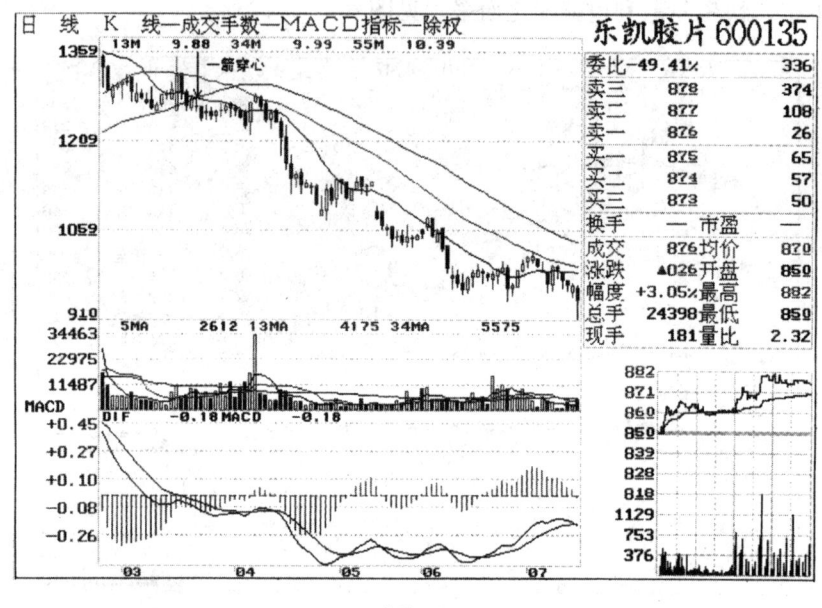

（图七）

◉ 卖出时机

（1）当股价沽穿 55 日均线时全线清仓。

（2）当 13 日均线下穿 55 日均线时，趁盘中反弹果断出局。

◉ 友情提示

除了主力，谁也无法知道股价顶部的确切位置，但并不意味着散户注定要被套牢。因为，再先进的出货方式事先都有征兆，再狡猾的主力出局时都会在盘面上留下痕迹。当你在【一枝独秀】【独上高楼】等第一卖出信号出现时没有及时清仓，不必惊慌，【一箭穿心】还会给你一次离场的机会。

当【一箭穿心】出现时，投资者应吸取前期的教训，使自己在次高点上有一个弥补损失的机会。【一箭穿心】的出现意味着顶部已经形成，此后的走势将会一波弱于一波,所以当【一箭穿心】出现时,必须果断清仓,切莫再犹豫彷徨。如果在【一箭穿心】时还不痛下决心,仍以侥幸的心理希望股价重拾升势,超越前高点,结果只能是越陷越深。

从现实情况看,由于投资者对顶部认识不足,更缺乏紧急避险手段,所以,真正能逃顶的人并不多,先知先觉者已在【一枝独秀】【独上高楼】【一剑封喉】处【见好就收】了,而及时警觉,在【分道扬镳】【一箭穿心】和【突出重围】出现时果断作出抉择,虽属后知后觉者,但依然能够亡羊补牢。

实战篇

第1节　手可摘星辰
第2节　恐惊天上人
第3节　第二次握手
第4节　独钓寒江雪
第5节　把酒问青天
第6节　今夕是何年
第7节　夕阳山外山
第8节　今宵别梦寒

第9节　操千曲而知音
第10节　观千剑而识器
第11节　春色满园关不住
第12节　梅花香自苦寒来
第13节　索回失落的阳光
第14节　风乍起，吹皱一池春水
第15节　知音少，弦断有谁听
第16节　欲将心事付瑶琴

第1节　手可摘星辰
——点击信雅达（600571）

一旦技术的娴熟可用于投资目的，并且已经用于实战，它们便立刻几乎强制地，而且往往违反投资者当时的意志而引起操作方式上的变革。

该股在【红杏出墙】以后有过一波拉升，顺势回落后，在信雅达的走势图上，出现了【一阳穿三线】的技术形态，这是主力资金大规模进场的显著标志，是一次非常好的进场时机，从这里切入，就等于买在了一波行情的起涨点上。重仓出击。见图一。

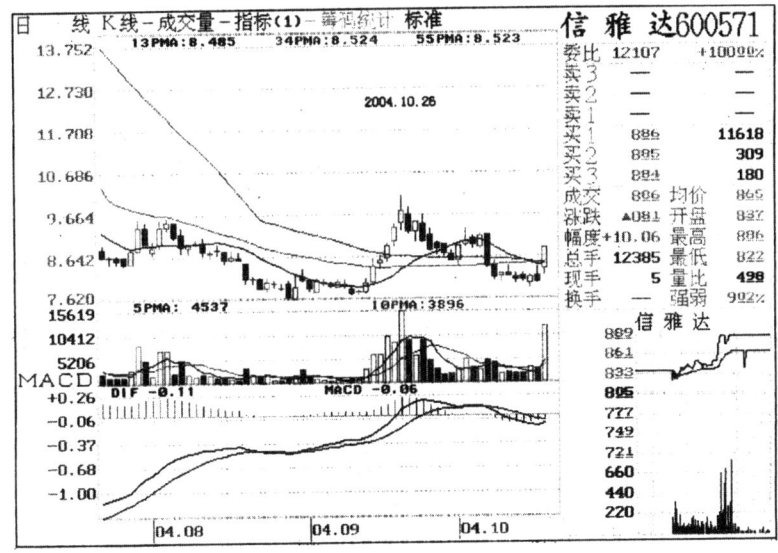

（图一）

"在迟疑中上升，在希望中下跌，在绝望中新生，在欢乐中死亡。"这是大家公认的股市铁律，但如何把这个铁律运用到具体的实战中，并把它变成自己的实际操盘能力，这是每个股民都必须认真思考的问题。实践表明，只有把抽象的股市铁律转化成具体的技术形态，操起盘来才会显得有板有眼。

该股下跌的临界点是【一箭穿心】，截至9月13日，股价跌幅已达42%，如果当时不清仓离场，损失极为严重。股价经过长期的下跌，做空能量逐渐减弱，但成交量的萎缩并不意味着股价已探明底部，更不表明股价的上涨指日可待。兵马未动，粮草先行。只有成交量先声夺人，股价才会紧随其后。这就是人们常说的"量在价先"。多数个股都是遵循着"放量—缩量—再放量"这么一个规律在运作。只是放量时人们不敢相信这是真的，回调时又被其他强势股抢走了眼球，再攻时股价已经高高在上，丧失了追涨的勇气，因而总是踩不准节拍。有人说，炒股就是抓热点。对于高手来讲这话没错，对一般人来说难度很大，因为热点是事后确认的。所以说，抓热点的提法不够准确，也容易把人引入误区，与其说抓热点，不如说在底部抓换手率高的。但必须具备板块领涨效应，即使抓错了，也不至于深套。若跟对了，精神立马为之一振，情绪周期也将形成良性循环。如果连续数次踩准热点，一个股市高手也就从此诞生了。

10月27日，股价跳空高开，回调不破昨收盘，股价大部分时间都在均价线以上成交，说明主力的做多欲望是强烈的。然盘中振荡并不小，涨停板几度被撕开，从目前股价所处的位置来看，主力震仓的可能性大，当务之急是紧紧捂住，不能因股价涨势凌厉而恐惧，这时候，稳定的心态才是制胜的关键。不少人也拿过强势股，但都在股价的飞速上扬时被吓跑了，往往是捡了芝麻丢了西瓜。股价重新封涨停后，成交量开始萎缩，说明场内的筹码已经安定了下来，说明只要主力不瞎折腾，股价就会平静得多。从这个意义上说，一只股票里如果没有了主力，股价就会变成死水一潭。

操作顺利时，心态相对平和，即使偶尔挨主力一闷棍也能接受。操作失利时，心态易失衡，那种挫折感几乎把人带入崩溃的边缘，此时此刻犹如一头暴怒的吼狮，随时都会做出过激行为。从此，陷入自怨自艾的心理迷宫。

有时候，我们为了等一个买点或者一个卖点，要忍受长时间的煎熬，缺乏定力与耐心的会与财富擦肩而过，而心浮气躁的，由于手贱，常常包揽买单的重任。见图二。

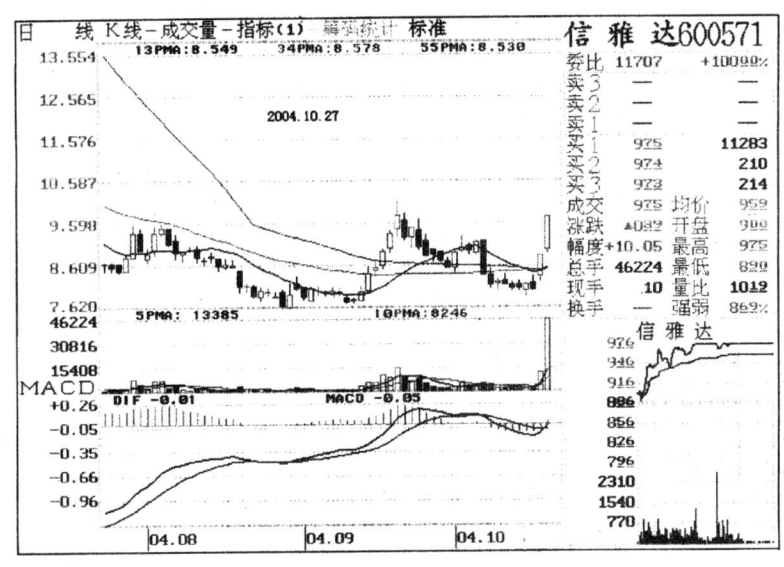

（图二）

股价运行到前高点附近，主力用了4天时间对股价进行精心料理，通过充分换手，垫高市场平均持股成本，以减轻未来拉抬阻力。这时候就需要多一分耐心，如果不出现明显的见顶信号，原则上持股不动。因为，股价的上涨态势一旦确立，短期内很难改变，但股价进入上升通道以后，主力驱逐获利盘时，"震"往往多于"洗"，这样可以节省时间和财力，营造良好的市场氛围。

11月3日，上午停牌，这时，媒体上开始出现该股的利好传闻，我在想，如果等股价飞起来再大造声势，岂不更好。

下午复盘后，股价平开高走，然后携量一举攻克前期整理高点。基本面和技术面难得相聚，那就信它一次。当基本面与技术面发生冲突时，应该以技术面为主。换言之，吃亏一定要吃到明处，不能总是稀里糊涂地当冤大头。前期没有进场的，今天又是一个不错的机会，13日均线在55日均线之上成功穿越34日均线，【梅开二度】又发出了明确的进场信号，完美的技术形态就是精确的进出点位。经过技术合成之后的股价形态是值得信赖的，它是指导我们操作的技术依据。见图三。

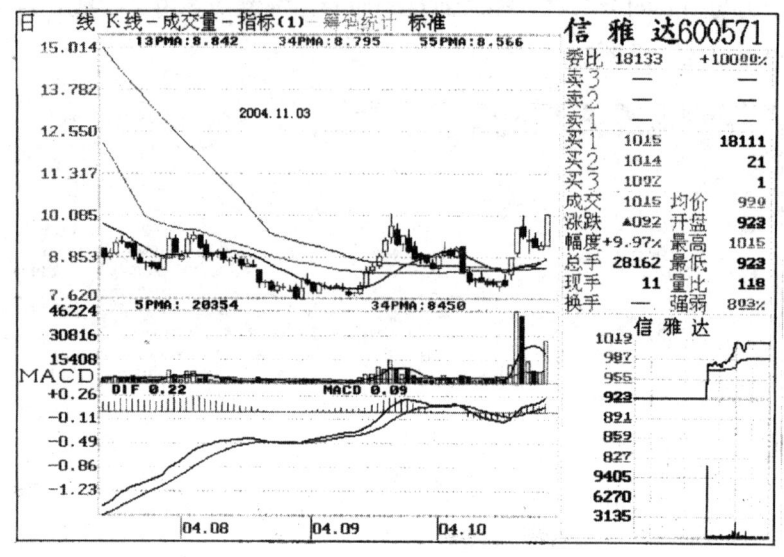

（图三）

11月4日，股价高开高走，然后顺势回落，盘中出现放量滞涨，昨天刚刚拉出涨停板，今天就出货？目前股价的位置并不高，而且离【梅开二度】的理论升幅还有一定距离，可见，主力在这里震仓的可能性偏大，出货可能性较小，当然也不排除主力进行减仓操作。仓位重的，亦可酌减。

11月10日，股价经过4天的整理，开盘后依然是一幅无精打采的样子，股价一直在均价线附近窄幅波动。11时18分，股价突然发力打破盘局。下午开盘后，主力一鼓作气把股价推到涨停板上，但3分钟后被打开，且迟迟没有封住，后来封住—打开—再封住，说明主力正在利用涨停板出货。最后股价虽然又被推上涨停板，但封单却少得可怜，表明主力能量已被耗尽，立即进入预警状态，随时准备清仓出局。

不知你有无这样的感受，有时候，面对穷凶极恶的主力，经常是敢怒不敢言，因为，作为弱势群体的我们，既无严词以对谬论，更无实力以抗邪恶。有理者因有理而失败，无理者因无理而制胜。见图四。

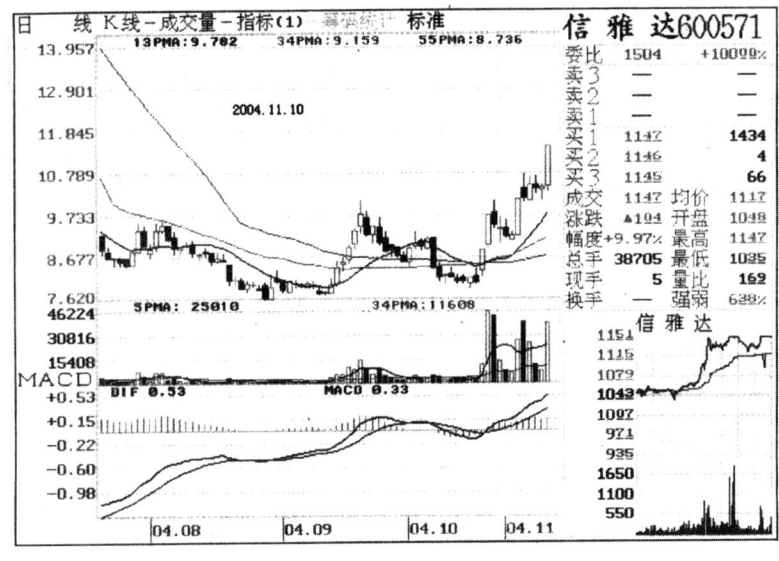

(图四)

11月11日,开盘后股价一路猛攻,成交量不离左右,量价关系"夫唱妇随"挺像那么回事,但在前高点附近,股价遭遇猛烈抛压,【一枝独秀】显得孤立无援,主力见死不救,临阵脱逃。别傻愣着,抄起手中的筹码,向着主力的头上砸去。见图五。

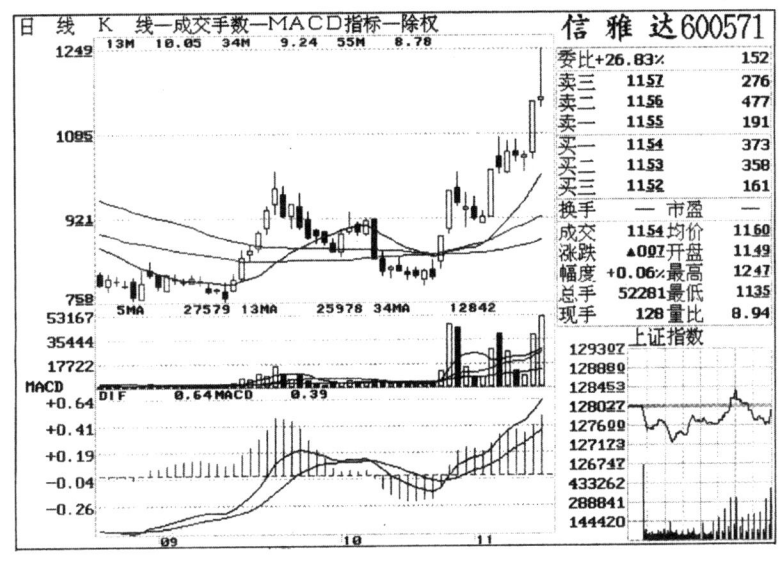

(图五)

任何一次操作完成以后，无论成功还是失败，都应写出一份详细的操盘总结。从切入点位、资金布局、战术运用，到清仓出局等，对每一个细节进行认真的回顾和细致的分析，不要怕麻烦。因为，这些分析成果对于下一次操作都是弥足珍贵的，断不可等闲视之。

第2节　恐惊天上人

——点击浪潮软件（600756）

【绝处逢生】挽救了岌岌可危的浪潮软件，然而刚刚有点起色的该股又被主力打回原点，沉寂了一个多月的浪潮软件终于耐不住寂寞了，一枝【红杏出墙】来，股价的"量、价、线、形、位"五个要素全部符合进场条件，半仓跟进。见图一。

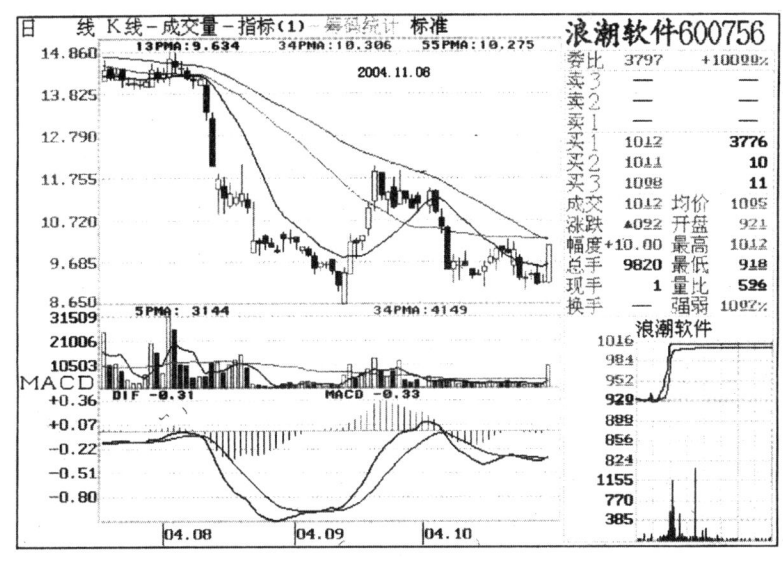

（图一）

目前，建仓完毕喜欢挖坑的主力又日益增多起来，这种操盘方式在20世纪末很流行。一些老股民发现主力装疯卖傻，就奋不顾身地跳进坑里与主力共度患难，主力发现偷鸡不成反蚀把米，明目张胆地敲诈勒索有所收敛，但江山易改，本性难移，如今主力的老毛病又犯了。其实，主力挖井正好给我们提供低位吃货的机会。但这只适用于那些经验老到的股民，对于实战经验不丰富的人来说，很可能会弄巧成拙。稳健的做法是，耐心等待完美技术形态的出现，严格按交易系统发出的信号行动。这样可能价位稍高些，但降低了时间成本，也保护了资金的安全。

9月15日的【红杏出墙】，已经标志着主力挖井成功。然而，随着大盘的突然转向，聪明的主力巧施【金蝉脱壳】顺势打压。量区里的【步步高】，分明有增量资金在入驻，何以说走就走，主力显然是在玩弄掩耳盗铃的鬼把戏。股价回调不创新低，成交量也非常配合地消停下来。对于这样的主力，我们是否就束手无策呢？不，密切关注它的动向，一旦发现股价携量上攻，立即跑步跟进，顺便搭一段顺风车。

11月10日，股价开盘即涨停，盘口封单超过当天交易量近10倍，如果不能及时按信号进场，就可能踏空了。所以，平时要有针对性地进行个股跟踪和条件反射训练，培养自己及时捕捉盘中符合经典攻击形态的个股的能力，基础好的可适量参与实盘操作，基础差的只许做模拟盘。通过大量模拟盘训练，提高自己的条件反射能力。

不少人把炒股看得太简单了，简单到把钱换成股票就能赚钱，简单到通过补仓就能解套。其实不是这样的，炒股需要方法。见图二。

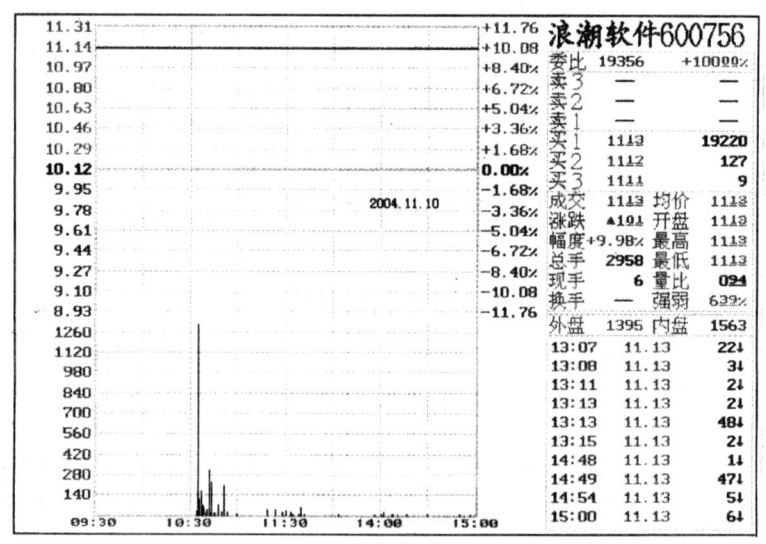

(图二)

11月11日，又是开盘即涨停，这是主力实力强到极致的表现，这时候无论有多少抛盘，主力都会悉数笑纳。主力用涨停板这种极端手段突破前期平台，展现的不仅仅是决心，还有实力。如果不是高度控盘，如果不具有超强实力，任何主力都不敢走这招险棋。既然主力敢如此张扬，肯定是胸有成竹，把一切事情都想好了。这时候，最重要的是坚定持股信念，不要总是自己吓唬自己。交易量比前个交易日小，1.5万手的封单，让你想起了什么叫"固若金汤"。主力的野心大了去了，我们也跟着风光一回吧。见图三。

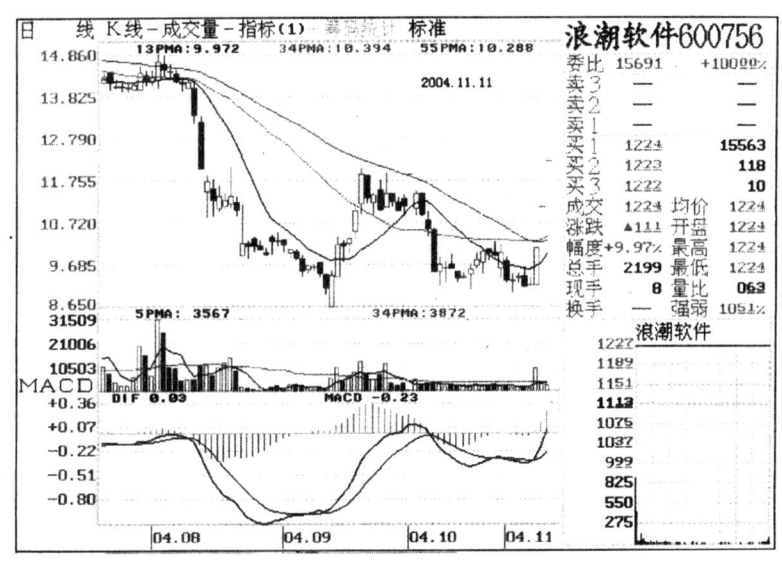

（图三）

11月12日，还是开盘就涨停，主力简直玩命了，照这样干法，以后怎么出货呢？真有点替主力担心。几分钟后，涨停板被打开，成交量顺势而下。看来主力也意识到了这一点，开始派发一部分筹码，时间不长，涨停板重被封住，但涨停板上留下几个锯齿形的小缺口，好在都在均价线以上，并无大碍。主力非常注意维护市场人气，但K线图上【拖泥带水】，暗示着主力以后的主要任务将是派发，同时也说明股价要进行调整了，仓位重的，应酌量减仓，33手的封单着实让人心里不踏实。

真正的大智慧常人难以分辨，所以习惯了眼前的小便宜。大智慧包含宽容、隐忍和撤退，但勇敢地接受不公正的待遇也是一种智慧。眼前的蝇头小利尽管失去，但赢得了时间和精力，也许这就是有失就有得吧。见图四。

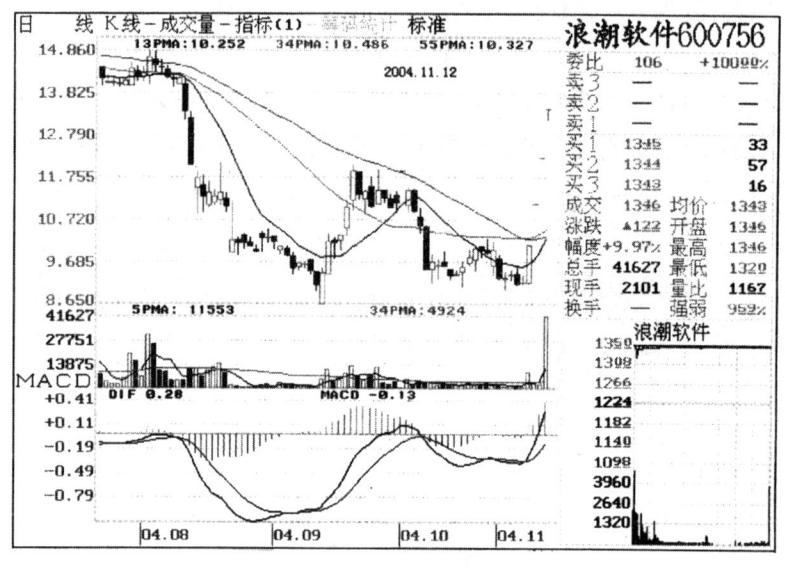

（图四）

11月15日，股价低开低走，尽管很快被拉到均价线以上成交，但主力的派发意图还是挺明显的。实战经验丰富的，盘中可择低点进场。因为主力不会在这个位置停留太久，对于强庄来说，股价短暂调整后会进入第二个小浪潮，一旦股价进入急拉，随时准备出场。

11月16日，股价缩量调整，可把它理解为主力出招前的运气。

浪潮软件曾在中国股市叱咤风云，只不过当时它叫泰山旅游，怎么，穿上马夹就不认识你啦？泰山旅游曾引领千军万马创造过中国股市的辉煌，然而在辉煌的背后却是哀鸿遍野。

11月17日，股价低开高走，一波急促拉升以后，回到均价线附近进行整理，盘中出现两笔大卖单之后，股价迅速上扬，竭力引诱跟风盘，涨停板被打开后迟迟封不住，不是主力没能力封，而是工作重点转移了，主力既要派发，又要维护市场人气，也确实不是一件容易的事。股价最后以涨停报收，主力为明天继续出货占据主动。

实战中，要注意股价所处的位置，如均线系统刚开始向上发散，仓位可以大些。如果位置已高,仓位要少些。另外,持股期间只要不出现明确的离场形态,无论主力如何上蹿下跳,都不能轻易出局,力争把一段行情做足。见图五。

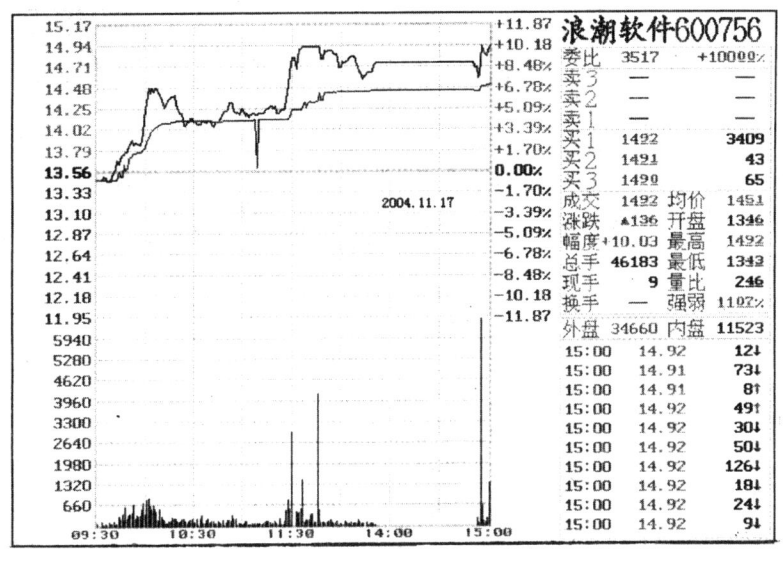

(图五)

11月18日,股价低开低走,然后迅速被拉到均价线以上成交,盘中振荡剧烈,尽管主力已是气喘吁吁,但还是竭尽全力把股价推上了涨停板。涨停的感觉真好,它使你心花怒放,它叫你热血沸腾,它让你感到天是蓝的,它让你感到股市是美的。这个时候,人最容易麻痹,最容易放松警惕,殊不知,风险正在悄悄地逼近。股价上涨时往往轰隆作响,而下跌时往往是"扑哧"一声。稍不留神,一切胜利果实瞬间就可能化为乌有。

11月19日,股价跳空高开,成交量顶着股价向上猛蹿,但冲高回落后,股价却止步不前了。接着,股价开始逐波走低,股价下调幅度太大,135战法中的【一剑封喉】忠于职守,及时地发出了离场信号,清仓出局。

钱再多,也不能靠打败主力来获利。这种情况战场上可能存在,股市里根本不会发生。散户普遍的弱点是有进无退,买进就套,说明买错了,错了就要改正,不要硬拖。严防死守是一种消极的拼命主义,不值得提倡。见图六。

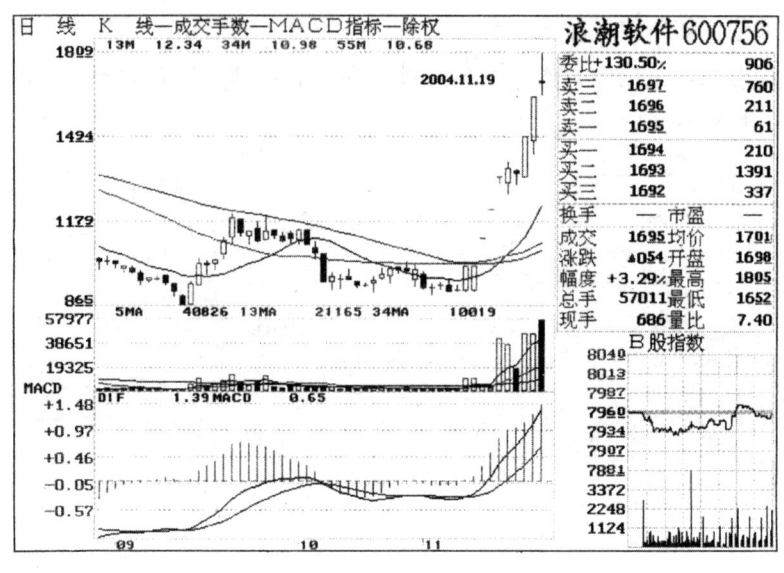

(图六)

炒股要避开四个陷阱：

一、懒惰。这可谓是炒股最大的天敌了，没有长期的基本功训练，股市不会让我们变得富裕起来。基本功过不去，只能靠赌和猜混日子。

二、拒绝复盘。人可以一天不吃饭，但绝不能一天不复盘。只有通过复盘，才能发现异动板块，发现率先启动的个股。

三、骄傲自大。俗话说，人贵有自知之明，高估自己、低估主力，肯定要吃亏。被主力打得满地找牙的人，嘴上愣是不服输，那就离死不远了。

四、不懂装懂。炒股最怕不懂装懂，但这种人还真不少。这种人爱面子，生怕别人瞧不起他。但和主力一交手，立马遭到主力的耻笑。不懂装懂，永远饭桶。

第3节　第二次握手

　　——点击上海梅林（600073）

　　2003年11月13日，一个非常普通的日子。然而，这一天却接连发生了几件不寻常的事——

　　萨达姆被抓了，

　　大盘创下新低了，

　　上海梅林涨停……

　　这几件毫不相干的事，孤立地看上去，纯属偶然，但如果把它们与斐波拉契的神奇数字和江恩的时间周期联系起来进行综合考察，恐怕就不能再把它们看成是偶然了。13年前，中国破天荒地创立了股市，下个月就是上海证交所13周岁的生日。"13"是个敏感的时间数，在敏感的时间里，整出什么出格的事都不算意外。

　　什么叫精确的进出点位，就是有特别明显的进出形态。当买入指令发出时，要敢于大胆进场，绝对不能前怕狼后怕虎，优柔寡断往往丧失良机。至于股价明天会怎样，那是明天的事，今天必须按指令进退。前面是刀山火海，也要勇敢地往前冲、向下跳。军令如山、一切听从主力召唤，是我们的责任和使命。比如，主力开始向上攻击时，我们紧随其后；主力准备撤退时，我们冲锋在前。见图一。

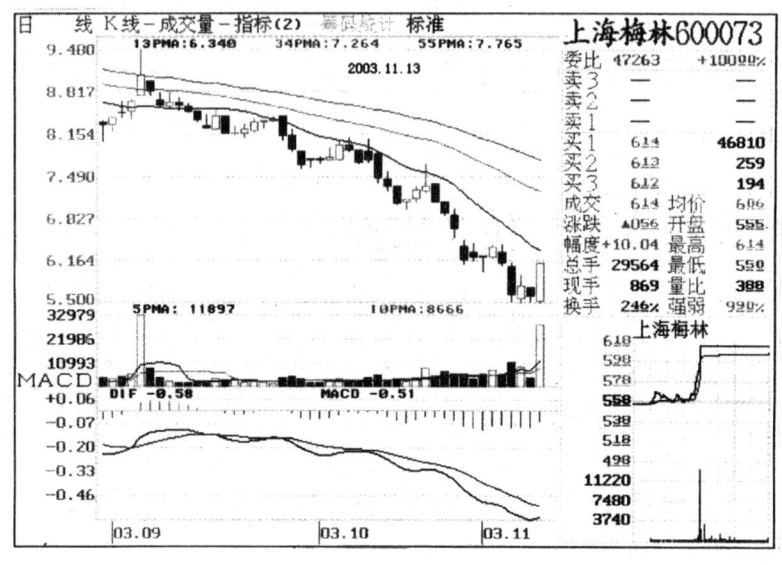

(图一)

大盘创下 1307 点的近年新低后,恐慌盘开始涌出。上海梅林的主力偏偏选择这么一个日子发起攻击,的确耐人寻味,这究竟是一种巧合,还是刻意为之?出其不意、攻其不备是主力惯用的战术。从目前股价所处的位置看,还是宁可信其有吧。它的 5 日量大于 10 日量,当日量大于 5 日量,这恐怕不是空穴来风,而 MACD 翘头向上,表明有增量资金在大规模进场,迹象表明,很可能是老主力卷土重来。460 万股的封单让人心里踏实许多,290 万股的成交量说明场内的浮筹业已安定下来。短线出击,必有斩获。

我与上海梅林曾有过一段不解之缘,这只股票里有我的失落、我的无奈,更多的还是我的不幸。看到它就像又经历了一次自己曾经的遭遇,虽然早已不在同一时空,但依旧很痛。

记得那是很久很久前的一天,一个战友说他得到一个绝密消息:上海梅林作为网络股的龙头,30 元远不是它的目标,目前基金持有重仓,主力拟在近日拉升。这本是一条无从考证的消息,我却信以为真。谁让自己当时傻不拉几,什么也不懂呢?这消息对于当时亏得一塌糊涂的我来说,如同抓住一根救命的稻草,所以当时想都没有想,立即斩掉手中的股票,然后以 23.90 元的市价全仓买入上海梅林,心里做着翻一番、翻两番的美梦。

谁知，走进梅林，却不幸染上了"梅毒"。上海梅林不但没有重拾升势，反而踏上了漫漫无期的价值回归之路。最后，忍痛以 17.50 元斩仓。庆幸的是，如果当时不把根留住，恐怕早被股市驱逐出局了。从那以后，我一直对上海梅林耿耿于怀，有仇不报非君子。然而，这一等就是 4 年，但雪耻的机会总算来了。

在股价封停的一刹那，以最快的速度挂单排队，然各啬的主力直到收盘时还是一毛不拔，心里多少有些失望，但透过 460 万的大封单，看到了主力的"霸气"。有霸气才有魅力。

翌日，股价小幅高开，稍作回抽便展开一波凌厉的进攻，主力的做多欲望极其强烈，但它总有喘息的时候。股价经过一波快速拉升后慢慢回落，但股价退得很有节制，回调不破昨收盘不说，甚至连均价线也不摸一下，表明主力还是不愿让别人捡到相对廉价的筹码，如果说昨天的行为不够冷静的话，那么，今天再按兵不动，就要坐失良机了。股价始终在均价线以上放量滞涨，显然主力是在玩弄"此地无银三百两"的鬼把戏。重仓出击。见图二。

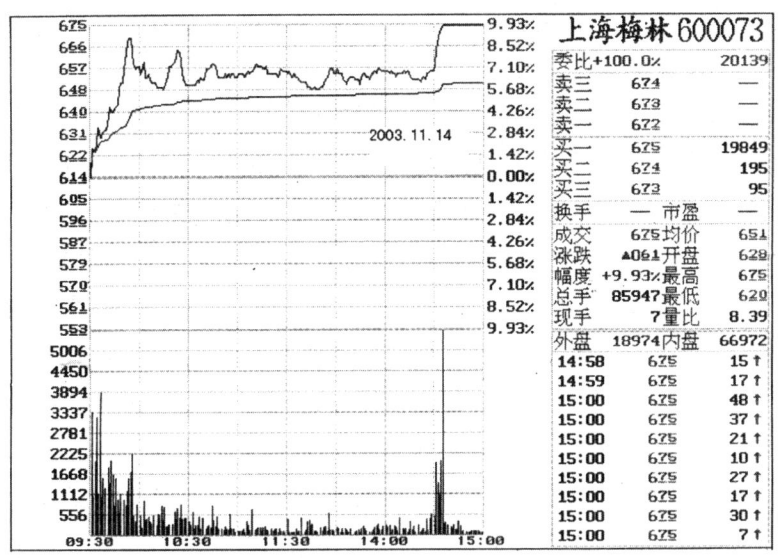

（图二）

多空双方经过三个多小时的激烈搏杀，多方明显占了上风，收盘前半小时，主力再次携量上攻，股价毫不犹豫地直奔涨停板。密切关注股价在关键时刻的进退反应,然后做出相应的决策,是衡量操盘水准的重要条件之一。一般说,股价在关键技术位毫无节制地退却,反映了主力的犹豫心理,而在关键技术位放量上攻,反映了主力志在必得的坚强决心。

　　双方经过激烈交战,多方最后以绝对优势胜出。但有一个细节值得关注:今天的成交量比前个交易日增加了500多万股,一方面表明主力资金介入很深,另一方面,也反映出市场部分获利盘已经开始进行回吐,重要的是,涨停板上的封单一下子比前个交易日锐减270万股。连续两天的猛烈攻击,主力消耗能量很大。股价又刚刚突破前期整理小平台,技术上有回抽要求,只是目前不好判断它回抽幅度有多深。

　　11月17日,股价平开低走,瞬间推高,然后带量砸盘,时而节节败退,时而频频出击,盘中振荡频繁,主力能而示之不能,"欲擒故纵"为的是引蛇出洞。这时候就需要增强防震仓能力了,否则很容易被震出去。明白了主力的意图,就要把股票紧紧捂住。权当坐电梯,体验一下上上下下的享受,只要主力不怕耗电,尽管去折腾。最后的结果只能是:怎么把股价夯下去,再怎么把股价拉起来。实战经验不丰富的人由于摸不透主力的真实意图,这时候就很容易上当受骗。看着那些抗震能力极差的人纷纷落马,主力心满意足地乐了。

　　瞬间下探,瞬间拔高,是非常典型的震仓手法。盘面特征为涨时有量,跌时无量。即时图上的股价线上蹿下跳,给人一种飘忽不定的感觉。如果主力想出货,就会营造一个非常好的市场气氛,在不知不觉中把筹码易手;如果是洗盘,股价会快速走低,或者是压价逼仓,直到把你逼得走投无路,乖乖交出筹码为止。震仓就不同了,它主要是制造恐慌气氛,摧垮你的精神防线,把你弄得心神不定、坐立不安,进而做出错误的判断。震仓一般都是在主力控盘以后使用,控盘程度不高的采取洗盘的较多一些。喜欢玩短线的人,往往参照即时图操作,之所以效果不好,是因为股价的日间杂波较多,而日间杂波发出的信号是不具备操作意义的。在买卖时,首先要看股价目前所处的位置,如果股价处于起涨段或拉升途中,就不必太在意盘中的波动。见图三。

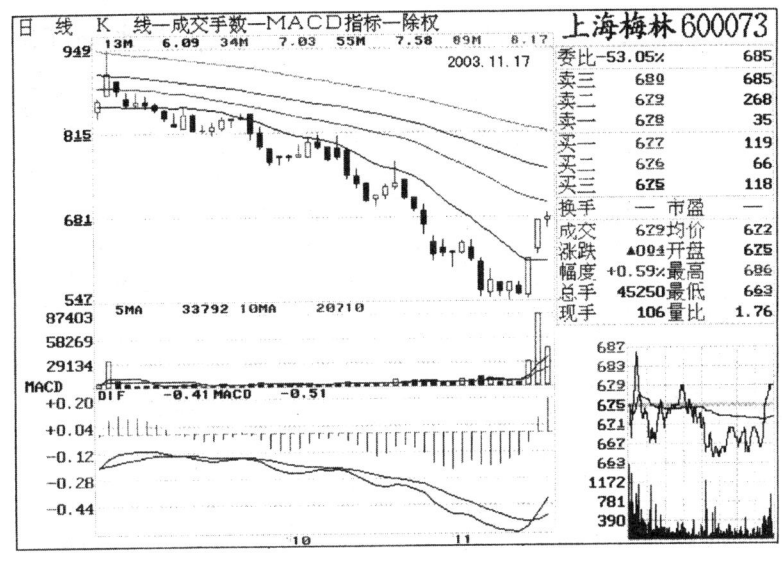

（图三）

11月18日，下午复盘以后，股价小幅低开，瞬间下探，立即被拉到均价线以上成交，做贼的总是心虚。主力越是怕露出破绽，却偏偏露出了狐狸尾巴。其实，主力只要再往下震一下，肯定又会使一批人纷纷落马，效果可能会更好一些。投资者平时应注重培养自己的抗震仓能力，任何事物一旦形成趋势，短期内就很难改变，这就是事物的惯性原理。生活中许多东西都是相通的，就看你怎样理解，如何巧妙地去应用。

股价涨跌有序，进退自如，在均价线的支持下呈波浪式向上推进，至收盘时，股价大涨8.98%。主力的意思是，发就发吧。

任何一个技术形态都不是由单一要素构成，把单一形态作为操作依据是不靠谱的，只有对形态进行技术合成后才采取行动。首先是"量、价、线、形、位"的完美统一，其次是股价目前所处的位置和指数背景的和谐。在此基础上，再去考虑资金布局以及战术的运用。所谓机会，就是当形态出现时，毫不犹豫地断然一击。见图四。

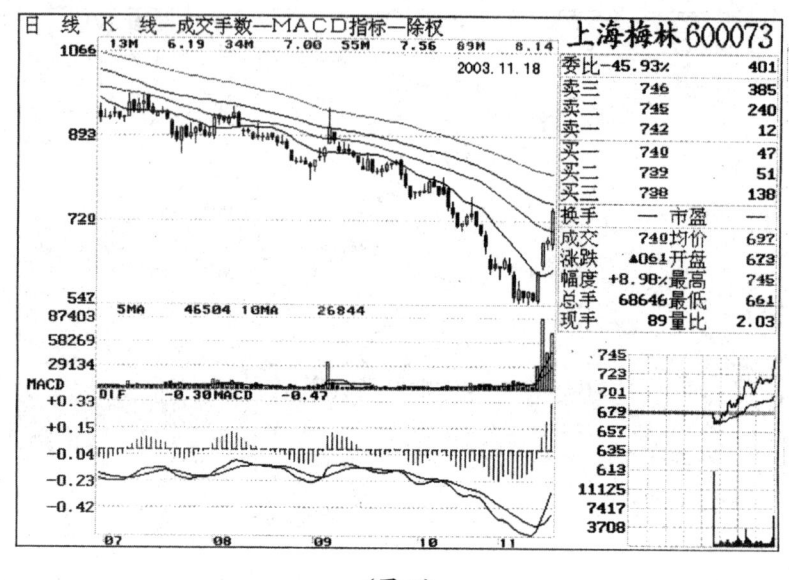

（图四）

11月19日，股价低开，瞬间下探，即被拉到均价线以上成交，接着便一浪高过一浪地向上爬去，上升角度越来越大，距涨停板仅有一步之遥的时候，主力突然停止攻击，回师北指，又玩起了振荡的猫腻。成交量比上个交易日放大九成，股价全天始终在均价线上方成交，自始至终保持了一种强势格局。尾市虽然封停，但多少给人一种偷袭的感觉。

主力在拉升时，希望不断有人跟进，也希望不断地有人卖出，这样既可以使主力节约拉升成本，同时也可以使盘面保持活跃。但对于一个好的操盘手来说，在拉升期不会增加任何仓位，而是边拉边出，拉升的时间一般是建仓时间的 1/4 或 1/5，否则，其操盘水准就难以让人恭维了。如果说拉升需要 3 个星期，那么在出货时，即使好的操盘手，通常也要 3 个月以上，否则，主力是很难全身而退的。135 战法的单日见顶形态，像【一枝独秀】【独上高楼】【一剑封喉】【金蝉脱壳】等，都在第一时间给出了离场信号，【分道扬镳】预示着主力派发已进入尾声，而【一箭穿心】就是股价行将暴跌的临界点。

也有这样一种情况，有的股票好像刚刚开始拉升，等你跟进以后，股价很快调头向下，等你明白主力是在出货时，股价已跌下去一大截了，这到底是怎么回事呢？主力做盘的精髓就在于出其不意，所以在操盘过程中，主力往往通过各种盘面语言向股民灌输一种思维定式。当大多数人形成这种操作习惯时，就是主力开始出货之时，也就是说，当多数人认为股价要继续上扬的时候，下跌就为时不远了。主力要实现顺利出货，就必须通过盘面语言达到调动散户的目的。见图五。

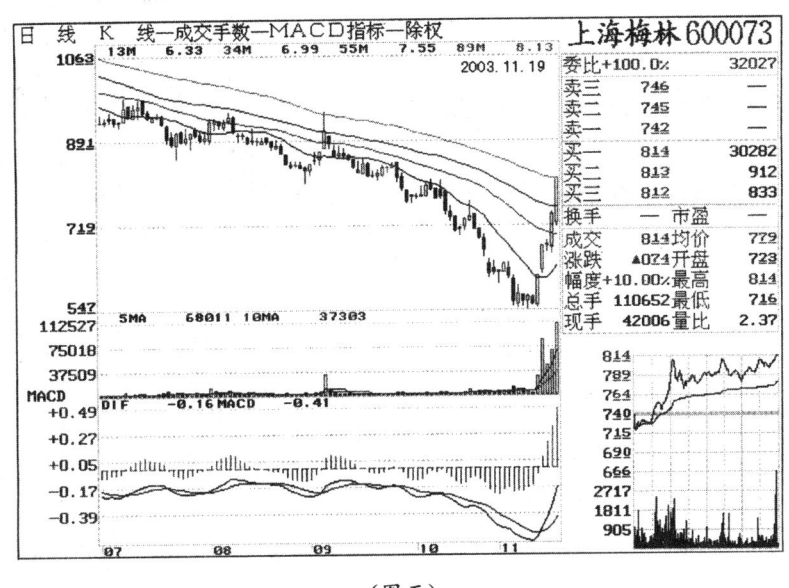

（图五）

11月20日，主力做多意愿不减，股价在昨收盘价上方小幅振荡了半个小时以后，便以大角度向上展开攻击，在8.70元附近，主力故伎重演，窄幅振荡的格局持续了一个小时，随后携量上攻，股价一举封停，直到收盘，股价线纹丝不动，表面看强势依旧，但盘口的封单却比上个交易日少了100万股，交易量也较前个交易日有所减少。这个细节，说明股价的上攻动能在减弱，暗示市场的跟风情况也在减弱，同时也暗示主力有了隐退之意。根据经验，股价明天一般会上摸一下前高点，然后进行回抽。只是不知主力采取何种手段，是放量突破、徘徊整理，还是先跳空高开，然后向下攻击？多设想几种可能发生的情况，免得到时手足无措。密切关注盘口变化，做好应变准备。

由此可见，无论股价是涨是跌，事先都会出现某种异动。有异动，说明有人在鼓捣它，所以就要引起关注。至于股价是向上动还是向下动，看看股价的位置和形态，是走是留很好决断。见图六。

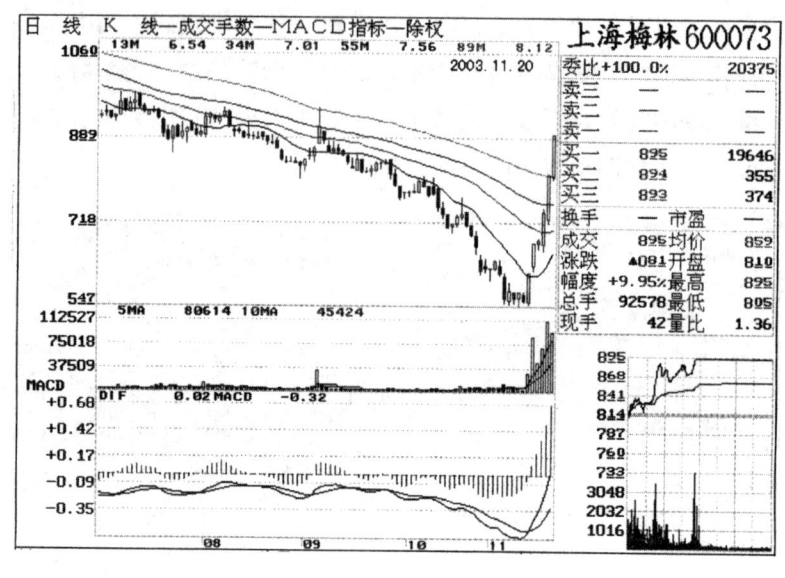

(图六)

11月21日，股价跳空高开，瞬间下探即被迅速拉起，在均价线上稍作停顿，然后以大角度直奔涨停，3分钟后被打开，回调破了均价线，再拉时成交量明显不足。刚一触摸涨停就掉头向下，再次跌破均价线，主力全无斗志，在一个失去攻击力的股票里停留是很危险的，盘中择高点出局。股价虽然表面上依然维持一种强势格局，但多数时间毕竟都在均价线以下成交，说明行情已接近尾声，日线图上的【一枝独秀】已发出见顶信号，先执行纪律吧。

"心随股走，及时跟变"是135战法的灵魂。它有两层含义；一是当攻击形态出现时要敢于大胆进场；二是当大势发生逆转或股价出现明确离场信号时，不管亏赢都应坚决出局。散户最忌与主力打持久战和阵地战，因为我们势单力薄，既输不起也耗不起，机动灵活是散户的优势，注意扬长避短。打得赢就打，打不赢就跑，它虽是一条军事原则，但同样适用于股市。退一步说，如果能够保存实力，失点颜面又何妨！

在自己尚未赚到钱的时候，切忌在别人面前自吹自擂，记得默默地去努力，不达目的不回头。见图七。

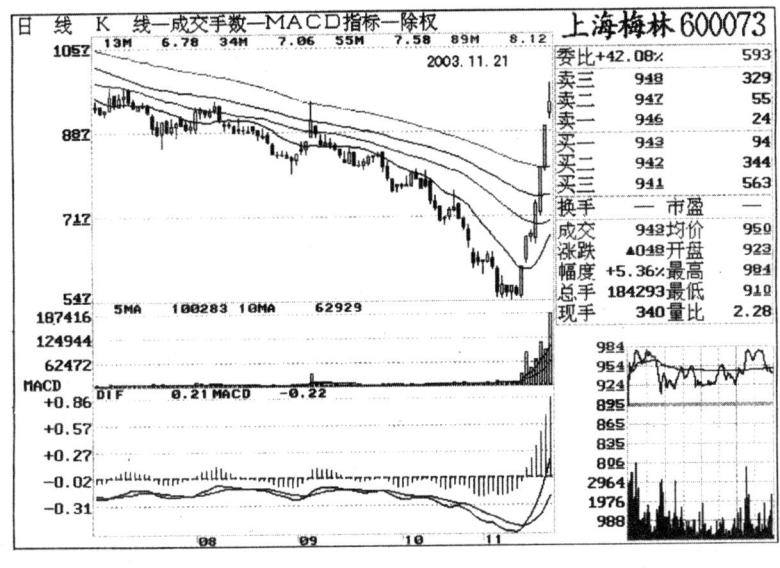

（图七）

股市是一个充满随机性的动态过程，任何企图把每一次操作都固定在一套预设方案中的念头，都近乎荒唐或天真。因此，有必要在实战展开时，对其进行全方位、全过程的反馈和修正，以使主动权始终牢牢地掌握在自己手中，这就必须对每一次实战进行全程调控。但不能把全程调控的"全程"，理解成一个漫长的过程。这个过程在变化莫测的市场条件下可能只是一个瞬间，这就大大增加了调控的难度。

第4节　独钓寒江雪

——点击南纺股份（600250）

有时我想，钓鱼和炒股有异曲同工之妙，既要有姜太公"独钓寒江雪"的耐性，又要有杂技演员走钢丝的灵巧。比如，当股价在底部区域连续收出小阳，形成【蚂蚁上树】时，那就意味着鱼儿开始吃食了，接下来就要分辨鱼的大小。根据经验，如果【蚂蚁上树】出现以后，股价仍然以小阴小阳小幅推高，很可能就是条小鱼，钓小鱼既费时又费力，若想捕捉大鱼，那就得寻找【揭竿而起】或【一阳穿三线】的个股，只要用心，目标就一定会进入视线。瞧，一条大鱼正款款游来⋯⋯

经过充分整理以后，南纺股份突然携量上攻，【一阳穿三线】的技术形态清晰可见，它的"量、价、线、形、位"简直达到了完美无缺的地步。先看它的量，当日量大于5日均量，5日均量大于34日均量，增量资金进场明显；再看它的价，马不停蹄，直奔涨停；再看它的线，13日均线翘头向上，均量线翘头向上，DIF也翘头向上；再看它的形，属于经典攻击模式【一阳穿三线】；最后看它的位，股价处于相对低位。目前，大盘指数背景若明若暗，这往往蕴含着更多的机会。面对135战法的经典攻击形态，即使不冲锋陷阵，也要重仓出击。

我们平时的看盘、复盘等，所付出的一切努力，不在于获得多少回报，重要的是把一件事做成功。因此，不管做什么，只要把它做到极致，都会收到"财富如潮滚滚来"的效果。见图一。

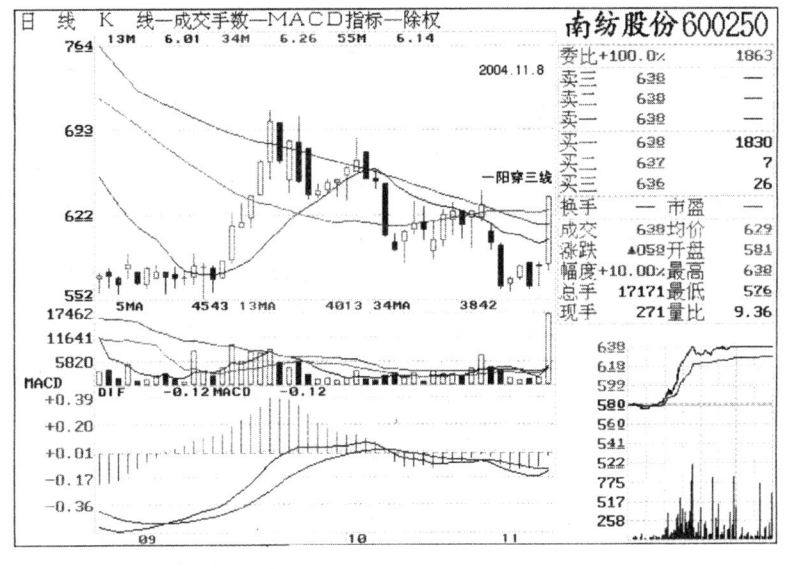

（图一）

资料显示，世界上著名投资大师收获的95％的利润来自对大行情的捕捉，只有5％的财富来自平时的买卖。索罗斯深有感触地说："投资成功的关键不在于你研判正确次数的多与寡，关键在于当你判断正确的时候全力以赴。"

炒股贵在选择时机，这一点大家已经没有什么异议。如何把这种共识变成自己的实际操作技能呢？既没有一个具体的标准，又不能强求一律，只能靠自己用心去把握。我的理解是，时机就是恰好的时候。在一个适当的时候，遇上一个适当的形态，再展开适当的操作，于是，美就出现了。

11月9日，股价开平，稍作下探便立即转身直线拔高，典型的洗盘招数，盘中振幅不大，股价绝大部分时间都在昨收盘以上成交，即使洗盘，主力也不愿意让别人捡到更多的廉价筹码，在目前这个位置，无论对主力还是对投资者来说，每一个筹码都是弥足珍贵的。从盘面上看，主力极力地向上洗，而不是刻意地向下砸，主力采取软磨硬泡的战术消磨散户的意志。成交量较前个交易日略有萎缩，看来人们惜售严重，这时候就要比耐心、比毅力了，谁能坚持到最后，胜利就属于谁。持股观望。见图二。

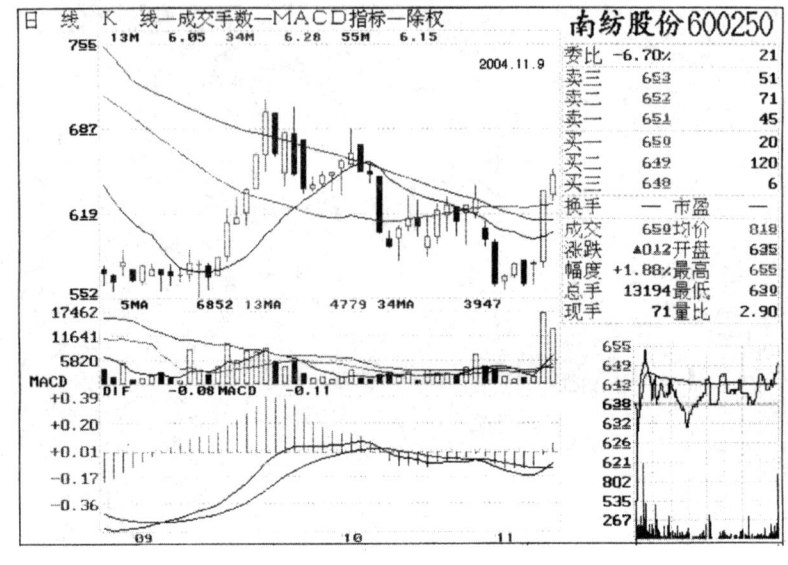

(图二)

11月10日，股价低开低走，振幅有所加大，但股价瞬间就被拉了上来，与其不疼不痒地震，还不如就在那里横，震仓一旦失去震仓的意义，做还不如不做。最后主力很没趣地把股价拉了起来，这样更不利于推高。看来主力也知道这一点，所以又接着用【一石二鸟】进行震仓，但力度依然不大。从另一方面来说，成交量的萎缩除了表明主力控盘程度高以外，也反映了场内的浮筹已经不多。然而，主力依然贼心不死，软磨硬泡，以横代洗，很明显，主力是想用时间换空间。

11月17日，股价经过几天的横盘整理以后，开始温和放量上攻，一举收复前几日失地。主力的忍耐也是有限的，重新做多的欲望终于露了出来。当股价形成"阳克阴"以后，也是一个不错的进点，如果明天的量能有效地释放出来，新的升浪就开始了，就看主力如何表演吧。见图三。

心理学家威廉·孟宁格尔说："每个人都应知道自己要往哪里去，该怎么走，随波逐流当然再容易不过。有的人求学好像是为家族的荣耀，有的人工作只是为了工资回报。他们没有自己的目标，一旦谁将了自己一军，就立马收拾残局，打道回府。而那些知道自己去哪儿，知道自己该干什么的人总能很好地利用环境，在前进的路上不论遇到什么，他们都能灵活周转，向着目标更进一步，他们明白自己想干什么，也愿意付出努力。"

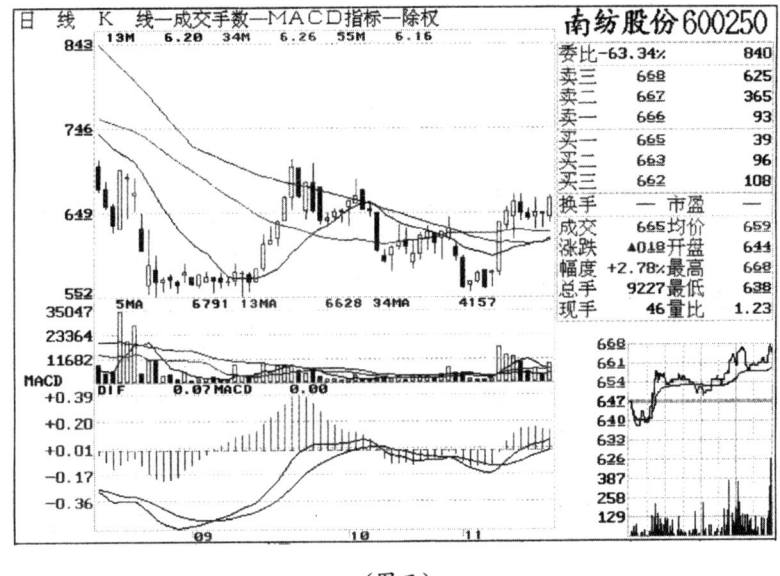

（图三）

11月18日，主力犹抱琵琶半遮面，想做又不敢明目张胆地做，缩量反而创出调整新高。有点常识的人都能知道，这是主力在玩弄欲擒故纵的鬼把戏，这时候既不减仓，也不加仓，就地卧倒，静观其变，或许是无招胜有招。

在股市赚不到钱，有时不是因为自己努力不够，而是勤奋过头。比如，刚卖出一只股票，钱还没有捂热，又匆忙买入另一只股票，生怕资金偷懒。其实，多数人不具备这种快速衔接能力，但却偏去揽这个瓷器活。做超越自己能力的事情除了给自己添堵，还会延迟成功的速度。炒股既要向书本学习，也要向实战学习，通过不断地总结和消化，尽快地让自己强大起来。

11月19日，股价一开盘就显示出一副无精打采的样子，长时间地在均价线附近进行窄幅整理，看来主力正在耐心地寻找时机，密切关注股价突破方向，向上突破就加仓，向下突破就减仓。离收盘还有一个小时，股价突然拔地而起，携量上攻，主力终于露出庐山真面目。众人拾柴火焰高，跟着冲吧，谁冲到最前面，谁就是护驾救主的英雄。几分钟以后，股价封住了涨停。见图四。

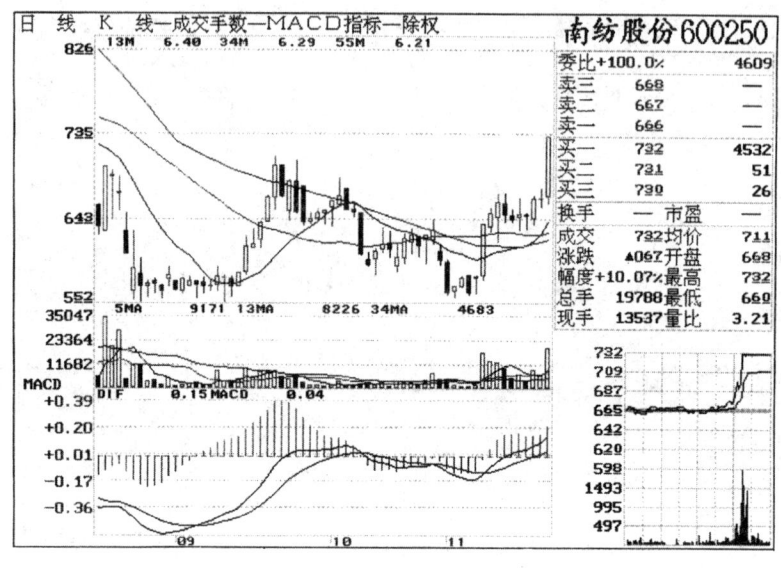

(图四)

11月22日，股价跳空高开，然后直奔涨停，不大工夫，涨停板被撞开，成交量汹涌而出，这不是什么好兆头，看看能不能尽快地拉上去，能快速封住缺口，就是震仓，不能迅速封住涨停，就是出货。从目前股价所处的位置看，震仓的可能性很小。几分钟后，股价重上均价线，然而，好景不长，股价再次掉头向下，【一枝独秀】初露端倪，但还不能判定它就是见顶，因为还有将近三个小时的交易时间，只要股价不破开盘价就不忙出局，不破开盘价说明股价还没走弱，破了开盘价表明强势已荡然无存，盘中就要择高点出局。

下午开盘以后，主力又以迅雷不及掩耳之势发力上攻，股价重新封停，但半小时后又打开，然后一直在均价线之上间歇放量。主力有出货嫌疑，股价虽然再度封住涨停，但那是主力为减轻抛压使用的缓兵之计，看看成交量就明白了，当日量比昨日量高出了3倍多，而封单却只有585手，这说明主力力量在减弱，保持高度警惕，随时准备离场。见图五。

第4节 独钓寒江雪

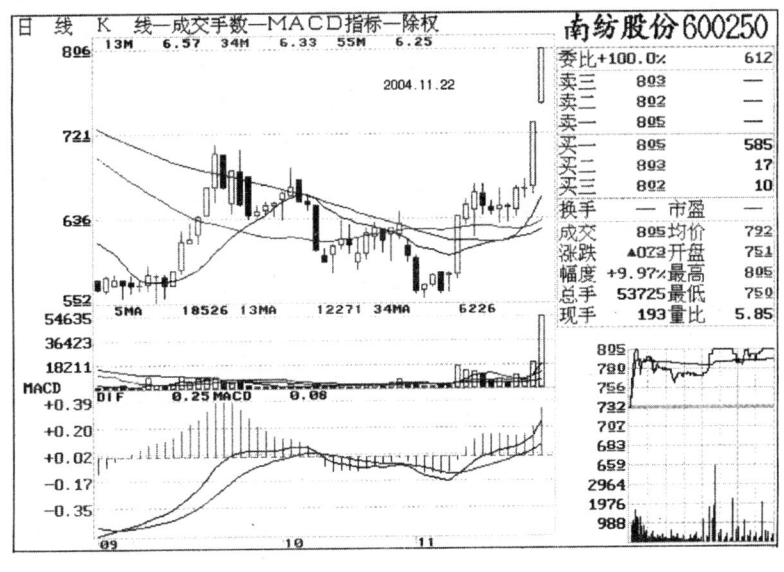

（图五）

11月23日，股价平开，瞬间下探即被迅速拔高。股价线的上升角度太陡，如果不能迅速封停，股价的下跌速度也是很快的，再等等，看顺势回落后的情景如何。如果股价的第二波创不出新高，说明主力去意已决，要立即出局才是。股价冲高回落后没有创出新高，按既定方针办，拔腿走人。收盘前一小时，股价急转直下，主力仓皇出逃，有【一剑封喉】为证。【一剑封喉】是典型的见顶形态，发现这个见顶信号以后，最好当天清仓完毕，不要再抱什么侥幸，当天来不及走的，第二天开盘即抛，不要有侥幸心理。

静下来的时候问问自己：每天都在干什么？你会痛心地发现，流逝的岁月正在一步一步地把自己逼向任性的死胡同，难道我们就这样心甘情愿地束手待擒吗？买了股票就一厢情愿地等上涨，而且不涨就不卖，真的搞不懂这是在和谁较劲？什么时候才能进行真正意义上的投资，什么时候才能意识到时间的紧迫和生命的珍贵呢？炒股的最终目的不是为了成就自己未来的乌托邦，而是为了实现每天赢利一点点。这一天不论是令人振奋的大阳线，还是令人心痛的大阴棒，不论是欢乐还是沮丧，都应认真去对待、去思考、去改变。因为，只有改变自己，才能进入赢家的行列。见图六。

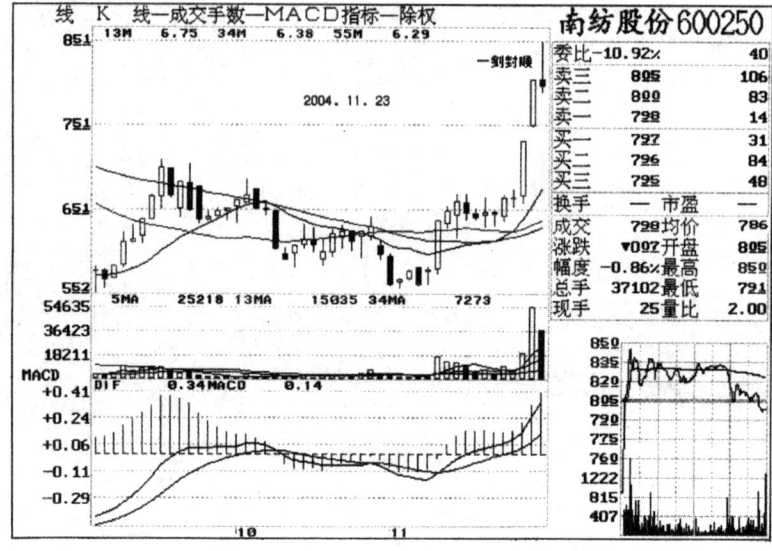

（图六）

第5节　把酒问青天

——点击太极集团（600129）

当人类把对动物的狩猎变成对同类的杀戮之后，股市这头桀骜不驯的巨兽便始终被披坚执锐、为不同利益所驱使的人们锁定于血腥的证券市场。它的残酷绝不亚于任何一场战争和商家大战，特别是在大盘单边下跌过程中，那种血流成河的场面更是惨不忍睹。许多人多少天都熬过来了，但却无法避免大盘的最后一跌，这恐怕已经不是什么技术上的原因了，而是性格上的缺陷。

真可谓英雄所见略同，太极集团也选择了11月13日这一天发起攻击。主力群体中的这种"心有灵犀"，着实令人惊羡不已。然而，主力在展开攻击之前，难道就没有一点的蛛丝马迹可循吗？见图一。

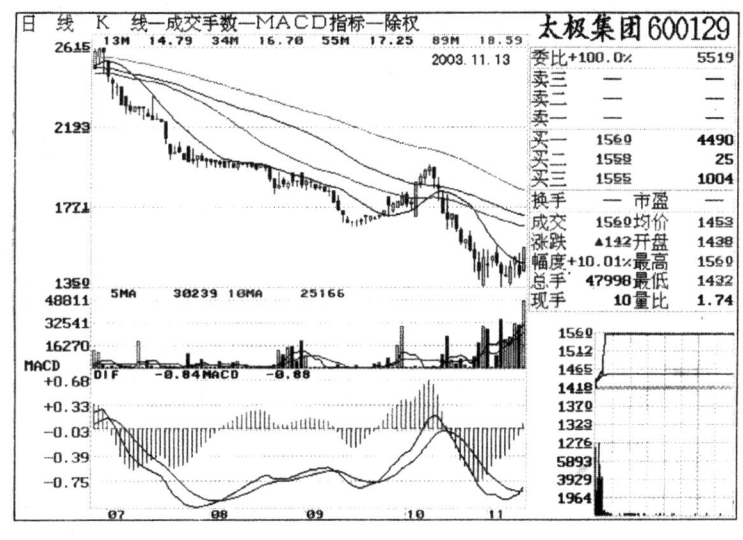

（图一）

该股在【一箭穿心】发出离场信号以后，股价由 22.60 元跌到 13.50 元，就是说，如果当时你没有及时清仓出局，意味着你已实实在在亏损了 40.25%。【一箭穿心】的杀伤力度之大，由此可见一斑，所以我想提醒投资者，任何时候都不可对这个出局信号掉以轻心。

股价经过长期下跌以后，做空能量已偃旗息鼓，盘中的几次间歇放量，是主力在收集打压筹码，而非上攻信号。一般情况下，个股在见底之前都会出现一组止跌阳线，量区里的【步步高】也会与之遥相呼应，但只要 13 日均线还没有走平，换言之，只要没有【日月合璧】或【红杏出墙】的出现，我们就不能够最后确定底部的成立。不要总惦记着捡便宜，如果没有充分的技术依据，抄底是非常危险的，不是高手最好放弃，因为高手抄底失败，第二天就会止损出局，一般人抄底失败只会捂着股票生闷气。

在【红杏出墙】以前，该股有一组带量的止跌阳线，因此说，这个【红杏出墙】见底的概率就大一些。而且它的"量、价、线、形、位"较为完美，在这种情况下，大胆出击，一般都能稳操胜券。

"智者从之而不释，巧者一决而不犹"。很多时候，股价的涨跌都是在瞬间完成的，动作稍一迟缓，就会丧失最佳的进场时机。把握精彩瞬间，应该成为每个投资者致力追求的目标。

翌日，股价跳空高开，而且开盘价就是最低价，主力三下五除二就把股价推到了涨停板的位置上，盘中根本不给你考虑和买进的机会，功底差或动作拖拉的，就有踏空的可能。

股价涨停前有量，封停后无量，表明主力控盘程度极高。控盘程度高也有控盘程度高的弊端，控盘程度太高，参与的人少，易使盘面呆滞，行情维系时间短。成交量的锐减也反映出市场跟风意愿不强，令人不安的是盘口的封单，封单的减少说明主力的实力在减退。股价明显受到 55 日均线的反压，昨天混进的跟风盘客观上又有获利回吐的要求，面对这种情况，主力会如何处置呢？是放量突破，还是振荡换手？放量突破，就继续替主力锁仓，振荡换手必须放出量来，否则就要考虑退场。见图二。

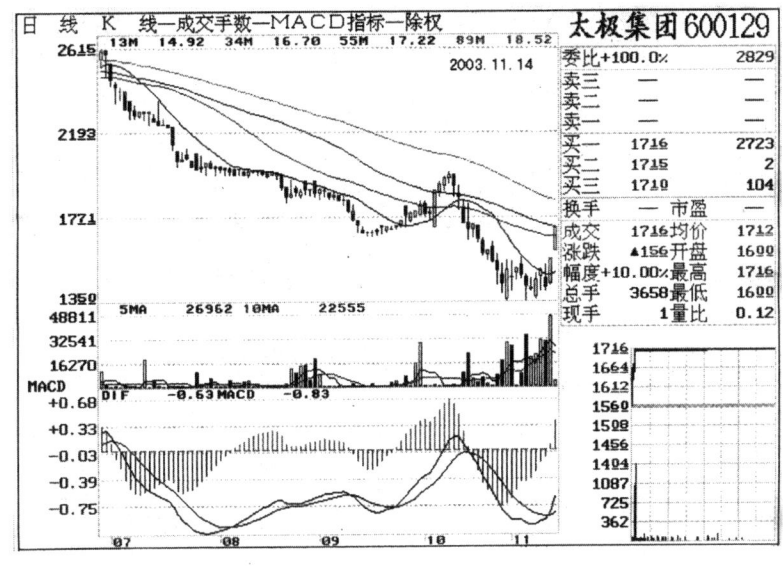

（图二）

第三天，股价依然跳开，盘中回调幅度极小，仍可视为强势整理，唯一的不足就是成交量始终不见释放出来。按理说，接近关口了，今天应该加大攻击力度才是，这样更有利于把前高点的筹码引诱下山，同时可以吸引场外资金入场。

然而，主力连向上跳一下的勇气都没有。这样一来，不但场内的套牢盘着急，就连一直跟着主力冲锋陷阵的也捏着一把汗。因为，量能的消失意味着调整的开始，稍有点常识的人都知道这个道理。股价大部分时间在均价线以下运行，这样更不好聚集市场的人气。在如此关键点位，主力反倒优柔寡断起来，暗示主力已经有了退意，如果明日量能依然不放出来，就应该考虑出局了。现在好股票多的是，没必要参与整理，整理的滋味不好受不说，重要的是影响了资金的运作效率。"拒绝盘整"是135战法的一个重要原则，在实战中绝对不能把这个原则束之高阁，心口不一吃亏最大。

学技术要精益求精，不能蜻蜓点水；复盘时要认真细致，不能走马观花；看盘时密切关注主力动向，而不是杞人忧天；交易要干净利落，而不是拖泥带水。当把这一切都做得有条不紊时，说明你不是在炒股，而是在享受生活。见图三。

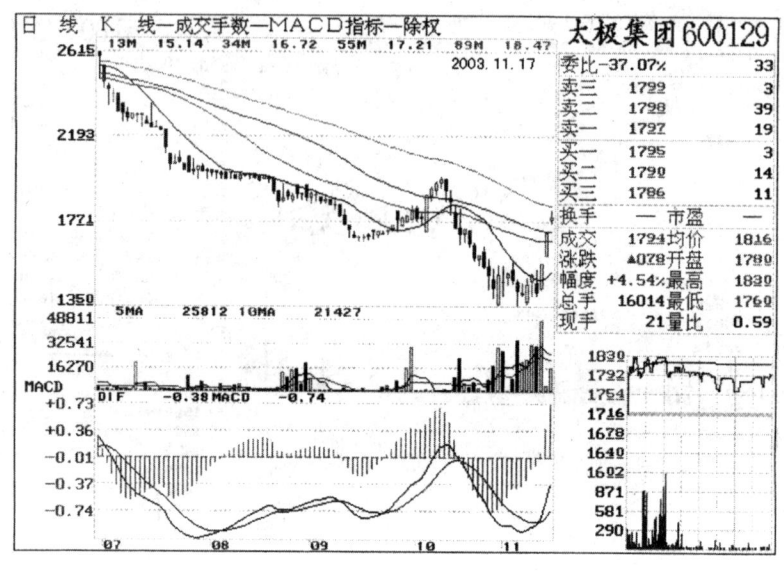

(图三)

请大家注意，这个阳星线不是【星星点灯】，原因有三：一是出现的位置不对。【星星点灯】一般出现在第一个涨停板之后，目前的位置有些偏高；二是形态不规范。规范的【星星点灯】上影线较长，下影线较短，高耸的上影线呈刺天之势；三是成交量不够。经典的【星星点灯】的成交量是前个交易日的5～10倍。实战中要认真观察形态的结构是否完美，发现结构有缺陷，最好是主动放弃。

第四天，股价小幅高开，瞬间跌破昨收盘，但却迟迟没有把股价拉上来，这是一个不祥之兆。股价大部分时间在均价线以下成交，走势明显趋弱。盘中振幅尚可，但依然不见成交量出来，这样的缩量整理恐怕连幼儿园的小朋友都吓不住！股价下挫过程中倒是受到55日均线的明显支撑，剩下一个4分钱的小缺口，主力大概是想给人们留下一点美丽的想象空间吧。

恕不奉陪了，我得瞧瞧刚泰控股去，主力正在那里穷折腾呢。决心已定，立即清仓出局，同时做好对刚泰控股的攻击，一旦股价携量上攻，就果断地重仓出击。目前，大盘已提供了充分的做多环境，不能说砸锅卖铁买股票吧，起码也要振作精神，放开手脚大干一场了。三年了，我们等的不就是这一天吗？见图四。

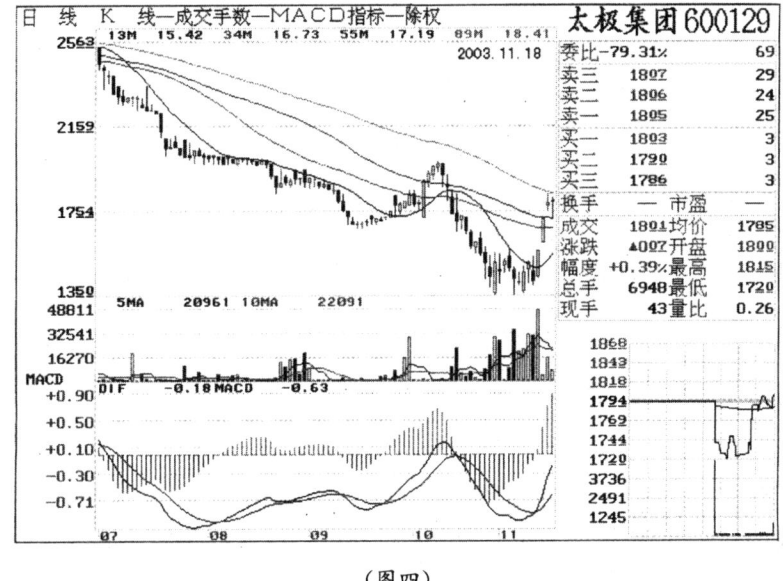

(图四)

仔细观察就会发现，主力的所有意图都会在盘面上留下痕迹，根据这些痕迹，采取不同的操作策略。按形态买卖，即使不能大获全胜，但也不至于大败而归。

第6节 今夕是何年

——点击刚泰控股（600687）

"短线"一词，在股市里使用的频率越来越高，就像乔丹之于NBA球迷一样时髦。如今短线操作就像太平洋飓风一样在越来越多的投资者身上登陆，就连一向稳健的投资者也几乎在同一时间里溅起了回声。任何一个新名词的出现，除了有其必然性因素之外，恐怕更多的是与目前上市公司的现状有关。作为一种投资方式，短线不但可以使资金快速增值，而且能够及时回避风险。但操作短线的难度很高，它要求投资者具备敏锐的洞察力和快捷的反应能力，绝不是今天买进明天卖出那样简单，而是根据股价的运行节奏"闻鸡起舞"的。股评家常讲，要把握节奏，高抛低吸。话说得一点错都没有，可为什么按着做的时候总是错？其根本原因就是股评家没有告诉你哪里是高，何处是低。135战法已经着手解决这个问题，并且已经取得初步成效。

我觉得，任何操作方法，都必须从技术上解决：在山前就知道"山后有什么"这个难题。让人们既看得见、摸得着，又易于操作。从这个意义上说，短线操作没有什么不好，市场上的风险总不能让散户独自承担！

股价上蹿下跳，表面上看似杂乱无章，实际上阴阳交错的K线是有规律可循的。比如，在建仓时，主力通常采用打压建仓、拉高建仓、横盘建仓；在洗盘时，通常采用向上洗盘、向下洗盘、横向洗盘；在出货时，通常采用拉高出货、振荡出货、跳水出货，只不过这几种模式经常被交替使用罢了。知道了主力的这些操盘手法，结合目前股价所在位置和技术形态，就能大致判断出主力意图，知道了主力意图，就不难找出对付它的办法。135战法是一套股价定位系统,是一套完整而又严谨的操作体系。它把原则、理念、资金和战术通过技术合成,组装成不同的股价形态,只要投资者记住它的特征和含义,实战中就能变被动为主动。当然,完全掌握它还需要一个认识和消化的过程。别着急,慢慢来,功到自然成。

　　该股经过充分下跌以后,先是出现不规则的【日月合璧】,然后,突然在某一天,股价开盘后一路上攻,开盘价就是最低价,主力做多坚决。股价始终在均价线以上运行,半小时后,股价冲上13日均线,【红杏出墙】发出买入信号,从技术形态看,"量、价、线、形、位"均符合进场要求,半仓跟进。股价回调到均价线附近时立即翘头上攻,在成交量的密切配合下,迅速以大角度直奔涨停。封停后,成交量逐渐萎缩下来,股价躺在涨停板上一动不动地直到收市。见图一。

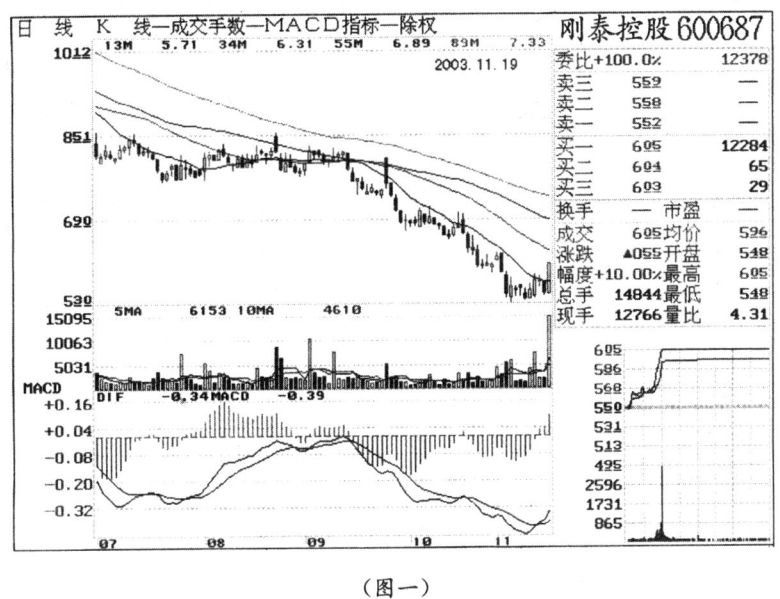

（图一）

　　11月20日,股价高开高走,主力一鼓作气把股价推到涨停板上。但涨停板很快就被撕开一个缺口,而且久久才被封住。从股价的波动幅度和成交量上看,属于主力抖落筹码,引诱短线客出局,股价在均价线附近振荡了一个小时之后重新回到涨停板上,成交量也开始变得稀疏起来,说明主力的控盘能力还是很强的。安心持股。见图二。

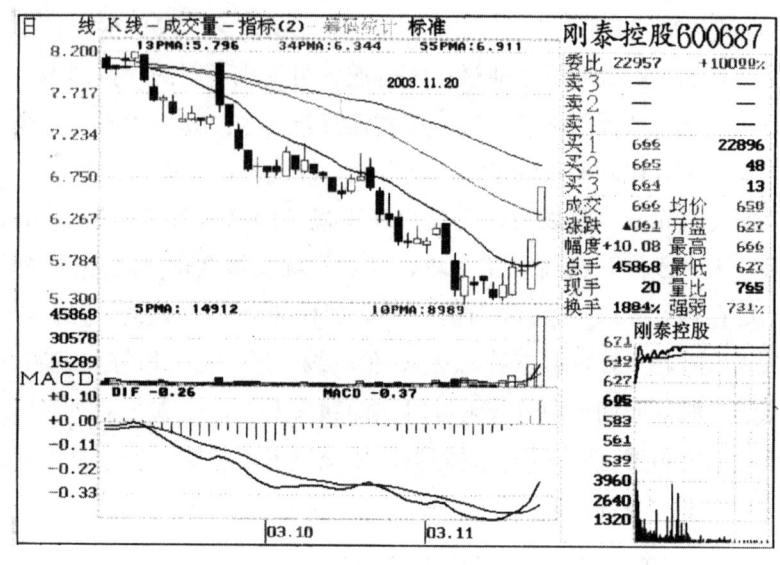

（图二）

11月21日，股价大幅高开，瞬间就爬上了涨停板。40分钟以后，涨停板被打开，主力重复昨天的震仓动作，股价在55日均线处获得强力支撑，这样不痛不痒的打压，又能吓唬住谁呢？股价维持小幅振荡格局，成交量呈放大之势，从量比看，主力有派发之嫌疑，只是不敢那么明目张胆罢了，不要以为主力把股价拉到预期目标再派发，高明的操盘手都是边拉边出的。眼下问题不大，市场人气已经被充分调动起来了。可见，当某些东西被市场认同的时候，就容易产生共振，这种共振的力量是强大的，它可以把股价连推几个涨停板，反之亦然。倘若主力借机派发呢？任何时候都不要让胜利冲昏头脑，自始至终把防风险放在第一位上，其次才考虑如何去赚钱，倘若连本金都保不住，又何以谈资金的增值。

不管买与卖，都要严格执行交易指令，哪怕明天形态会失败，今天也要坚决执行。况且，谁也不知道明天会发生什么，只有把今天的事情做好，以后的事情才是可期的。给操作戴上紧箍咒，不能总当冤大头。股市里的好多事情不一定都能人定胜天，但要千方百计地去战胜自己。在实战中有意识地把自己培养成一个训练有素的职业投资人。忠于主力，捍卫指令。见图三。

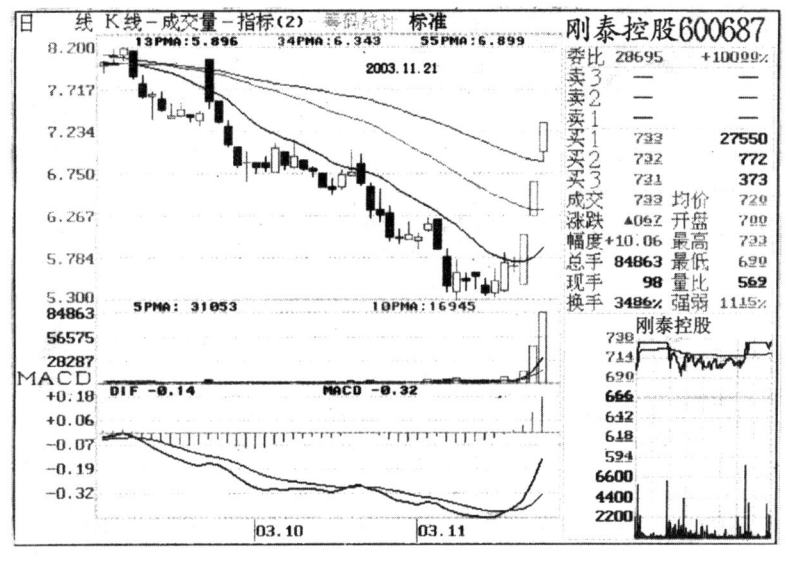

（图三）

11月24日，股价小幅低开，请注意这个细节，前三天都是高开的，尽管股价全天都在均价线以上成交，但上攻力度明显减弱，这可有违主力一贯的操盘风格，盘面弥漫着调整信息，K线图上的【一枝独秀】尽管不够规范，但长长的上影线毕竟是股价冲高受阻的反映，先出局再说。见图四。

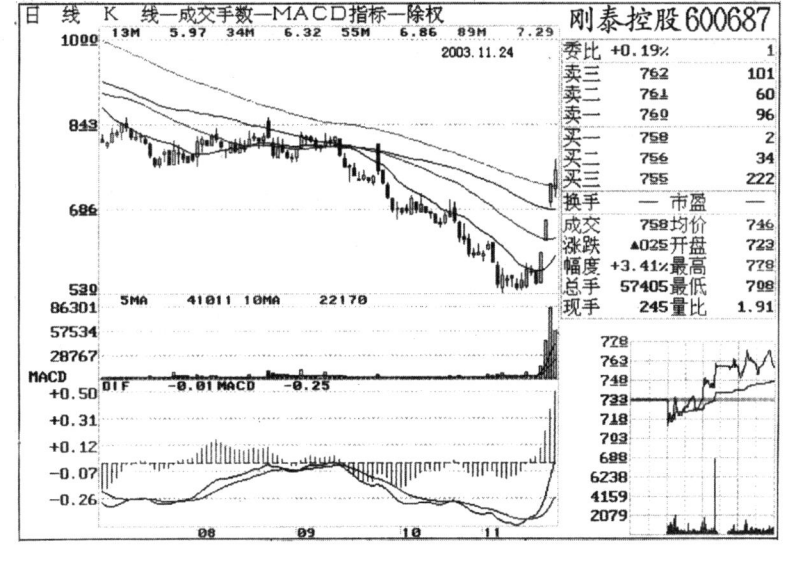

（图四）

第7节　夕阳山外山

——点击万通地产（600246）

低价垃圾股是与众不同的超级成长股，绩优高价股是潜在的垃圾股。好股必然坏，坏股可能好，牛股总会熊，熊股也会牛。发展变化是股市永恒不变的规律，高抛低吸永远是一道常解常新的难题。尽管涨与跌的历史重复了一次又一次，但盈亏的主角却换了一批又一批。股市的日新月异演绎着永恒不变的规律，千奇百怪的操盘模式变幻着循环往复的结局，这就是股市的过去、现在和未来。

该股经过长期下跌和横盘整理以后，终于从55日均线上【揭竿而起】，我们知道，【揭竿而起】是股价在开始拉升时，主力经常采用的经典攻击模式。在这里勇敢地追进，一般都能买在一波行情的起涨点上，短期内即可获得不菲的收益。重仓出击。见图一。

只要把135战法的每个买卖点的市场意义都搞清楚，并且在实战中适当运用，基本上不存在踏空与套牢，那么，剩下的就是赚多赚少的问题了。炒股的最高境界就是"心随股走，及时跟变"。形态只是帮助我们把握股价的临界点，跟变才是炒股的真谛所在。总之，最终还要跳出技术上的条条框框，寻找那种行云流水般的感觉。形态只是股价异动的表象，成交量才是股价波动的实质。在实战中慢慢地用心去感受，理智地去总结，唯有如此，才能跟着主力南征北战。

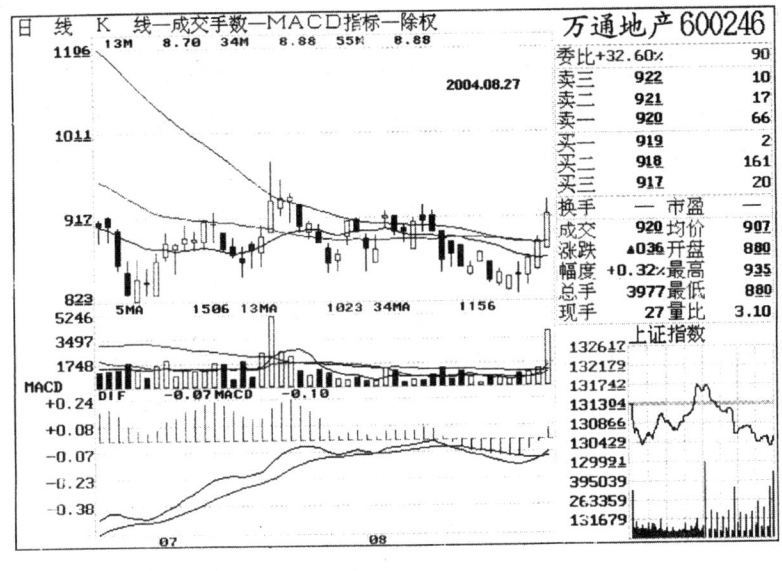

（图一）

当交易系统发出买进信号以后，首先要用"量、价、线、形、位"进行过滤，如果全部符合进场条件，接着打开周线图，看均线系统是否已经开始向上发散，起码主均线应该走平，然后把画面切换到分时，寻找技术低点进场，在资金布局上根据"技术合成"后的结果而定。与此同时，还要审视它的前期走势，看其整理时是否有相应的技术形态出现，如果有，此买点将进一步得到印证。

8月30日，股价高开，瞬间下探即被拉到均价线以上成交，然后以迅雷不及掩耳之势大角度直奔涨停，主力果断干练，操盘风格简洁明快。遇到这样的主力怎么办？太好办了，"狭路相逢勇者胜"。敢于在第一时间以涨停板的价格排队买入，在机会面前，勇气和速度是制胜的关键。很多人在股价展开猛烈攻击时退缩了，他们担心中了主力的奸计，就是不担心稍纵即逝的机会。仔细想想，即使买错，也没什么，大不了第二天止损出局就是，亏损的最坏结果，无非使自己更穷一些罢了，在机会面前要有赌性，但在股市里面不能当赌徒。

主力为什么要营造完美的技术形态，还不是为了吸引外围资金大量跟进么？我们为什么要讲究"量、价、线、形、位"，就是为了避开主力精心设置的陷阱。在完美的技术形态面前，攻击才是最好的防御。

对喜欢135战法的有缘者，希望朋友们尽快地建立起自己的交易系统。只有建立起自己的交易系统，才知道该买什么、不该买什么，同时要求大家严格按照交易系统发出的信号进行操作，这样可以避免盲目和轻信，养成讲程序、守纪律的好习惯。说到底，投资过程就是和自己不断作斗争的过程，什么时候把自己战胜了，成功的桂冠也就自然而然地戴到了你的头上。

几分钟以后，涨停板被撕开一个裂口，从股价的位置看，主力是想把前高点的人给放出来，同时给看好它的人一个进场的机会，从而达到充分换手的目的。因此，这个缺口应给它定性为震仓，这时候最明智的选择就是持股不动，实战经验丰富的，还可以趁机抢进。涨停板很快被重新封住，成交量也开始减了下来，涨停缩量，抛出不忙。见图二。

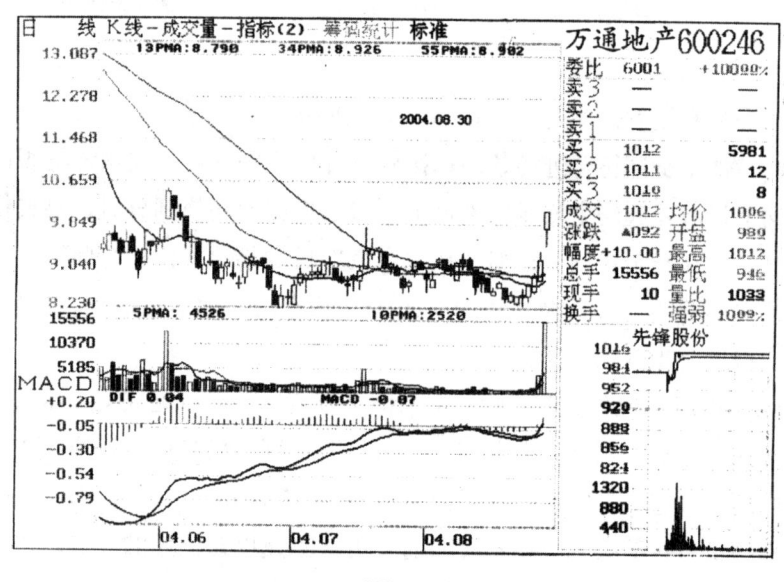

（图二）

8月31日，股价高举高打，一气拉升6个点，第二波显得力不从心，主力开始减仓了，【一剑封喉】及时地发出了离场信号。信号就是命令，别管你是从哪买的，现在必须走人。当天误入的，翌日要择高点出局。这是纪律，至于股价以后还会不会涨，这个谁也说不准，当务之急是要把眼前的事情处理好。见图三。

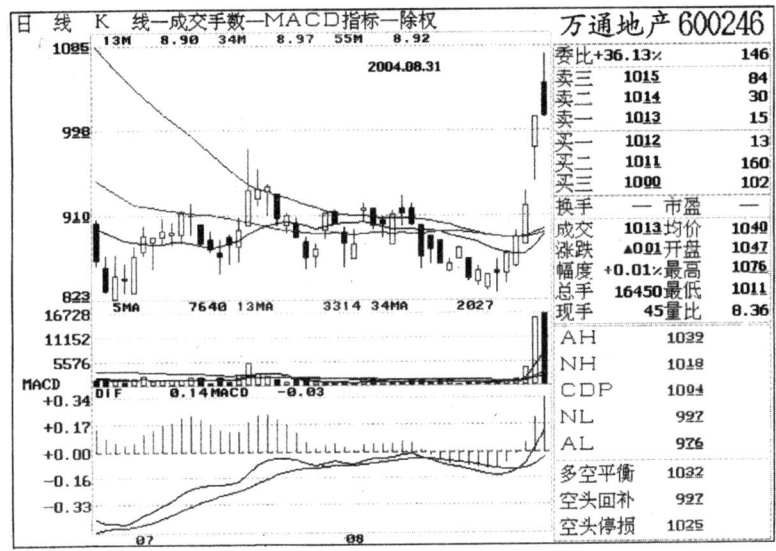

（图三）

人的两只眼睛是平行的，所以对任何股票都要一视同仁；人的耳朵是分布在两边的，所以不能偏听偏信；人有一颗心，却有左右两个心房，所以交易时不要光为自己着想，也要替主力考虑。

第8节 今宵别梦寒

——点击华菱星马（600375）

每每看到散户朋友那种被套时的无奈以及割肉时的悲壮，心里总是沉甸甸的。为什么屡战屡败？主力真的那么不可战胜吗？果真如此，趁早退出。细细想来，我觉得问题还是出在自己身上，无论主力怎样高明，但决定每一次买卖的毕竟是我们自己。为什么自己始终像一匹无辔的野马，吃了那么多的堑却总也长不出智来？说到底还是没有真正认识股市的本质，没有真正理解炒股的含义。摆个烟酒摊尚需领取营业执照，证券投资这么大的事，不是仅凭一张股东证就可以胡乱经营的，它需要严格的执业资格和高超的从业技巧。

经过大修后的华菱星马，以崭新的面貌出现在人们面前。在驶过【暗度陈仓】以后，股价开始提速，【一阳穿三线】及时地发出进场信号，重仓出击。见图一。

【一阳穿三线】标志着整理的结束和新升浪的开始，是主力较为经典的攻击模式之一。从这里介入，就等于买在了一波行情的起涨点上。面对扑面而来的机会，很多人不敢相信这是真的，也许前期的剧烈振荡依然使人们惊魂未定。股市里真真假假，假假真真，假亦真时真亦假，真亦假时假亦真，这正是股市的魅力所在。有了"技术合成"这个工具，判断形态真假就容易多了。凡是具备"量、价、线、形、位"5个条件的，一般都是真攻；凡是不具备这5个条件的，一般都是佯攻。

第8节　今宵别梦寒

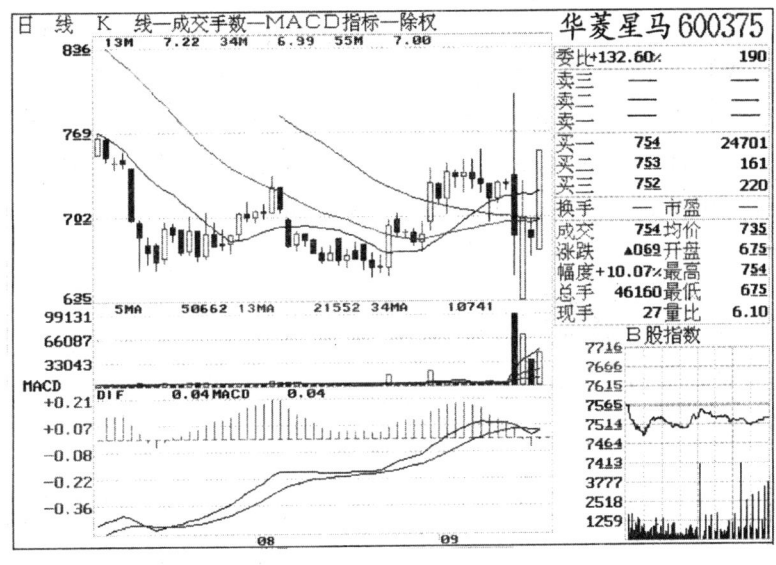

（图一）

135战法与其说是一套均线操作方法，不如说是一个股价定位系统。它通过不同的技术形态准确地标出目前股价所处的具体位置，只要你真正理解了图形所代表的含义，无疑就把握了操作的主动权。

其实，任何个股在上涨之前都会出现程度不同的异动。华菱星马在13日均线附近徘徊着，一天，股价突然携量上攻，主力一气把股价拉到涨停板，但转身就是一个回马枪，股价又从涨停板上滑落下来，然后直挺挺地躺在跌停板上，随后又被打开，阴森森的大黑棒两头冒尖，煞是吓人，振幅20%，排在沪市第一名，于是把它列进了"黑名单"。

发现异动股，不一定立即跟进，但须密切关注，耐心等待完美形态的出现，在这中间，要腾出手来认真分析一下主力的意图和该股的全貌。该股自上市以来，无论是主力还是跟风盘都从未在该股上获过利，股价经过与市场的长期磨合以后，均线系统开始收拢，股价波幅日益收窄，暗示最近快有行动了。9月8日，以【黑客点击】的形式走出【动感地带】，按常规，股价随时都有爆发的可能，但主力在拉升之前，先把股价高高抛起，然后使劲向下砸去，主力把【明修栈道】和【暗度陈仓】运用得天衣无缝、无懈可击。

9月20日，股价跳空高开，稍作下探即被拉到均价线以上成交，量价关系也很健康，昨天没有跟进的，今天依然可以大胆介入。凡是形成【一阳穿三线】的个股，第二天攻击力依然很强，回调一般不破昨收盘，特别强势的甚至连均价线都不碰。当均线系统保持陡峭的角度上行而相距越来越远时，说明该股上升势头正盛，对这种股票要牢牢捂住，不要被盘中主力气势汹汹的振荡所吓倒，只要股价不出现明显的见顶信号，决不轻易放手。见图二。

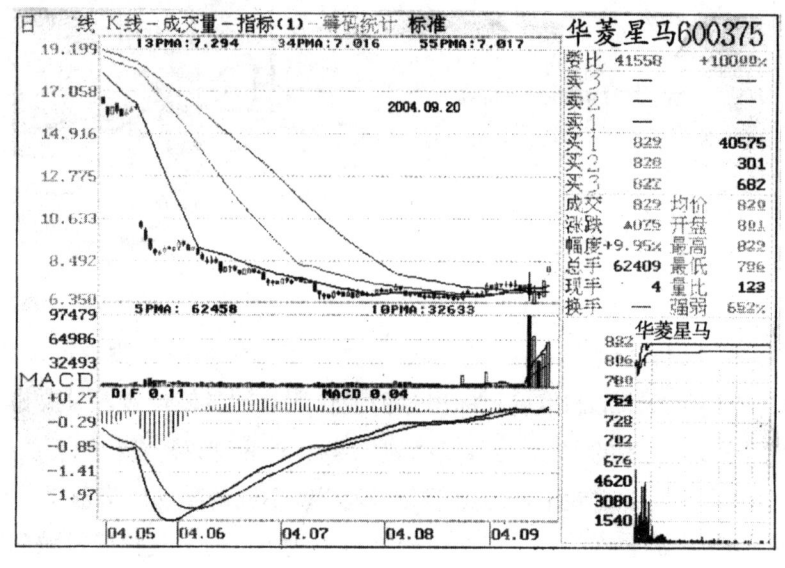

（图二）

客观地说，在股市，主力占尽了天时地利。但任何主力在进场以前，如果没有事先的周密策划、灵活的应变措施、较为贴近市场的运作方式，以及对大势的实质把握，是不敢贸然行动的，逆市而为，势必被市场所淹没。与主力相比，散户不过是沧海一粟，但尺有所短，寸有所长。散户钱少，风险也小，操作较为灵活，没有内幕消息，但更能激励人苦其心志、劳其筋骨，日复一日，也许能够练就一双火眼金睛；年复一年，抑或能够在失败的沉思中蹚出一条成功之路来。主力钱多，可船大难掉头，它们可以让股价一飞冲天，却不一定能够使自己的资金安全着陆。

9月21日，股价继续跳开，但冲高回落后，开始放量滞涨，主力有出货嫌疑，【一剑封喉】及时发出离场信号，清仓离场，没有商量余地。信号就是命令，进攻时是这样，退却时也是这样。见图三。

第 8 节　今宵别梦寒

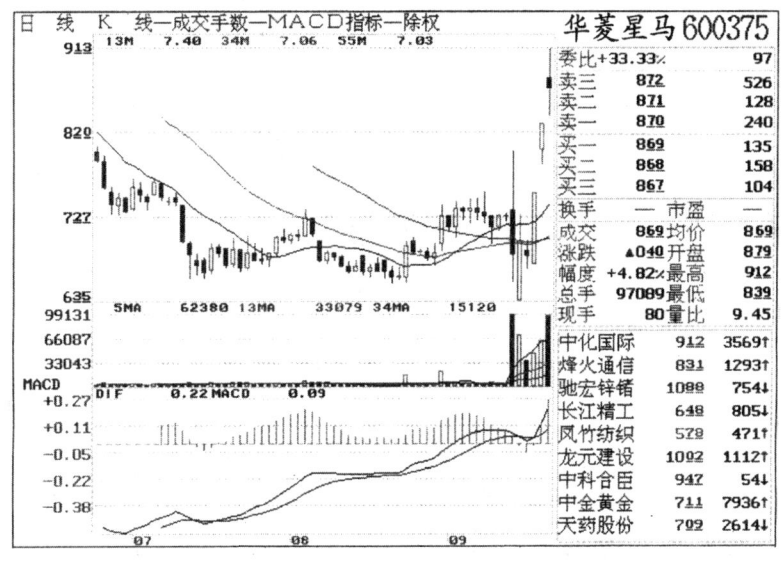

（图三）

从一定意义上讲，主力是市场的主流，是稳定和发展股市的中坚力量，然而制造股市恐慌的也正是它们。而且它们的每一点利润都来自散户实实在在的亏损。主力是股市中的贵族，它们享有种种特权，却又肆意践踏规则，行为准则、道德伦理统统对它们构不成约束力。它们不对任何人负责，不为任何规则所限，在目标的选择上无所不悉其列，在手段的使用上无所不用其极。它们因行动诡秘而有很强的隐蔽性，因行为极端而造成广泛伤害，因不加区分地攻击弱势群体而显得异常残忍。这一切又通过它们对信息的垄断，运用现代媒体传播进行实时的、连续的、覆盖式的狂轰滥炸，迫使人们接受它们的意图。与主力交手，没有固定的战场，没有面对面的搏杀，而且也不会有硝烟炮火和流血，很多时候人们都是在对着影子开战，但遭到的创痛和打击却丝毫不亚于任何一场战争。

第9节　操千曲而知音
——点击太原重工（600169）

股市就像平衡木，若想在上面有出色的表现，首先要考虑平衡木的稳定性和安全性，不然的话，即使身怀绝技的高手也会从上面栽下来。其次要审核技术形态的真实性和可靠性，不然的话，即使你的资金再雄厚，总有一天，也会被股市给盘剥个精光。

主力在反复筑底以后，在太原重工的图表上出现了【一阳穿三线】的技术买点。大盘风雨飘摇，此股红肥绿瘦。信大盘还是信个股？大盘至高无上，不敢对它放肆，主力是顶头上司，也得罪不得。翻翻它的历史，看看该股过去的表现。见图一。

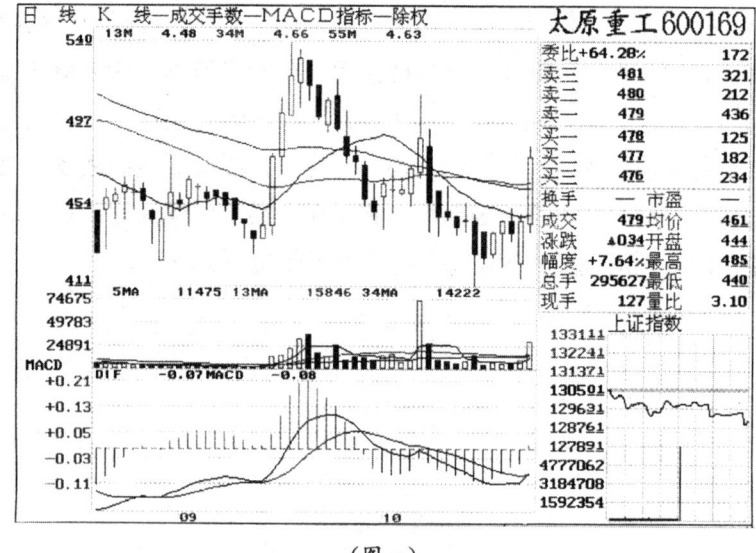

（图一）

该股前期曾出现过一组【步步高】，这是增量资金进场时留下的痕迹。由于当时大势不配合，主力顺势打压。随后的【蚂蚁上树】，暗示主力仍在限价买入。为了测试跟风盘的追高意愿，主力采取小幅低开然后放量拉高的手法，观察市场的跟风情况，如果接盘积极，说明市场买气良好，可以进一步拉高股价，K线图上留下的长上影线说明上档抛压沉重，说明场内筹码并不看好后市。于是，主力顺从民意，反手做空，继续打压股价。任何主力在拉升以前，都要进行试盘，这种手法看似简单，却非常管用。追涨杀跌是散户的通病，股价下跌会刺激场内浮码离庄出走，股价上涨，场外资金就会随之而入。如果把这些简单的试盘手法运用得恰到好处，就能及时发现盘面的强弱特征。健康的调整应该呈现出缩量新低、增量回升，抛开成交量谈价格是毫无意义的。

　　现在，我们再回到这张小图上来。股价站上13日均线以后继续上穿55日均线，股价形态也逐渐由【红杏出墙】演变成【一阳穿三线】，经过"技术合成"后，认为这个形态全部符合进场要求。大盘想继续下探，主力却偏偏要上行，在这种情况下究竟该服从谁？从理论上说，大盘提供的是精神食粮；从现实来讲，主力才是我们赖以生存的物质基础。民以食为天，我们只能跟着主力走。随后，股价又相继出现了【海底捞月】【双飞燕】等技术买点，【一阳穿三线】引领该股走出一波单边上扬行情，成为疲弱市道中一道亮丽的风景线。

　　11月19日，股价开始急速拉升，说明股价已步入顶部区域，表明主力已经着手派发了，但股价还有最后的疯狂，打开预警系统，随时准备下山。

　　11月22日，股价小幅高开，瞬间下探即被拉到均价线以上成交，主力攻势凌厉，但股价很快被打到均价线以下，然后围着均价线振荡出货，虽然最终股价被推上涨停板，但高位封停不是吉兆，而是灾星。仓位重的要开仓放粮了，反正主力的大单在下面接着，不愁卖不出去。

　　有时候，总觉得自己像狄更斯所著《大卫·科波菲尔》中的米考伯，虽然总是积极乐观，但思维和行为方式并没有多大改变，所以总是遭到不幸。回顾自己走过的路就发现，屡战屡败的根源就是进退失据。有时抱着下跌通道中的股票死死不肯放手，却总期待着奇迹的发生。而对那些形态完美、准备拉升和正在拉升的股票却视而不见，这种从一而终的固执不仅没有感动主力，反而使自己受到更大伤害。见图二。

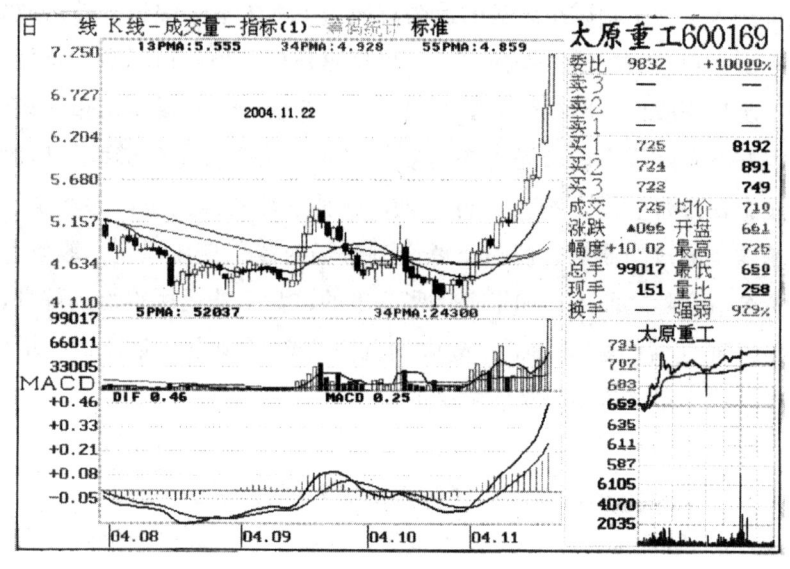

（图二）

11月23日，股价小幅高开，瞬间推高后顺势回落，股价破了昨收盘，主力自裁，肯定别有用心，千万不要被主力制造的假象所迷惑。看盘高手无非是从量价关系的细小变化中捕捉盘势的发展，感受盘面的真正强弱。如果你目前功力达不到，那就严格地按交易系统给出的提示进行操作。人往高处走，但高处不胜寒，水往低处流，大海纳百川。眼下，【一剑封喉】已封住了股价上涨的空间，何去何从，投资者早已心知肚明，就不多啰嗦了。

炒股讲究跟风，关键是跟什么风、怎么跟？有人不愿意跟那些启动早、上涨速度快的股票，而是热衷于那些看似安全的股票，他们以为强势股涨得快，回落得也快。其实，强者恒强，所以才具有号召力。领头羊是市场树起的一面旗，以此来激发人气，带动板块效应。它具有先板块启动而动，后板块回落而落的特性。所以，跟风就跟领头羊，它的安全系数和投资收益往往大于那些起哄类个股。而那些具有【三线推进】【红衣侠女】【揭竿而起】和【一阳穿三线】等形态的个股，往往是孕育领头羊的摇篮，也是跟风应关注的重点。见图三。

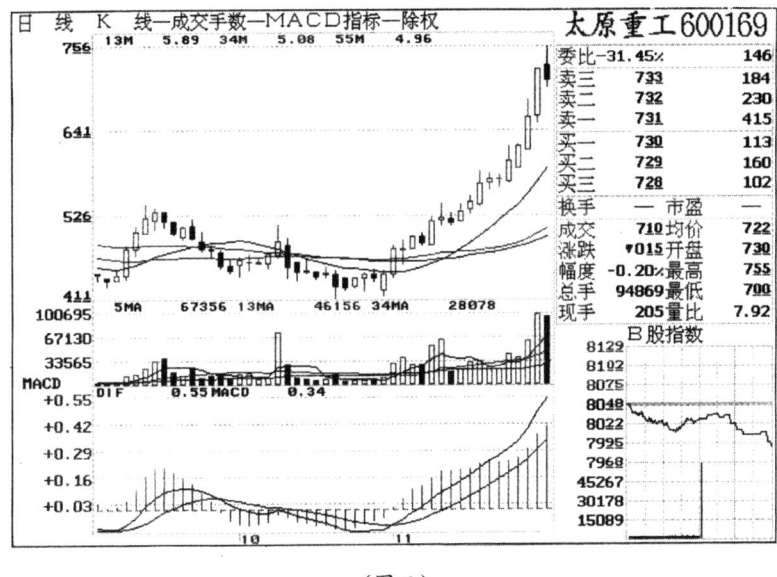

（图三）

如果我们总是判断不准大盘，那就死心塌地地跟着主力走好了，因为与主力保持一致要比和大盘保持一致更实惠。

第10节　观千剑而识器

——点击冠农股份（600251）

有什么技术赚什么钱，赚什么样的钱练什么样的技术，前者反映了处于自然状态下进行实战是人们对技术与战法关系的不自觉或被动适应，后者则预示了进入自由状态时人们对同一命题的自觉或主动选择。

有什么技术赚什么钱，似乎天经地义，但就本质而言是消极的。因为它的潜台词所折射的是一种无奈，它的积极意义在于，立足现有技术，寻找最佳战法，力求把自己的能量最大限度地释放出来。技术在前，战法在后，技术的演变对战法的演变具有决定性的制约作用。

大盘继续向下赶底，众个股敢怒而不敢言。正如中国从来不缺视死如归的民族脊梁一样，股市里同样不缺宁死不屈的股市斗士。农业板块在冠农股份的带领下，冒着枪林弹雨展开了顽强的反击。然而，在空方力量的疯狂反扑下，"冠字"大军纷纷夺路而逃，只有冠农股份不畏强暴，孤军深入，并且奇迹般地登上涨停板的宝座。

能否赚钱，取决于复盘。坚持每天从数千只股票里挑选出符合某种攻击形态的个股确实不是一件容易的事，但这一关过不去，赚钱几乎没有可能。很多非常优秀的人，就是因为复盘坚持不了才半途而废的。于是，自作聪明的人想了一种走捷径的方法：花钱买消息，借助别人的智慧实现致富的目的。别人可以轻易地告诉你立马买进、何时卖出，知道为什么吗？因为，让你买入的人本身就没有做过股票，操作水平还不如你。如果通过努力，有了自己的交易方法，这种尴尬就能避免。完全按交易指令进出，日复一日，这就是一条致富的捷径。见图一。

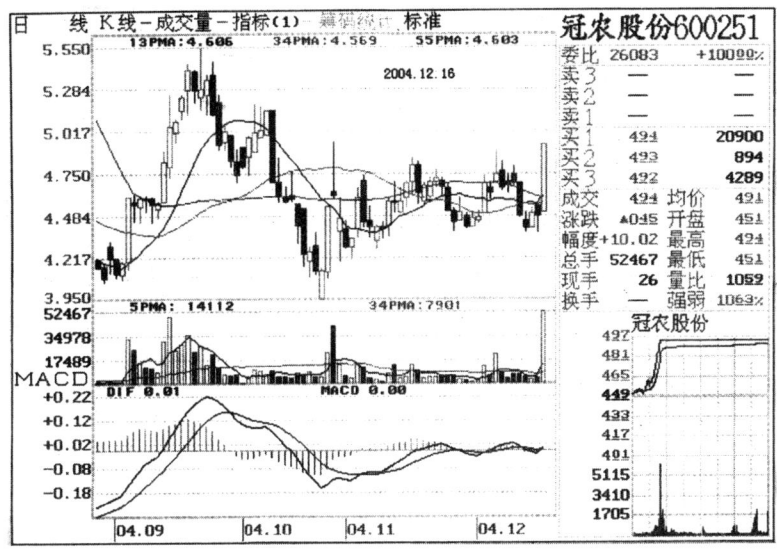

（图一）

主力为何敢于逆市上扬？因为箭在弦上，不得不发。它至少可以给我们以下启示：（1）前期整理充分，蓄势已久，主力已高度控盘；（2）场内浮动筹码已被驱逐干净，对拉升构不成大的抛压；（3）主力有足够的能力驾驭复杂局面。具备这三个条件的个股极有可能成为短线黑马，而黑马的名字就叫【一阳穿三线】。

【一阳穿三线】爆发之前一般都很平静，均线系统逐渐收拢，价格波动日益收窄，股价运行到【动感地带】边缘，面临突破。而后，主力突然发力，表明主力资金大规模介入。这些特征非常明显，只要用心观察就不难发现。中国股民太穷了，穷得连养命钱都搭了进去。然而，在机遇面前又往往表现出惊人的模糊不清和畏缩不前，更缺乏那种视死如归的勇气和果敢。

12月17日，股价跳空高开，回调不破昨收盘，强势依然，风雨飘摇的大盘没有动摇主力坚决做多的决心。主力的决心来自它对筹码的控制程度，一只股票之所以敢于大涨特涨，肯定是散户手中很少持有，这样的股票拉起来很少遭到获利盘的抛压。而盘中的成交量大部分都是通过对倒制造出来的，所以主力敢于向大盘叫板。见图二。

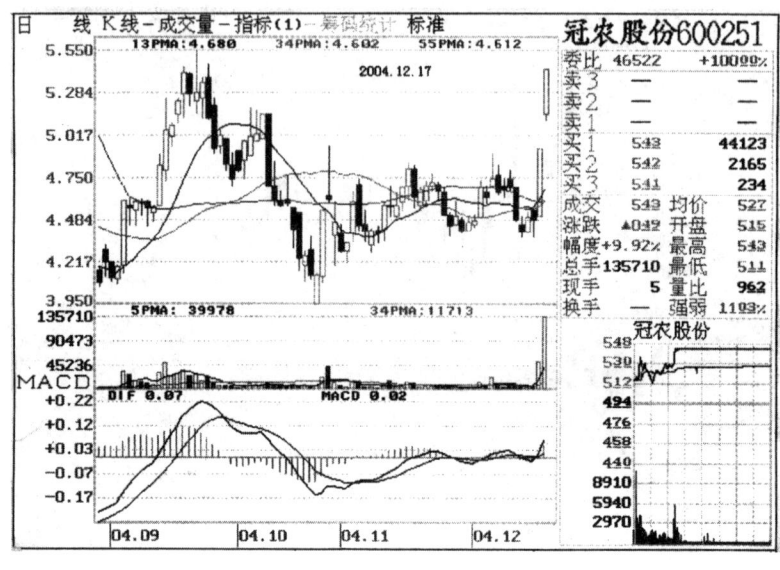

（图二）

发现【一阳穿三线】的个股，要敢于大胆跟进，但需按程序进行：（1）打开周线图，看均线系统是否已形成多头排列；（2）转换成分时图，仔细观察成交量的变化，然后寻找技术低点，按比例进场，不必等到尾市再去买。一般情况下，【一阳穿三线】出现后，股价最好封停。涨幅越大，攻击力越强，成交量越大，说明上攻动能越足。同时兼顾各均线的距离，均线间距越小，穿越的力度越大，间距越大，穿越力度越弱。

有的【一阳穿三线】出现以后，第二天的升势戛然而止，股价低开低走，但成交量呈递减趋势，这是主力在进行振荡洗筹，应多一分耐心，只要回调不把【一阳穿三线】给吃掉，大可不予理会。如果跌破【一阳穿三线】的开盘价，立即止损出局。

有的同学在学了【一阳穿三线】的技术以后，在使用时心里总是底气不足，他们认为股价涨幅已大，买入后怕当天被套。其实，只要搞清楚它的形成机理，疑虑就会不消自散，【一阳穿三线】由于有成交量做后盾，安全系数反而比那些正在底部区域进行整理的个股大得多。后来通过强化训练，他们发现，只要【一阳穿三线】满足"量、价、线、形"之条件，成功的概率极高。心理障碍突破了，股市就是一片灿烂。很多学员的操作失误，不是因为技术走形，而是源于心理素质不过关。

12月20日，股价小幅高开，稍作上冲便掉头向下，然后在均价线下方小幅整理；下午开盘后，主力迅速把股价拉到均价线以上成交，稍作整理，便以大角度向上猛攻，如果不能迅速封停，股价下跌的速度将很快，说话间，股价就开始掉头向下，不规则的【一枝独秀】及时地发出了离场信号。从盘面上看，主力没有全身而退，而且股价还会有新高，可那是以后的事，我们的使命是把今天的事情做好。当离场信号出现以后，必须无条件地快速撤离。这是操盘纪律，当严格遵守。见图三。

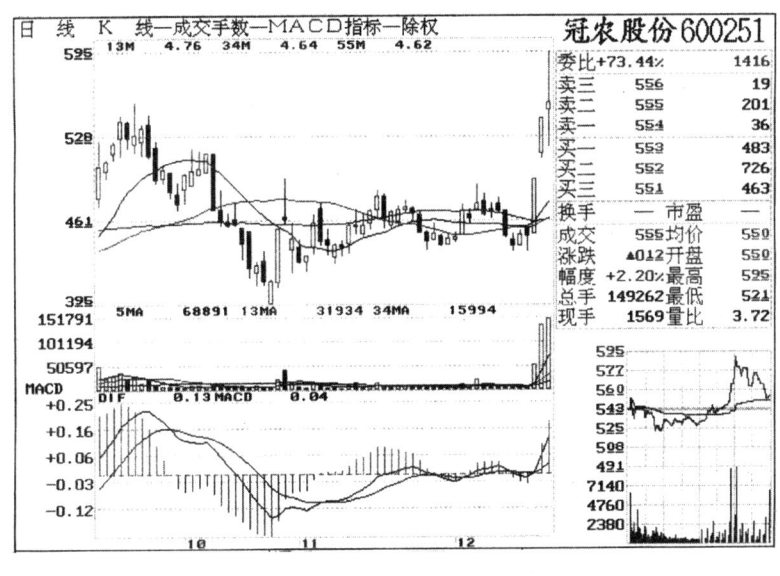

（图三）

"弃弱趋强"是跑赢大盘的关键，也是快速获利的一条途径。那些总爱捡便宜，总对那些弱势股情有独钟的人是否该思考这样一个问题："是买了等着涨还是涨起来追着买？是战略防御好还是短促突击好？"这恐怕是个见仁见智的问题，投资者自己估摸着办吧。美国一个年收入在几千万美元的股市奇才，在谈到他操盘成功的秘诀时说的一句话，值得人们深思："只做具有相对强势的股票。"

第11节　春色满园关不住

——点击神龙发展（600659）

"风险时时在，机会天天有，不是机会不出手，打不赢你俺就走。"收盘后，我漫不经心地翻阅着五彩缤纷的K线图，在股价跌宕起伏之中追寻着黎明。

突然，神龙发展（后改名闽越花雕，现已退市）闯入我的视线。在大盘继续寻底过程中，总有一些不甘寂寞的个股跳出来卖弄一下，但多数都是"一夜情"，头天追进去，第二天就会把你拴个结结实实。不过神龙发展的走势确实异常引人注目，主力一竿子把股价捅到底，然后主力携量封停，成为疲弱市道中一道亮丽的风景线。见图一。

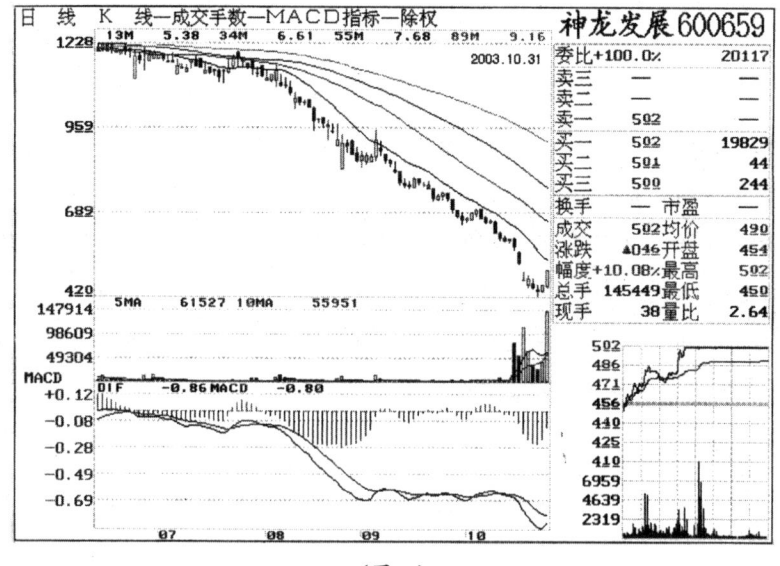

（图一）

第11节 春色满园关不住

该股经过长期下跌，股价严重缩水，极度萎缩的成交量诉说着空方能量已消耗殆尽。连日来，该股在底部区域持续放量，表明增量资金开始大规模进场。发现目标，不一定立即对其展开攻击，特别是主力在密集收集阶段，更要主动回避与主力发生正面冲突，因为这个时候，主力不希望有太多的跟风盘，如果跟风盘超过主力的忍耐限度，主力就会停止收集，对跟风盘实施反攻击。为安全起见，应回避第一冲击波，待二浪调整完毕，进入主升浪再进不迟。况且，135均线操作系统尚未发出明确的进场信号，观之为好。

第一个涨停板以后，股价进行了13个交易日的振荡整理。之后，13日均线开始由跌趋平。11月20日，股价重新站在13日均线上，一枝【红杏出墙】来，表明股价的底部已被探明，技术形态的"量、价、线、形、位"均符合进场条件，轻仓试探，权当为主力锁仓吧。操作完毕，立即向各地会员下达进场指令，股价当天以涨停报收。见图二。

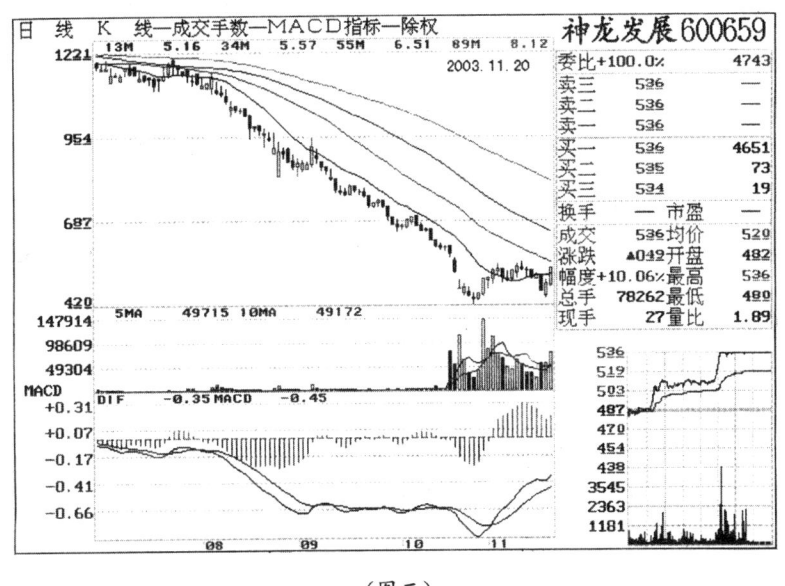

（图二）

在买入股票时，查看一下它的基本面是必要的，但不能把它作为买入股票的依据。这是因为基本面有时更蒙人，如果投资者缺乏一定的鉴别能力，是很容易误入歧途的。由于主力所处地位的特殊性、隐蔽性以及对信息披露的垄断性，无疑给投资者分析基本面带来很大难度。但有一点可以达成共识，真正有价值的信息只掌握在少数人手里。上市公司发布的消息，事先都经过了主力的严格把关，字斟句酌后才披露的，投资者千万不要太当真。受利益驱使，在主力的整个坐庄过程中，主力与上市公司以及相关机构往往沆瀣一气。因此说，有些公开信息对投资者并无实际意义。在这个趋利市场，没人乐意把那些有价值的信息无偿地提供给他人。上市公司披露信息，很多时候是例行公事的需要。最好把它与当时的走势对照一下，看看股价目前所处的位置。如果基本面与股价走势相吻合，基本面就是可信的；如果基本面与股价走势背道而驰，那就应该以技术面为主。普通投资者不可能知道基本面的确切内幕，而技术面则是对基本面的客观反映。技术虽然不是万能的，但在具体操作上离开技术却是万万不能的。

其实，该股昨天就发出了进场信号，因为它的走势图上出现一个"曙光初现"的K线组合，这是一个见底回升的信号。教科书上这样表述："'曙光初现'是在下跌趋势中，由两根K线组成的见底回升信号。第一根K线是在下跌趋势中出现的中阴线或长阴线；第二根K线是跳空低开，见底后反弹并入第一根阴线实体的二分之一以上的中阳或大阳，阳线实体越长，深入阴线实体越多，准确性越高。"由于熟知的东西往往被人所利用，所以要格外小心。重要的是它不具备135战法的买入条件，因此对它只是关注，没有切入。

根据经验，凡是第二天继续上攻的，股价无论是平开还是低开，都会在瞬间把股价拉到均价线以上成交，而且盘中回调不再破均价线，这是股价能持续走强的关键。

第二天，股价高开，回调不破开盘价，主力做多坚决，股价携量突破前期整理平台直奔涨停板。主力解放别人，是为了深化行情，扩大战果，重仓出击。遗憾的是，由于复盘至深夜，竟然忘了打出当日的K线图。实战中如果系统发出卖出信号，忘记了抛出，那麻烦可就大了。

主力做市都是有目的、有计划、有步骤的。尽管我们不清楚它的具体内容，但凭借技术手段完全可以刺探到一些我们所需要的东西。任何高明的主力，在大资金的运作过程中都不可能做到踏雪无痕，这无疑为我们提供了获利的机会。"冰冻三尺，非一日之寒"，铁杵磨成针，功到自然成。

别怕基础差，起步永远不晚。

第三天，股价依然高开，回调不破昨收盘，主力做多欲望不减。然盘中股价波动频繁，一些抗震仓功能差的纷纷落马，主力在即时图上构筑一个三重底后，迅速把股价拉至均价线以上成交。看来，主力并不愿让人们抢到更多的廉价筹码，不愿让别人捡，肯定自己还要继续向上做，有筹的持仓不动，无筹的盖帽抢进。不然的话，一匹乌黑锃亮的大黑马将与你失之交臂。果然，股价在均价线上仅仅停留了几分钟，又继续向上拓展。但在 6.30 元附近徘徊不前，而且大单开始出现。如果股价不能迅速突破 55 日均线的封锁，整理就不可避免了。忧虑中，股价突然拉起，直奔涨停板。于是，成交量又开始稀疏下来，但尾市一笔 3443 手的大单，应引起足够的重视了。见图三。

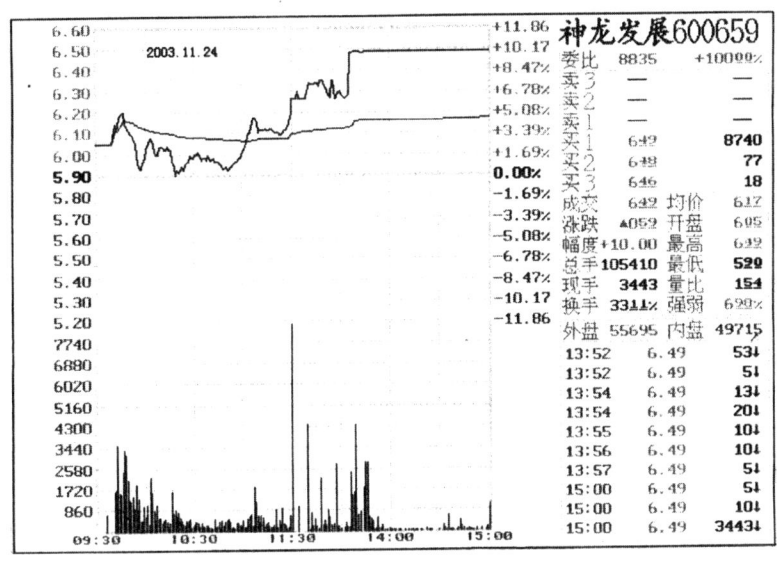

（图三）

收市以后，有个朋友来电话，说他已经把神龙发展给卖掉了。我问他，出现卖出信号了吗？他支支吾吾地说，股价涨得太猛，弄得心里直发慌，实在有点顶不住了。恐惧就是抛出的理由吗，我不再多说什么，只是强调以后要严格按交易系统给出的提示进行操作。只要盘中不出现明显的卖出信号，无论盘中如何振荡，一定要牢牢捂住。下跌途中可以勇敢地补仓，上升途中却畏惧飞速上扬的股票，这恐怕是散户的通病。这种问题不解决，很难实现利润的最大化。由此看来，技术不能替代人的心态和谋略，要把每个人都培养成"心随股走，及时跟变"的专业高手，还有一段很长的路要走。

　　第四天，股价继续高开，回调仍然不破昨收盘，主力做多意愿依然未减。这时候，最最重要的是要控制自己的做空欲望，见好就收没有错，但必须要有技术依据，不然的话，很可能颗粒无收。在股票上涨过程中，除了密切关注盘口的变化，不妨抽暇选择一下开始攻击或行将攻击的股票，免得抛出以后失去攻击目标。目前，大盘提供了充分的做多环境，要甩开膀子大干，最大限度地提高资金的使用效率，切不可在一只股票里长时间地停留，再好的股票，一旦发现攻击力消退或出现明显的见顶信号，立即清仓出局。这样，你的10万资金，就可以变成20万、50万。

　　股价很快封住涨停，但涨停板几度被撕开，如果是第一个涨停板，倒也罢了，因为盘中缺口是主力刻意为之，旨在引诱恐慌盘出局，可这天的涨停毕竟是第四个啊，小心驶得万年船，立即进入预警状态，如果股价封停不坚，立即走人。然而，直到收盘以后，才发现这种担心是多余的。见图四。

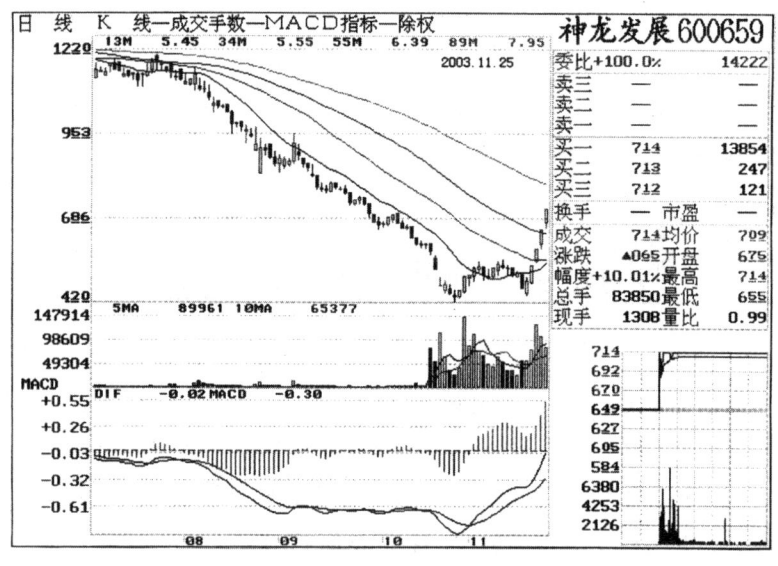

（图四）

第11节　春色满园关不住

　　第五天，股价跳空高开，然后带量下滑，主力开始派发了，上午10：30分，股价象征性地作了一次上攻，但很快掉头直下，不规则的【独上高楼】发出离场信号，清仓出局。当股价跌破昨开盘，如果你依然心存侥幸，主力将会加倍地处罚你交纳滞纳金，甚至让你退回原来的利润。讲程序、守纪律是135战法的原则，只有自觉地遵守和坚决地执行，才能养成一种良好的操作习惯。见图五。

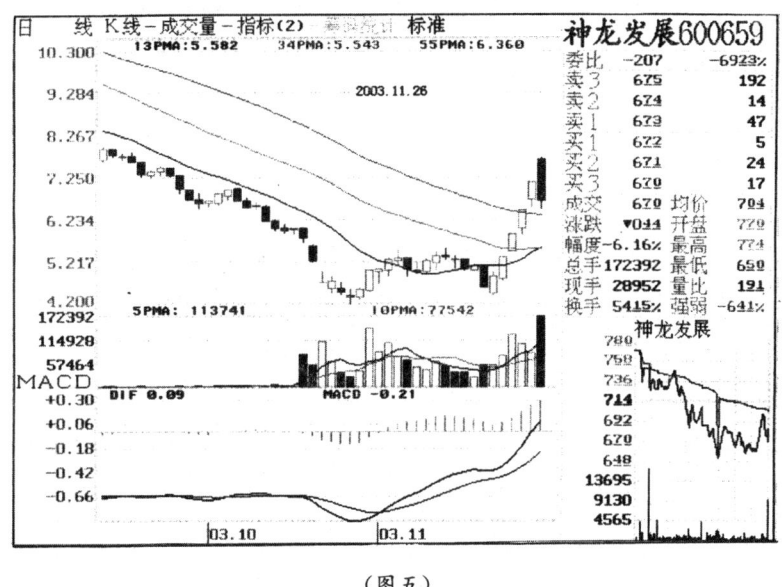

（图五）

　　注：神龙发展果然是神，见首不见尾，不知它现在何处神游，反正与我们失联很久了。

　　但是，不管是人还是神，只要在中国股市出现过，图表就会记录下它的轨迹，是规律，就有曾相识的感觉。

第12节　梅花香自苦寒来

——点击昌九生化（600228）

　　股票没有好坏之分，只有强弱之别。绩优股众星捧月但不一定涨，亏损股人人唾弃却不一定跌。只有大胆出击并紧紧揑住凌厉上攻的股票，远离和果断抛弃正在下跌的股票，才能实现资金快速增值的目的。投资最大的风险不是来自股市潜在的风险，而是来自规则不明的操作。

　　昌九生化继【红杏出墙】【一石二鸟】【黑客点击】和【海底捞月】以后，13日均线携量穿越34日均线，【梅开二度】又发出了买入信号，其"量、价、线、形、位"均符合进场要求。而且这个【梅开二度】出现的位置较低，股价前期涨幅不大，主力资金运作迹象明显，如今股价重新放量上攻，主力是要深化行情了。既然交易系统发出了明确的进场信号，那就应该无条件地执行。半仓跟进。

　　不知你发现没有，主力在建仓阶段捂着藏着，在洗盘阶段敞着露着，在拉升阶段裸着喊着，在出货阶段雇一帮吹鼓手敲着叫着，总之，让你看得眼花瞭乱，却又不得要领。主力做盘犹如演电影，非等剧情结束了，才知道到底是怎么一回事。换言之，假如进影院之前就知道了电影的故事情节，谁还会去花这个冤枉钱？但再优秀的影片，看的次数多了也能发现它的套路，炒股亦然。见图一。

第12节 梅花香自苦寒来

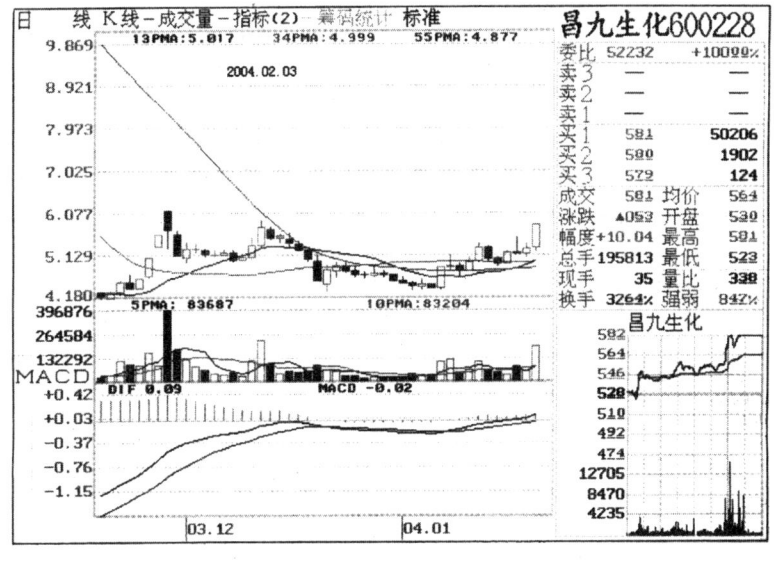

（图一）

　　第二天，股价高开低走，前一个小时盘中振荡剧烈，后一个小时主力把股价拉到均价线以上成交，做多意图显而易见。下午开盘后，主力以迅雷不及掩耳之势，以90度角的超限攻击把股价送上涨停板。这种大角度封停实属罕见，说主力凶悍，说操盘技法精湛都不过分。股价走势与昨天如出一辙，股价封停后被主力撕开一个缺口，看样子是在抖落前高点的筹码，但必须尽快堵上，如果不能在较短的时间内重新堵上，情况就变得复杂了。从盘面分析，倘若主力在这个位置进行派发，就根本没有必要接过前高点的筹码，主力从不做利人损己的事，由此断定，这个缺口应属于震仓性质，抖落筹码，恐吓短线获利盘出局，以减轻股价的拉抬阻力，给未来的派发腾出空间。5分钟以后，缺口被重新堵上，股价安然无恙，持股待涨。

　　在分析形态时，应注意它与各周期的关系。有的形态看似美如冠玉，实则和大周期貌合神离。若不联系起来看，就容易吃眼前亏。我们知道，形态是主力的化身，但形态的形成是一个发散后聚合、由模糊到清晰、从复杂到简单的过程。研究形态形成的规律，是利用形态的前提。见图二。

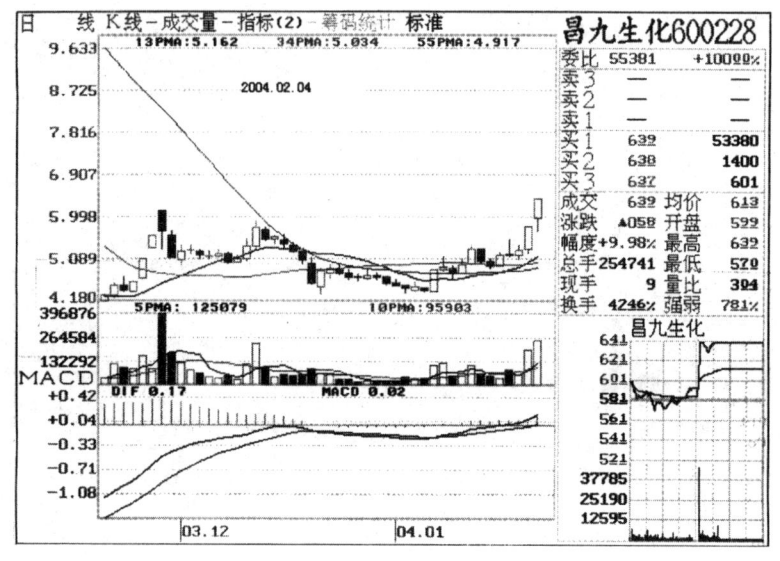

（图二）

　　第三天，股价继续高开，回调不破昨收盘，主力护盘动作明显，但股价被拉上均价线以后的回调幅度有点过，这样不利于维持市场人气，也许主力意识到了这一点，重新把股价推上均价线，主力对技术分析很在行，对技术的运用也得心应手。随后股价在均价线上翻来覆去，成交量浑水摸鱼，主力有振荡派发之嫌。下午开盘不久，股价重新放量上攻，股价扭捏了半天终于去了它该去的地方。于是，场内筹码也开始变得安定下来。见图三。

　　有人说，炒股就是炒预期、炒上市公司的未来，我对此一直不敢苟同。比如昌九生化由于业绩大幅滑坡，面临退市风险，有人在连吃了十几个跌停板以后，待股价刚刚止跌企稳后，立马抛出。他们想，如果再不抛出，很可能就血本无归了，却不料这些垃圾股如恒星一般，在最后爆炸之际反而发出更加耀眼的光芒。有人预测某股有潜在利好因素，于是提前埋伏，结果潜伏了好长时间也不见它有任何动静，实在忍不住开始撤伏，谁料刚刚抛出，股价就暴涨起来。看对了行情却没有选对时机，同样与财富无缘。

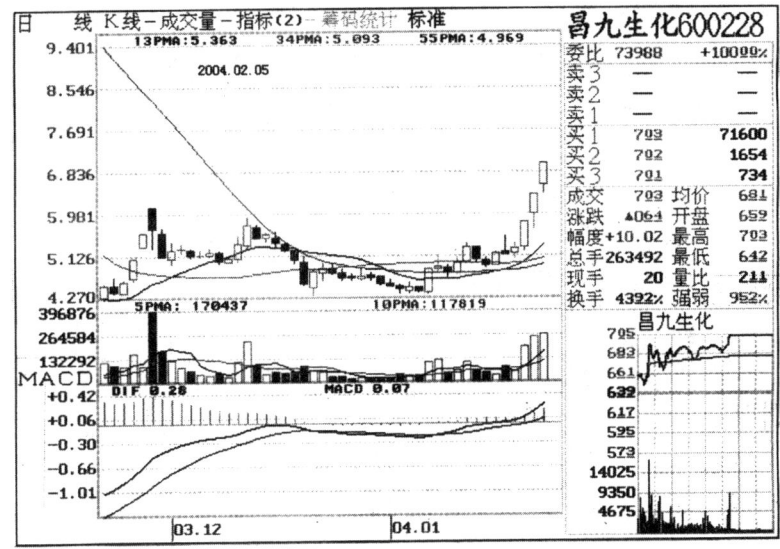

（图三）

第四天，股价依然高开高走，冲高后顺势回落，但盘中出现了放量滞涨，即使主力不想全身而退，但现在起码是在减仓，尽管股价没有回补缺口，但在相对高位，主力接二连三的【拖泥带水】不正折射出股价行将调整的信息吗？更何况高位倒锤头阴线本身就是一种不好的征兆。俗话说，事不过三。如果把三个涨停视为"三阳卖点"，那么不规则的【一剑封喉】更加印证了这个判断。主力以后也许会重新开山辟路，继续扩大战果，但眼下的确是不想干了。交易系统也发出了明显的离场信号，先服从命令，有想法卖出股票以后再说。

股价经过3天调整，图表上又出现了【一石二鸟】的买入信号，但出现的位置已高，不跟也罢。

主力采用重点突击、快速撤离的战术，仅仅几天工夫，就三下五除二地结束了这波小行情。这种动如猛虎、逃如脱兔的做盘模式正日益增多，这给我们操作带来很大难度，但只要认真复盘，这种难度就会变成赚钱的机会。也有另一种情况，有些起涨点不明确的个股，第二天竟然莫名其妙地涨停了，这种情况属于意外，也不好逮，干脆放弃它。

凡是进退有据的，基本都能获得不同赢利；凡是进退失据的，大都以失败而告终。见图四。

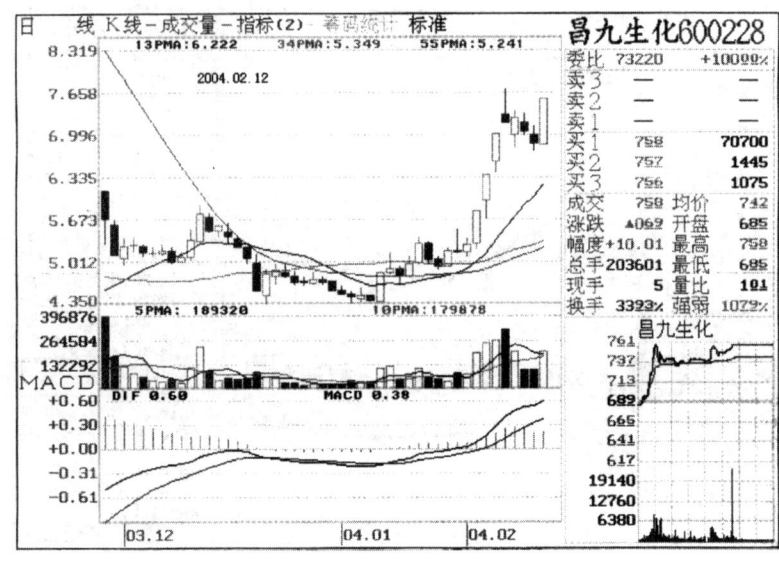

(图四)

股票是"商品",但它与其他商品的不同之处在于,其他商品是具体的,而股票则是无形的、抽象的。在股市,我们面对的不是生活中的自然人,而是由形形色色的投资人组成的抽象人。若想捕捉它们的心理和将要采取的行动,你只能顺着它,而不是改造它,或者消灭它。"心随股走,及时跟变",是投资获得成功的先决条件。

第13节　索回失落的阳光
——点击紫光股份（000938）

经过长期下跌和充分整理的紫光股份，终于以不规则的【红衣侠女】和【海底捞月】的双重身份走出【动感地带】，它标志着股价已盘出底部，进入攻击区域。什么时候发起总攻，还得成交量说了算，军队打仗光有士兵没有枪支弹药，同样是无法取胜的。【红衣侠女】虽然是股价起涨的临界点，但由于没有成交量的支持，也是巧妇难为无米之炊。从股价结构看，缺少"量、价"两个元素，特别是55日均线没有走平，这就预示着股价还会有反复，资金大一点的可在这里逢低吸纳，小资金则耐心等待完美形态的出现。见图一。

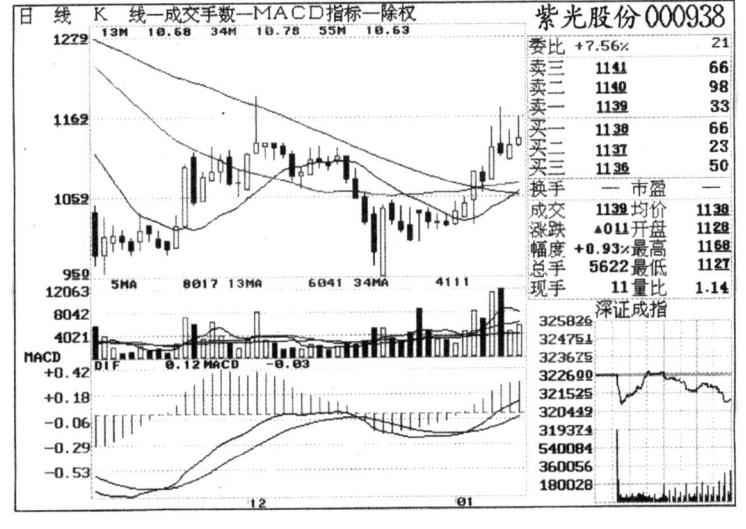

（图一）

"技术合成"犹如专业高手杯中的鸡尾酒，需要把"量、价、线、形、位"和背景等要素混合起来进行调制，然后把它酿造成既有观赏价值又有使用价值的技术形态。

三千年前的周武王和两千年前的亚历山大，肯定都不知道鸡尾酒为何物，但却是战场上调制"鸡尾酒"的高手。因为他们都擅长巧妙地把两种以上的战场因素，像调制鸡尾酒一样组合到一起，投入战斗并赢得胜利。1+1这是最初也是最古老的组合方式，长矛加圆盾可使一个士兵攻防兼备，进退有据。

翻遍所有的证券书籍，在关于战法的描述中，我们找不到"技术合成"这个词语，但所有的专业高手都似乎本能地深谙此道。理念和战法的搭配、股票与资金的组合、技巧与消息的运用，专业高手们把错综复杂的市场因素组合得错落有致，把"量、价、线、形、位"组合得完美无瑕，让人拍手称奇，却又始终不得要领，犹如魔术一般弄得人们眼花缭乱，但却不知道它妙在何处。

如果说在以往的投资进程中，"技术合成"还只是少数专业高手制胜的秘诀，那么现在，自觉地把"技术合成"作为一种战法的趋势已日见明朗，并正将"技术合成"引向更为宏阔深远的领域；而信息时代所提供的一切，更给"技术合成"指出了近乎无限的可能性空间。可以肯定，谁能给未来"技术合成"的宴席调制出一份口味独特的鸡尾酒，谁就能最终把"股市赢家"的桂冠戴在自己的头上。

股市的一切都不确定，可以确定的就是它的不确定。随着股市的不断发展，股市的结构已开始发生了微妙的变化，接下来我们需要的是在种种不确定中确定一种新的战法。它应该不是那种头疼医头、脚疼医脚的单一操作方法，而是博采众长、集合优势的杂交战法，让一棵梨树上既结桃子又结苹果。

"兵不杂而不利"。在拳击场上，一个从头至尾只会用一种拳路与敌周旋的人，显然不是一个能把直拳、刺拳、摆拳和勾拳组合起来，风暴般地打击他人的对手。其中的道理可以说简单得不能再简单：一加一，大于一。问题是，如此简单的道理，在许多投资者那里却令人吃惊地模糊不清。

武装到牙齿的主力经常用组合拳对着弱势的散户群体穷追猛打，而手无寸铁的散户除了本能地护住自己最致命的地方外,任凭主力雨点般的拳头浸透身上的各个部位。直到主力打得精疲力竭时自己才幡然惊醒,于是,慷慨地把用自己生命换来的筹码乖乖地交给主力。但骄横的主力甚至连眼皮都不屑一抬,高傲地接过筹码扬长而去。

1月16日,紫光股份携量上行,看样子不像是佯攻,因为MACD已扬眉剑出鞘,跨过了零轴线,成交量比前个交易日放大3倍,"山雨欲来风满楼",这正是大战前夜的明显征兆。时不宜迟,轻仓试探。待情况探明以后再考虑加仓。见图二。

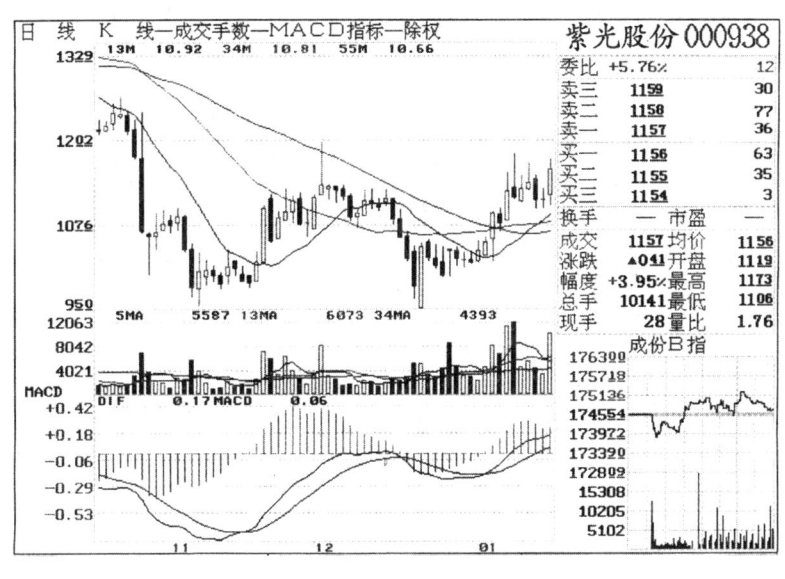

(图二)

股市高手并不在于他能准确地预测股市本身,而在于先发制人,当股价面临突破时,总是先行介入;当股价行将见顶时,又总是能先行卖出。这种先知先觉不是生来就有的,它是知识、技术、经验和失败的积累;是在残酷的实战中形成的条件反射和市场直觉。另外,股市高手只预测大众心理以及他们将要采取的错误行动,而并不预测股价的真正趋向。不论大众是否有道理,只要能比众人领先一步就必定能够赢得投资的成功。

提起紫光股份这只股票,至今仍使我记忆犹新。两年前,它曾经让我闪过一次腰。我曾吻过它的脸,它的双手也曾搭过我的肩,想起它情断意绝那一刻，泪水就止不住地往外流。当时，大盘在技术形态上形成了【一箭穿心】的最后离场信号，由于自己当时功力太差，竟然浑然不知。入市以来，毕竟没有经历过真正意义上的熊市，所以当熊市来临时，并不怎么感到恐惧，然而我的这种勇敢却让我付出了极其惨重的代价。

7月20日，紫光股份的走势图上出现了【海底捞月】的技术图形，因为这个买点不但使我走出了亏损的泥潭，而且还把我推进了赢家的行列，故一直对它情有独钟，遂不等技术形态完全走好，就急不可待地进去抢点，结果当天就被主力给拴了个结结实实。7个交易日，股价由39.79元跌至29.50元。当时已经被主力彻底打晕了，根本就不知道去止损。一直到7月31日，才突然清醒过来，然后逃命似的以29.70元的市价抛出。两万元，这可是我两年的工资啊！然而几天的工夫，就被股市这头猛兽给吞噬了。我意识到了股市的无情，领略到了主力的残忍。没有过硬的技术功力，没有必要的紧急避险措施，是很难在股市生存下去的。值得庆幸的是，当初如果不断然抛出，死得会更惨，后来股价创下9.50元的新低。

买错股票不要紧，但要认错并立即改正。散户有个致命弱点，被套后不是想着如何突围，而是不断地补仓，这种自欺欺人的做法只能导致错误越来越严重；如果对主力说声对不起，就认亏出局，情景恐怕会好很多。

有的人在生活中受点委屈就大喊大叫，甚至去玩命。然而，股市里任凭主力大打出手，受尽凌辱，别说进行正当防卫，甚至连个响屁都不敢放。人性上的这种巨大反差，说明还没有认识到股市的本质，说明还没有真正悟到炒股的奥妙。

实战中，靠单一的技术元素进行操作，风险是很大的，为了提高成功率，必须对股价形态进行"技术合成"。

在这样一种全新的投资观面前，人们已经习惯了的股市观感，毫无疑问将受到动摇。既有的那些传统的获利模式及附加于其上的理念和法则，也都将面临新的挑战，较量的结果，不是传统盈利模式的崩塌，就是新获利模式的一片狼藉。从规律的角度，我们多半将会看到崩塌。

2004年2月15日，股价经过两周的养精蓄锐，放量突破了整理平台。股价冲高回落后不破均价线，说明主力的做多欲望还是很强的。适量加点仓，就算为主力锦上添花吧。见图三。

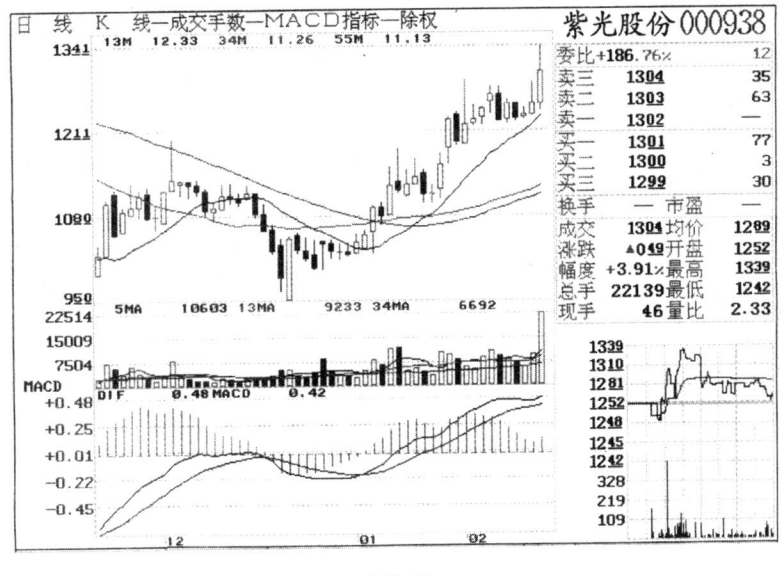

（图三）

2月16日，股价高开，回调不破昨收盘，主力做多依然坚决，成交量温和放大，股价全天基本在均价线以上成交。下午一开盘，主力一改上午【拖泥带水】的操盘风格，进攻节奏明显加快，不到半个小时就把股价推上了涨停板。直到收盘，做空能量再也不敢叫嚣着要打开涨停板。主力的出色表现，也算对自己两年前犯下的罪行有了忏悔之意，但光忏悔就能抚平人们内心深处的伤痕吗？我们可以不向主力索要战争赔款，但对饱受煎熬的投资者来说，总该得到一些精神上的补偿吧！

人们只知道股市能挣钱，而且能挣大钱，但究竟怎样挣钱、通过什么途径和手段才能挣到钱，并不是每个人心里都清楚的。江恩在谈到证券投资时说过这样一段话："一般人以业余的心态从事投资，往往根据一些未经批判的想法，或市场传闻，便将大量金钱投入市场，难免损失，投资虽是简单得只是一买一卖，但其中所牵涉的，却是极其复杂的市场现象，非下功夫，不能掌握投资这门专门的学问。"股市入口的门槛很低，但出口却很高。从某种意义上说，股市犹如一座大熔炉，要么百炼成钢，要么被烧成灰烬。见图四。

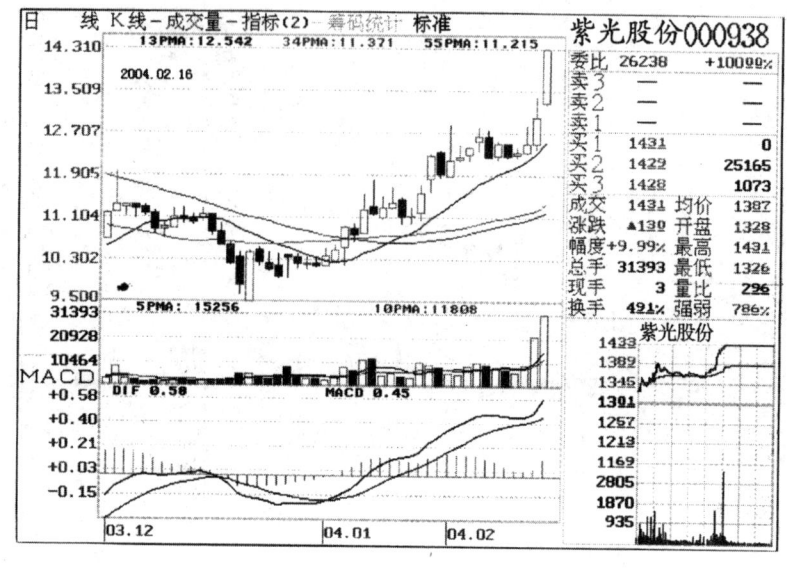

（图四）

2月17日，股价跳空高开，回调依然不破昨收盘，主力做多意愿不改。有劲你就尽情地使，有汗你就尽情地流。当我们蹒跚学步时，总认为主力是那么强大，高不可攀；当我们学会走路时，才发现主力并没有三头六臂，和正常人没有什么两样，这就好办了。当主力向上攻击时，我们为它摇旗呐喊全力助攻，起码替主力锁仓；当主力下山时，我们就冲锋在前，使劲砸盘，不能总让我们在山顶上站岗放哨吧。主力操盘手法与昨天基本如出一辙，拉高—下滑—反转向上，盘中始终不起大的波澜，然层层涟漪又能呛到谁呢？

随着股票数量的增多，个股的发展也很不均衡。即使在单边下跌的熊市，总有一些个股不甘寂寞。如果功力不够，就很容易上当。有时相同形态的个股，也会因为"量、价、线、形、位"的差异导致不同的结果。因此，鉴别力的高低也是操作成功的关键。另外，股价的临界点都是在瞬间完成，不管是买进还是卖出，需要正确的判断和超强的执行力。如果炒股不赚钱，一定是自己出了问题，内因是根据、外因是外部条件，外因通过内因而起作用。就是说，亏赢皆系于一身。见图五。

第13节 索回失落的阳光

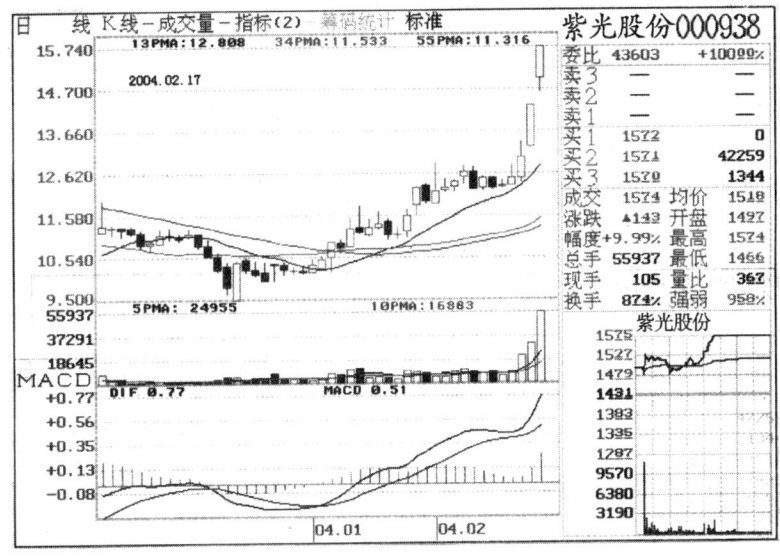

（图五）

2月18日，股价小幅高开，回调不破开盘价，上半个交易日，股价像个鼓足气的蛤蟆，一步一个台阶地向上蹿。下午一开盘，就以大角度向上猛攻，曾一度把股价封停，10分钟后，主力突然变脸，涨停板被削壁式地劈开，成交量犹如洪水冲开了闸门，倾泻而下，主力洗手不干了，【一枝独秀】也及时地发出了此处风寒，高处不如低处暖的下山信号，清仓离场。见图六。

当股价一路扬尘而去的时候，如果错过了临界点，索性放弃。因为，随着跟风盘的涌入，主力会顺手置换筹码。阶段性高点的特征是：先用一根高开低走的阴线锁定场内筹码，然后在相对高位放量滞涨，慢慢派发。

主力洗盘取决于股价的拉升幅度和盘口变化。比如，洗盘时发现有不明资金进场，主力就会加大盘中的打压力度。主力并不担心别人与它争抢筹码，而是担心这些外来资金进场捣乱。所以，主力会不择手段地对付它。因此，在主力洗盘时，应主动退出，静观其变。当成交易极度萎缩的时候，特别是有明显止跌形态的时候，说明主力结束洗盘，转入新一波的拉升。见图六。

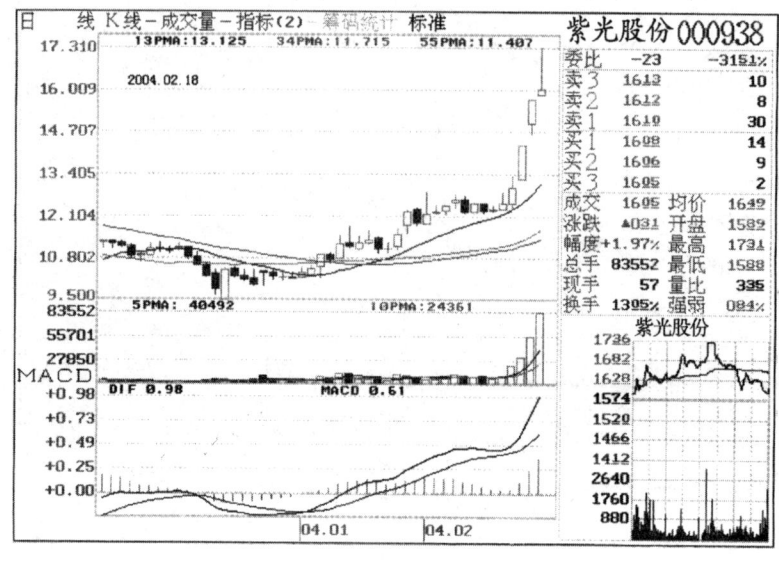

（图六）

  人的一生，掐头去尾，真正用于做事的时间也就十年左右。而且在这十年间充满着各种未知的风险，如果目标选择不当，这十年时间眨眼就过。到那时不管遗憾终生也好，死不瞑目也罢，人生之路再也不能重走了。所以，成功要有紧迫感。

第14节　风乍起，吹皱一池春水
——点击南方汇通（000920）

股市猎手都是属猎豹的，一般的猎物不下手，下手就是大家伙。他们遵守游戏规则，但从不做游戏规则的奴隶。在股市若想与黑马相遇，除了敏锐的洞察力、娴熟的擒拿技巧，不能少的还有缘分，有的时候，却是一份时机。合适的时间，合适的形态，遇到一只合适的股票，真美！只是黑马在成为黑马以前，通常都是默默无闻、不被人关注的。见图一。

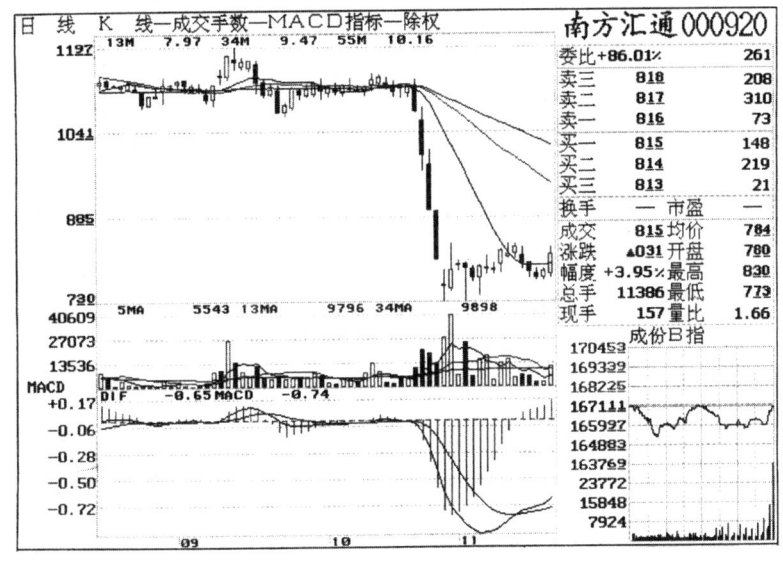

（图一）

南方汇通经过长期下跌和充分整理以后，13日均线开始由跌趋于走平，股价之所以能站上13日均线，说明有增量资金正在悄悄买入，否则，13日均线就不可能被拉直。一枝【红杏出墙】来，标志着股价的底部已被探明，进不进场可视具体情况而定，但最起码应该把它列入"黑名单"，每天观察其变化。不能仅仅盯着自己所持个股，使其他表现出色的个股遭到冷落。

【红杏出墙】以后，伴随着温和的成交量，股价碎步爬上55日均线，这时股价的升幅已超过20%，一般人都觉得股价已涨幅太高，不愿或不敢追进，然后转身寻找那些涨幅不大的低价股。其实，只有股价站稳55日均线以后，股价的上涨空间才算被真正打开。盘中主力显得很老到，先是用【一石二鸟】轻度震仓，借以掩盖自己的真实意图，股价走势不温不火，即使【动感地带】末端的【红衣侠女】，也没能改变股价温文尔雅的淑女个性。仔细观察就会发现，它的"量、价、线"均不符合进场要求，而且，股价走出【动感地带】只用了14天，比规定时间短了一半以上，仅仅一个"形"显然孤掌难鸣。由此断言，股价仍需盘整时日，也不排除主力是在等【均线互换】以后才展开攻击，【均线互换】完成之后，主力将身子压得很低，生怕被别人发现似的，"能而示之不能"是一种策略。从盘面上看，13日均线有走低的趋势，并开始与34日均线交汇，不知34日均线能否对它构成支撑。但从成交量的萎缩程度看，变盘随时可能发生。

1月8日，股价小幅高开，然后携量上攻，沉寂已久的主力终于露出庐山真面目。这时人们仍不相信主力的攻击是真的，有的甚至早已把它忘得干干净净。不管怎么说，漠视那些正在默默运作的个股，歧视那些一鸣惊人的个股，都是一种看盘能力低下、反应能力迟钝的表现。对专业选手来说，没发现就已经不可原谅了，发现了却不采取任何行动更是不可饶恕的。平台整理后的带量突破，一般都能向上拓展一定的空间。别管主力是真戏假做还是假戏真做，此时此刻，必须"心随股走"，因为交易系统已经发出了明确的进场指令。战场上违抗军令是要杀头的，操作中违抗指令也会让你付出代价。

职业投资人在实战中都会表现出极大的灵活性，但这种灵活性不是创造性和不着边际的瞎猜，而是及时跟变。遵守规则但不当规则的奴隶。原因很简单，主力改弦易张了，你还在那里死表忠心，最后不但得不到主力的任何奖励，还被主力骂一声蠢驴。见图二。

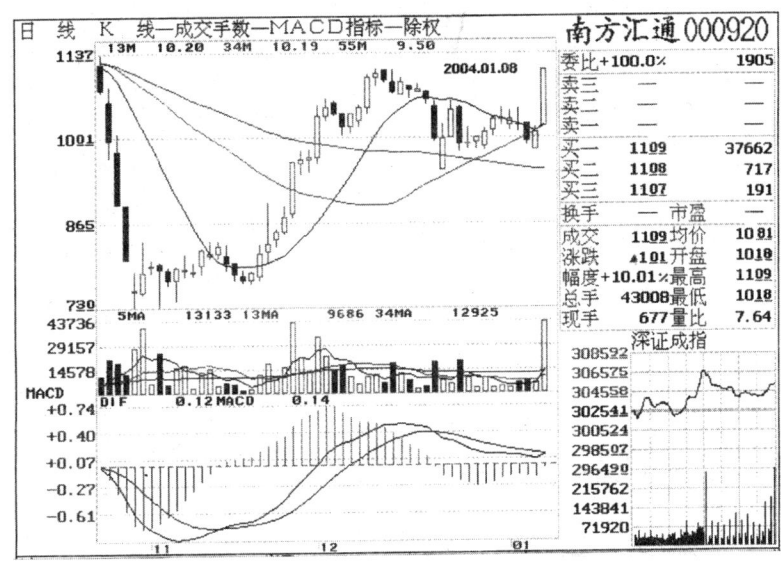

（图二）

格雷厄姆之所以有"华尔街教父"之称，是因为他善于发现问题，不断总结经验，所有证券界人士都被他著的《聪明的投资人》一书中的精辟见解所折服，特别是他指出的投资与投机的区别：投资是建立在敏锐的数量分析的基础上，而投机是建立在突发的念头或者是赌性之上的。两者的分歧在于对股价的不同看法，投资者寻求合理的价格购买股票，而投机者试图在股价的涨跌中获利。他告诉股民：最大的敌人不是股市而是你自己，如果无法控制自己的情绪，即使你有再强大的分析能力也难获胜。

第二天，股价跳空高开，回调不破昨收盘，主力做多坚决。随后主力加大攻击力度，一举拿下前高点。主力的本性就是盘剥他人，现在何以助人为乐？说穿了就是为了榨取更多的剩余价值。如果主力想套你，就根本不会放你出来，既然把你解放了，说明主力还会长驱直入。这时，要坚定继续替主力锁仓的决心，千万不能一跑了之。多数人一旦解套，立即会将筹码抛出；看到加速上扬的股价，明知道自己错了，又没有勇气返兵追赶。人很多时候都是在股价突飞猛进时急流勇退的，因而常与黑马失之交臂。从盘口看,主力明显在逼空,机会难得,重仓出击。见图三。

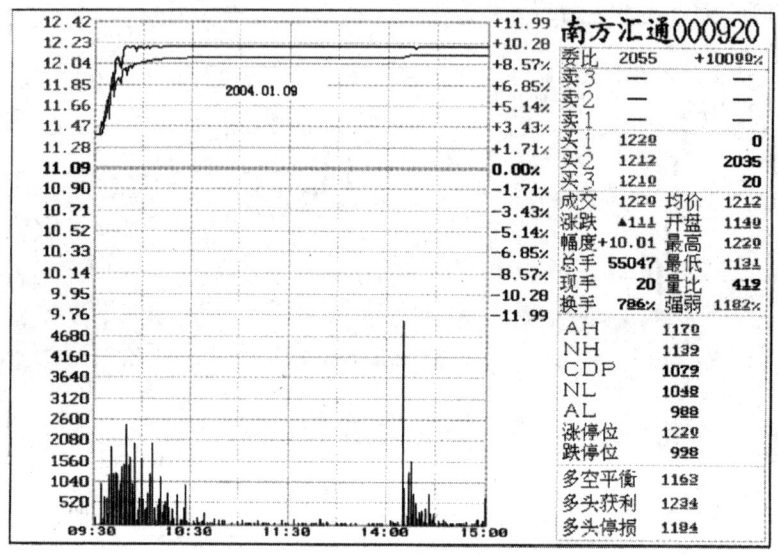

(图三)

1月12日,开盘即停,主力凶悍无比。8分钟以后涨停板被打开,抛盘汹涌而出,主力这一招还真灵,不少人纷纷落荒而逃。问题是,股价必须快速拉上去,重新封住涨停,否则,震仓的性质就变了,那就应考虑出局了。股价打开再封住,技术走势出现【拖泥带水】,从理论上讲,它预示着股价已进入顶部区域,可股价并没有涨多少啊,刚刚越过前期平台,主力不会这样浅尝辄止吧!即使如此,【拖泥带水】以后,股价还有新高,为安全起见,仓位重的可适量减仓,仓位轻的不妨以观后效,等交易系统发出明确的见顶信号后再出局。但【拖泥带水】出现以后,必须进入高度戒备状态,随时准备清仓离场。涨停板虽然几度被打开,但股价的重心在上移,当天持股无恙。

客观地讲,135战法从技术上解决了"在山前就能知山后路"这个难题,而且对资金布局也有着明确的规定。能不能在股市赚到钱,全凭个人的努力与悟性。因为,135战法解决的只是进出点位和资金布局,却无法从根本上去控制人的心态。如果说方法是"能"的话,那心态就是"耐"。两者有效地加在一起,就叫"能耐"。有能无耐,好运不在;有耐无能,人财两空。见图四。

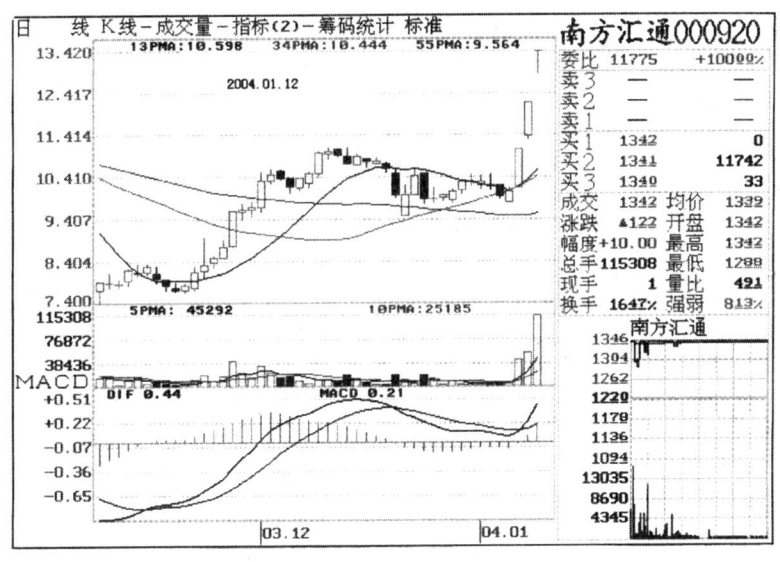

（图四）

股市如酒，彰显着豪迈情怀；股市如歌，吟唱着悲欢离合；股市如戏，演绎着不同角色；股市如线，结满了大小疙瘩；股市如藤，纠缠着苦涩瓜果；股市如海，伴随着风吹浪打；股市如茶，忍受着长期的浸泡；股市如水，冲刷着河岸沙滩；股市如书，记录着酸甜苦辣。

1月14日，股价稍微低开，随后被迅速拉起，股价比往日波动频繁，成交量间歇放大，主力有派发嫌疑，但交易系统至今没有发出明显的出局信号，克服急躁心理，耐心持股。越是股价上蹿下跳的时候越是安全。练技术，更要练心态，注意培养和训练自己的防震仓功能。研究表明，股价飞速上涨时带给人们的恐惧往往比股价下跌时大得多。股价上涨时烦躁不安，股价下跌时反倒心安理得，这是一种病态的反应。谁都知道，只有牢牢捂住上涨的股票，果断地抛出正在下跌的股票，才能实现利润的最大化，只是由于心态问题，在实战中往往反着做。技术掌握以后，心态就是制胜的决定因素。主力穷折腾了一上午，或许是筋疲力尽了，下午一开盘，主力把大单往涨停板上一糊，便大摇大摆地歇息去了。见图五。

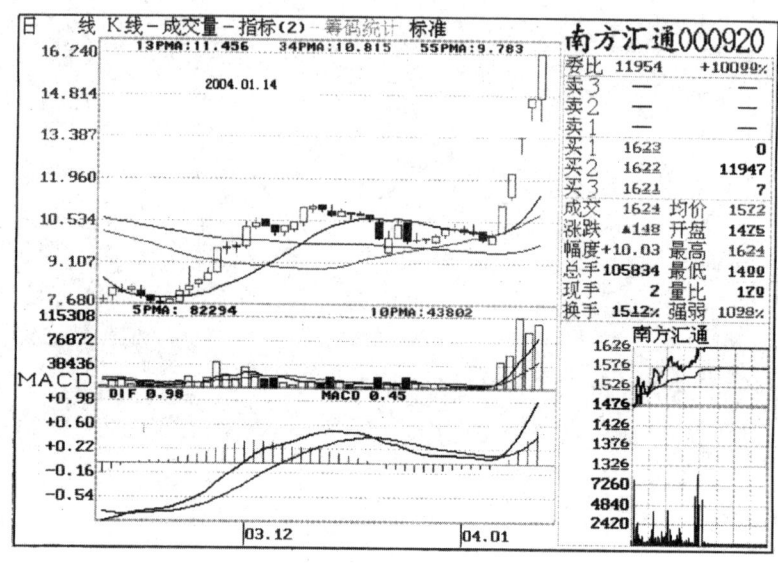

(图五)

炒股的底气从何而来？来自无数实战以及实战中留在身上的每一个伤疤。伤疤说：春天到了看花开，秋天到了看落叶。我说：形态说明一切，纪律决定输赢。

纪律是块铁，谁碰谁流血！纪律是块钢，谁碰谁受伤！

不要为了钱而不考虑自己的死活，因为，钱不能养你一辈子；用生命去捍卫指令，因为，天才创造形态，人才执行指令。

1月15日，股价跳空高开，主力将高台跳水和火箭发射两个动作一气呵成，弄得人眼花缭乱，还不等你反应过来，股价就封了涨停。但越是老谋深算、技艺超群的主力危险系数越大，别让胜利冲昏头脑。股价缩量封停，说明大部分筹码仍在主力手中，越是这样，主力就越容易反手做空。请大家注意这样一个细节，在涨停板期间，主力抛出两笔大单，利用涨停板出货屡见不鲜，然主力竟然做得天衣无缝，神不知鬼不觉地就把筹码易手了。高位跳空缺口，十之八九会形成竭尽缺口，况且，这已经是第四个【拖泥带水】了，这根跳空阳线多少有点【明修栈道】的味道，还是先躲躲吧。见图六。

第14节 风乍起，吹皱一池春水

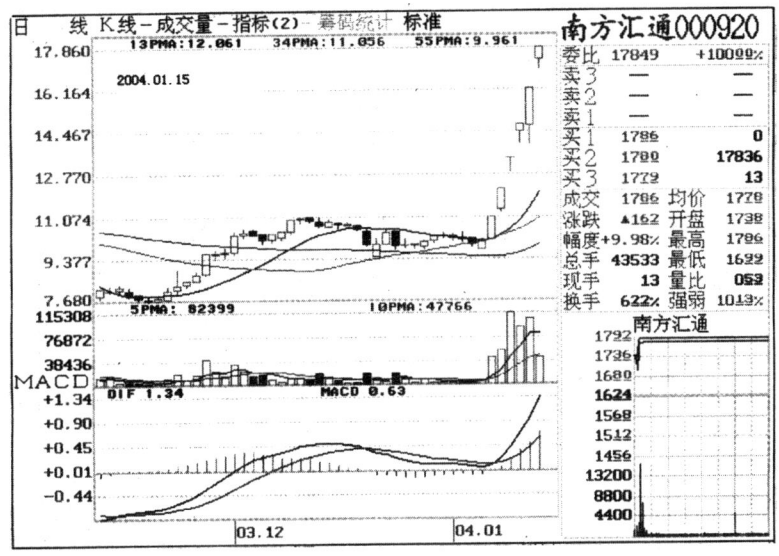

（图六）

魔鬼不可怕，因为看不到；主力才可怕，因为猜不透。

第15节　知音少，弦断有谁听

——点击中视传媒（600088）

继上海梅林【揭竿而起】之后，中视传媒异军突起，板块效应业已形成，盘中热点清晰可见。这时候，应停止空头思维，踊跃地加入多头行列中去。

中视传媒经过长期下跌，一组止跌阳线托住了股价的下跌空间。股价开始站上13日均线，【红杏出墙】标志着股价的底部已被探明，而且它的"量、价、线、形、位"5个条件全部符合进场要求，重仓出击。之所以重仓出击，一是股价携量封停，爆发力强；二是形态完美，持续性好；三是位置较低，上涨空间大；四是指数向好，安全系数高。按常规进行资金布局，很可能错失良机。市场的条件变了，操作方法亦应随之改变，这就叫"因利而制权"。面对一波封停的个股，特别是在低位拉出的第一个涨停板，要敢于在第一时间排队买进。

期待的事情通常不会发生，已经发生的却置若罔闻。在实战中，人的心需要一根缰绳拴住，不然，在毫无约束的情况下很可能闹出大乱子。赚钱不一定能教会我们什么，然而，亏损却常常能够引起我的思考。因此，每次交易失利，先不要蹲在那生闷气，狠狠地扇一下自己脸，让自己冷静下来，然后，把交易的整个过程详细写下来，比如，为什么要买这只股票，买的依据是什么，是上午买的还是下午买的，分几笔买的，把交易过程诉诸文字就等于把自己的思维重新梳理了一遍，这样一来，对与错一目了然。只有认识到自己的错误，才能找到改正错误的方法。见图一。

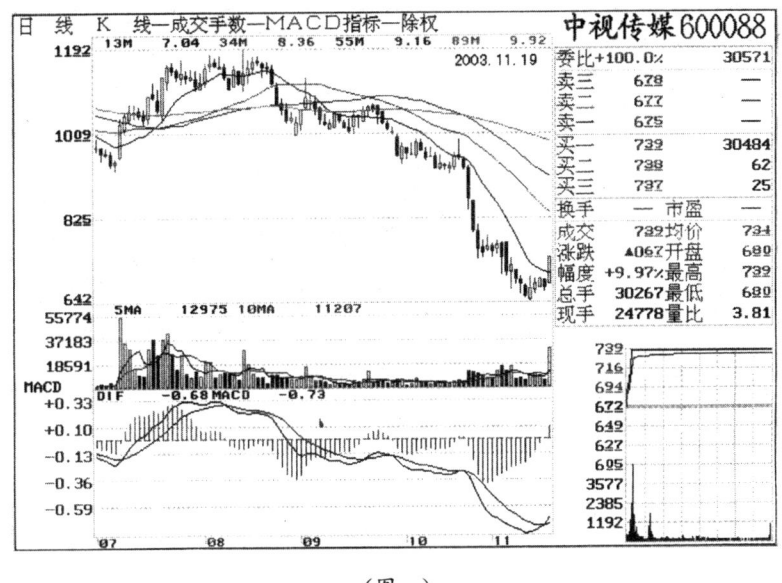

（图一）

在大盘转势初期，重点关注那些率先爬上13日均线的个股，因为此类个股之所以提前大盘见底，必然有暗庄隐身其内，倘若大盘是在历经较长时间的回落整理之后，突然变盘转势向上的话，这类个股总会率先把股价拉起，以利于在行情展开的整个过程中获得主动。投资者在相应个股与大盘技术形态呈强势之初，如果发现有【红杏出墙】技术形态的个股，要敢于大胆跟进。

第二天，股价大幅高开，稍作下探即掉头上攻，眨眼工夫股价就跳上了涨停板，动作稍一迟缓，就可能被拒之在涨停板之外。平时多进行感觉和知觉的训练，战时的动作方可做到干净利落。

从下午收盘到黄昏这段时间，我喜欢独处一室，看着那些看似杂乱无章的K线，有时心潮澎湃，有时胆战心惊。每一个根K线都在展示着主力的诉求，看看我们自己又是多么的幼稚可笑。这段时光与我生命中的某些感觉非常熨帖，它使我变得冷静和充实。我深知它的短暂，而时光的流逝让人浑然不觉，所以，这样的下午常常在不知不觉中被无限延长，好像眼前的一切都可以从此定格。见图二。

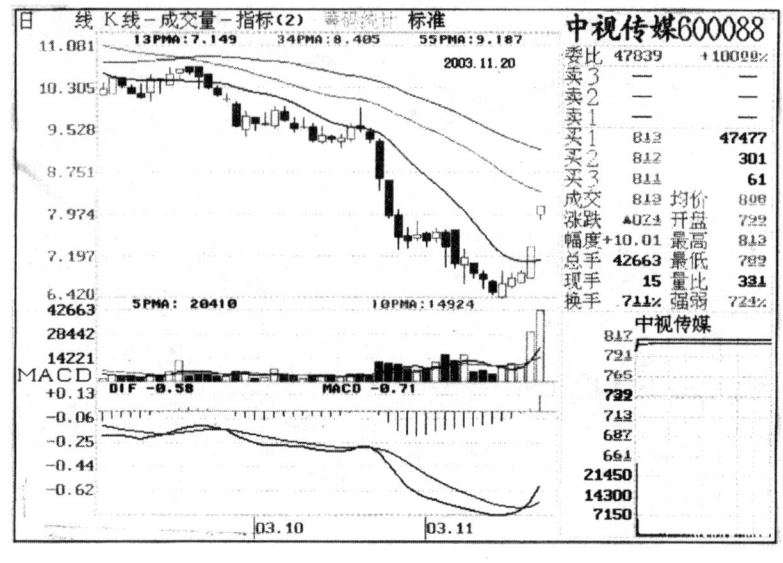

（图二）

越是在大盘低迷的时候，主力越会利用自己的筹码及资金优势拼命打压股价，以求自己在低位补回筹码降低成本。当股价跌得惨不忍睹，特别是在市场的一片见底声中，股价往往会义无反顾地继续向下深探，其实，这是股价的最后一跌，很多人都是在这最后一跌时割肉出局的。

第三天，股价开盘封停，主力强悍无比。如果在第一天或第二天，动作稍微迟疑些，此时此刻，只有捶胸顿足的份了。盘口的巨大封单，不仅展示了主力的超强实力，同时也向人们宣告，心态和反应能力差的将永远被拒于财富的大门之外。有这样一种情况，有的人也发现了某些强势股，由于自己满手都是套牢的筹码，在机会面前显得苍白无力，眼睁睁地看着一匹匹黑马与自己擦肩而过。其实，解套的途径很多，不一定非在一只股票上扳回不可，斩掉弱势股，换成强势股，同样是一种解套手段。

盘口的巨大封单，远远大于当日的交易量，看来好戏还在后头，克服浮躁情绪，打掉内心的恐惧才是当务之急。只要135系统不发出明确的离场信号，决不轻易撒手。这不是贪婪，而是在坚定不移地执行操作纪律，是一个专业投资者在认真履行自己的神圣职责。见图三。

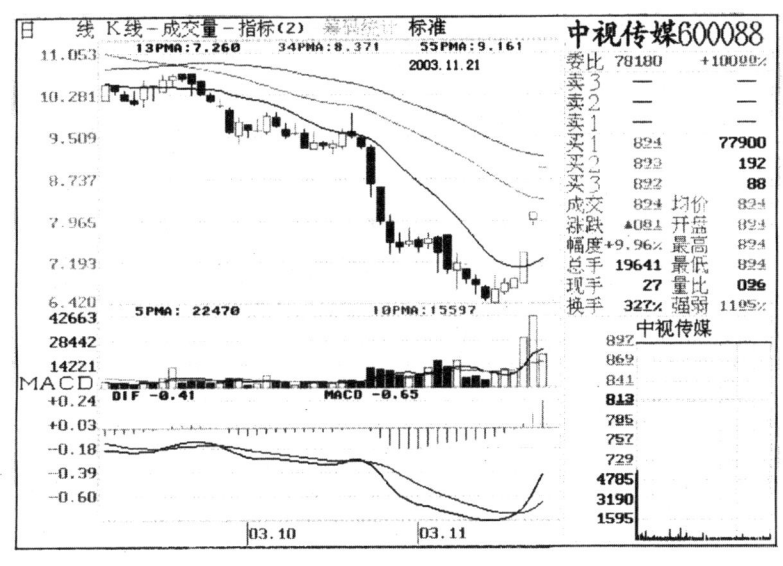

（图三）

第四天，开盘即停，盘中涨停板被撕开，成交量顺流而下，这已经是第四个涨停板了，震仓的可能在减小，派发的嫌疑在增大，倘若股价迟迟不能封停，盘中就应择高点出局。半小时后，主力堵上缺口，均价线一直到收盘也不曾弯曲。但股价留下的长下影线却是一种不祥之兆，应引起高度警觉，因为【拖泥带水】出现以后，暗示股价已进入顶部区域，主力随时都有反手做空的可能。

从股价目前的位置看，主力不可能在这里大肆派发，但股价运行到前期平台附近，客观上有整理的要求，通过整理达到市场的充分换手，减轻股价未来的拉升阻力。如果翌日股价平开低走或者冲高回落，则应采取相应的操作。一般讲，股价走势一旦【拖泥带水】，首先要判断目前股价所处的位置，若位置已高或连拉几个涨停以后，见顶的概率高，如果位置相对较低，不妨再观察一天。通常情况下，【拖泥带水】出现以后，股价一般还能见到新高。这时候，股价目前所处的位置很重要，如果股价已经有了大波扬升，仓位较重的，适量减仓，仓位轻的，可以再拿拿，只要股价不发出明显的出局信号，就一路大胆持有，选一只强势股毕竟不易，力争把一段行情做足，但思想上应进入预警状态，随时准备溜号。见图四。

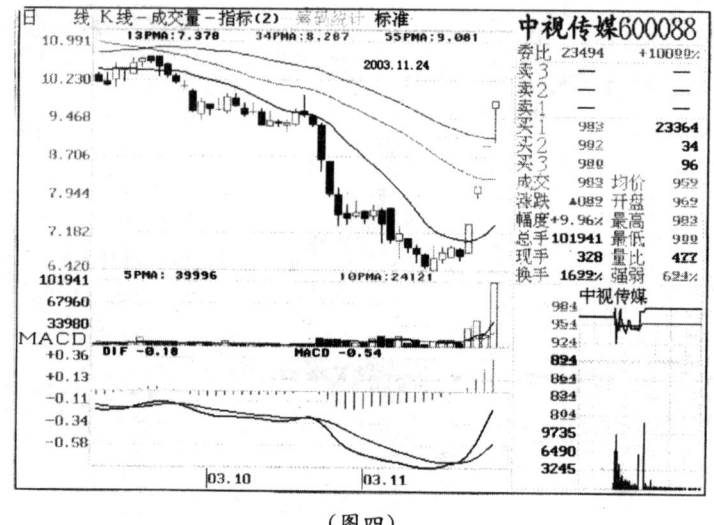

（图四）

第五天，股价依然高开，盘中振荡加剧，主力故伎重演，成交量连续两天大于盘口封单，这个细节应引起高度注意，它暗示主力已经开始偷梁换柱了，而且是利用涨停板派发，即主力先挂上大单，见跟风的多了，就悄悄地把自己先前的挂单撤掉，然后再排在其他单的后面。如此循环往复，在不知不觉之中，主力完成了筹码的交换，而那些终于得到筹码的人正在那里乐得手舞足蹈时，殊不知风险正在悄悄地逼来，主力马上就会给你点颜色瞧瞧。见图五。

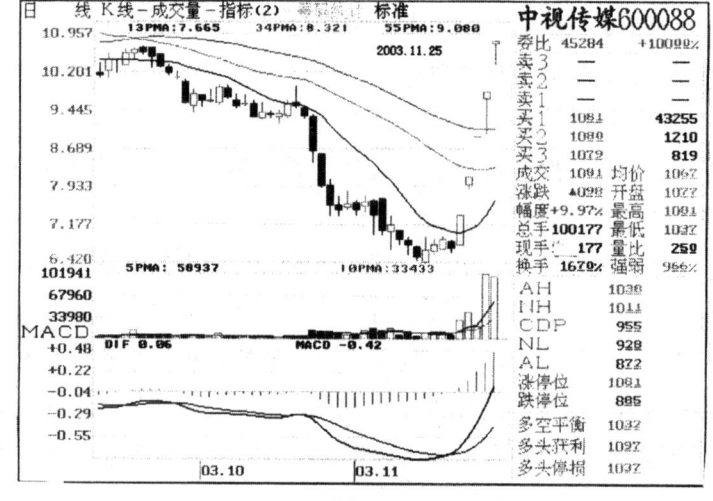

（图五）

256

第六天，股价低开，盘中跌破昨收盘，如果主力继续向上做，根本不会破坏自己昨日的拉抬成果，此其一。第二，盘中出现的两次虚浪拉升，都是主力出货时留下的痕迹。图表上的【一剑封喉】封住了股价的上涨空间，主力以后的任务就是派发了。欲将心事付瑶琴，知音少，弦断有谁听？清仓出局。见图六。

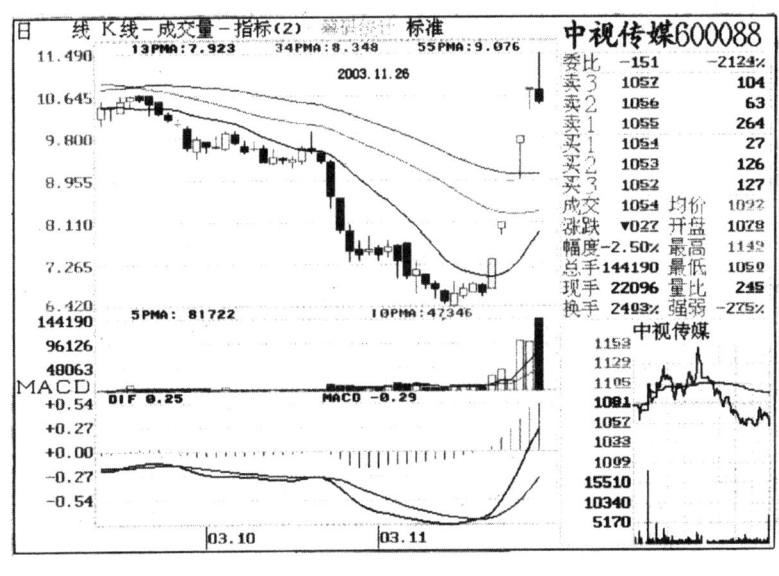

（图六）

买股票只需要几秒钟的时间，而卖股票则要一周的时间去考虑。如果将两者的交易方式交换一下，那情形又会怎样呢？

第16节 欲将心事付瑶琴

——点击 ST 深万山（000049）

在穷困潦倒的 ST 深万山（现名德赛电池）的图表上竟然出现了一幅【金屋藏娇】图，都 ST 了，还不收敛？别误会，这是股价见底回升的信号，轻仓试探，权当投石问路。见图一。

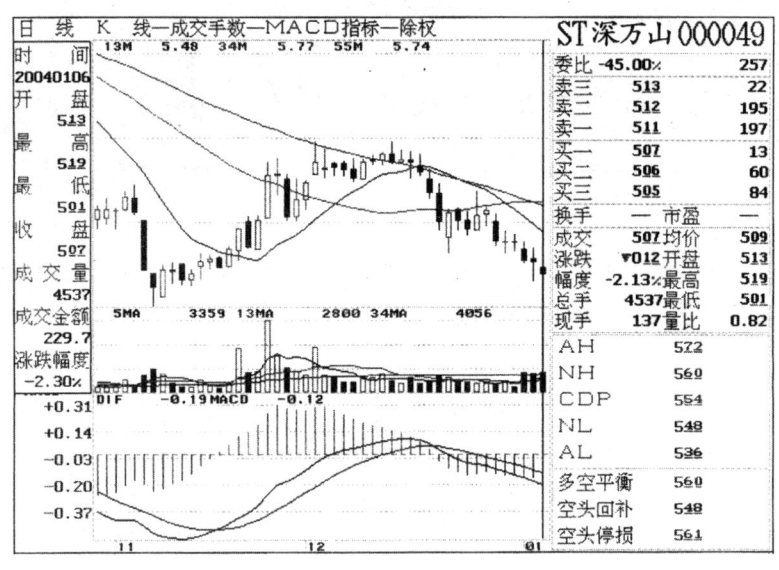

（图一）

翌日，股价低开高走，K 线走势呈现"阳克阴"，因量能不济，故暂时不理。1月13日，股价经过碎步攀升，以【红杏出墙】的形式进入【动感地带】，但我们不知道它还要走多少天，也不知道它会以什么形式走出

第16节 欲将心事付瑶琴

【动感地带】，不要武断，静观其变。

1月30日，股价开盘即停。主力的突然袭击，必然有不可告人的目的，管它搞什么鬼，先挂上单再说。这种极端走势是主力实力强到极致的表现，若能迅速跟进，兴许能分一杯羹，然而直到收盘时，仅成交了一丁点。股价缩量封停，看来好戏还在后头。

诡计多端的主力，在展开攻击以前竟然没有露出任何蛛丝马迹。这种无预警攻击，通常出现在弱势行情中，多数属于主力的即兴表演，当日跟进，第二天就有可能被套。眼下，指数环境变了，这种无预警攻击性质旨在逼空。一样的攻击模式，出现在不同的环境和不同的位置，其市场意义也有着很大的差异，实战中一定要具体问题具体分析，然后再做出是观战还是参战的决定。这一次幸亏在【金屋藏娇】和【红杏出墙】出现时捡了些筹码，不然就真的踏空了。出其不意，攻其不备。主力深谙用兵之道，如果不能"及时跟变"，那就只有观赏的份了。见图二。

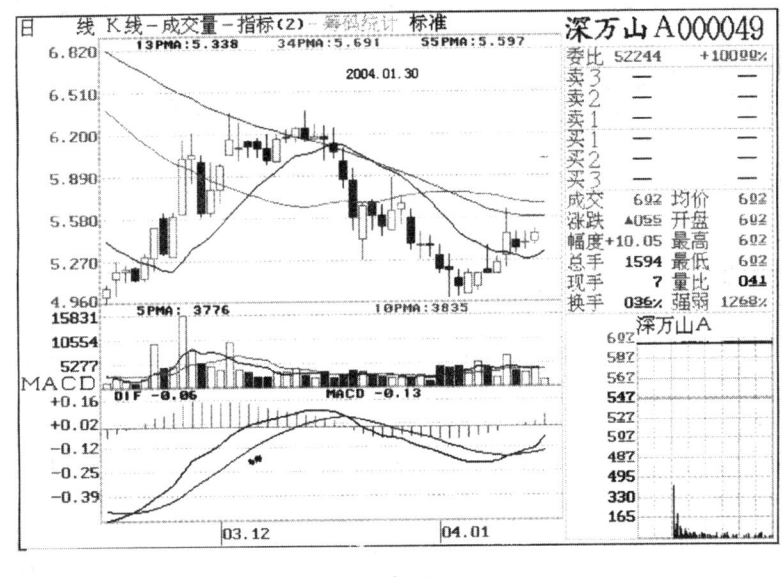

（图二）

2月2日，又是开盘即停。主力把涨停板封得像铁板一块，根本就不给你低位吃货的机会。这时，就不能消极等待，而要主动出击，一是积极参与集合竞价，二是开盘后敢于大胆排队买入。这不仅需要勇气，更要有吃跌停板的心理准备。

　　一般讲，凡是开盘即停的，后市的机会往往很大。在机会面前要有赌性，在风险面前却不要当赌徒。关键在于区分清楚事件的性质。股市里聪明的人很多，但有灵性的却很少。一颗热热闹闹、乱乱哄哄的心，是无法理解股市高手内心的孤独和寂寞的。证券投资是一门非常专业的学问，需要潜心钻研，需要循序渐进，需要耐住寂寞。所有的心都企盼着太阳的照耀，然而股市的悲欢离合却唱着不同的歌谣。见图三。

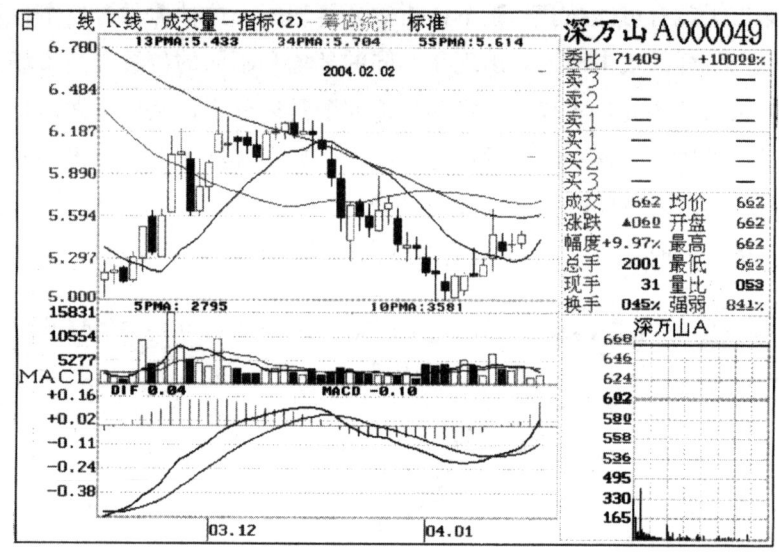

（图三）

　　2月3日，股价又是开盘即停。主力阳刚之气十足，不像有的主力小脚老太太似的，股价上攻时，如履薄冰、战战兢兢，一点一点往前挪。涨起来大刀阔斧，跌起来阔斧大刀，不优柔寡断，不拖泥带水，那才叫痛快。

　　从开盘到收盘，股价趴在涨停板上纹丝不动，主力继续想扩大战果，作为主力的同盟军，此时此刻，要坚决顶住压力，和主力一道严防死守，不能有丝毫杂念和想法。这是资金增值速度最快的阶段，聚精会神地关注势态的发展吧。这时，媒体上关于深万山的报道开始多了起来，有的甚至鼓励人们大胆追进。可股价开盘即停，怎么能够追得进呢？即使追得进，又有几人会有这个胆量呢？

第16节 欲将心事付瑶琴

有时候，我觉得自己像个农民，日复一日地蹲在田间地头，间苗、除草、施肥，盼着有个好收成，可那时老天还不认识我，总是不正眼瞧我，后来，钱亏多了，也混了个脸熟。这都是不断检点自己，不停地总结经验，长期摸爬滚打换来的。见图四。

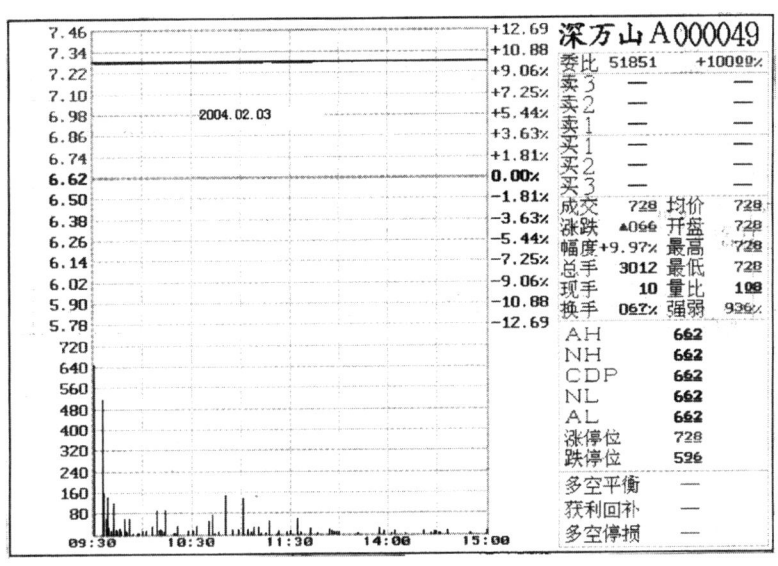

（图四）

2月4日，这已经是第四个开盘即停了，心里多少有点浮躁。随着股价的飙升，市场的成本乖离在增大，获利盘随时都可能涌出，主力也会根据指数环境和市场的跟风情况随时把自己手中的筹码盘高位易主，引起高度警觉是对的，因为股价上涨过快而产生恐惧心理则大可不必。只要135系统不发出明显的离场信号，就一路大胆持有。

请大家注意这样一个细节：今日的交易量比昨日的大10倍，而且盘中不断有巨量涌出，说明主力正在明修栈道，暗度陈仓。但只要涨停板不被打开，就可以暂时持股。不过，预警系统应该打开了。

炒股的人都有自己的梦想，否则就无法坚持下去。梦想是个挺折磨人的东西，它就那么远远地站在那里冲你招手。可是当你走向它的时候，又那么遥不可及。在向梦想前进的道路上，充满了荆棘坎坷、孤独寂寞、失望迷茫……把你折腾得精疲力竭。有的人是幸运的，他们扛住了主力的各种考验,最终实现了人生的梦想,但更多的人还在折腾的路上,忍耐着、迷茫着、期待着。见图五。

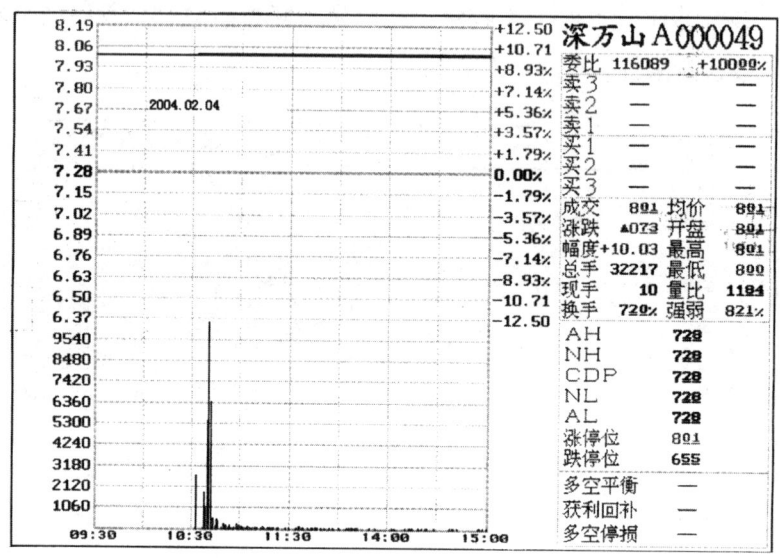

(图五)

对任何一个投资者来说,多掌握些信息是对的,因为,有些消息对股价的影响有时是很大的。只是消息来自四面八方,内容包罗万象,虚虚实实,真假难辨,如果投资者没有自己的主见或缺乏必要的鉴别能力,要么被弄得无所适从,贻误战机,要么偏听偏信,误入歧途。但对那些靠消息侥幸获利的人而言,曾经轻而易举的成功已经让他们不可能再脚踏实地地对学技术感兴趣。这是急功近利掩映下的迷失,一切来得快,去得也迅速,但他们已经可怕地习惯了这种大起大落的操作方式,并从中获得快感。可以相信,这种人总有一天会被股市驱逐出局。

2月5日,股价依然开盘即停,主力简直是疯了。但5分钟后,涨停板被撕开一个缺口,成交量飞流直下,那些天天挂单追进的人终于如愿以偿,但不要高兴得太早,因为,在接过筹码的同时也接过了风险。第五个涨停板撕开的缺口,已经改变了震仓的性质,因为它已经由悄悄的"震"变成了明目张胆的"派"。仓位重的需要格外小心了,在股价重新封住涨停后,适量减些仓,或索性清仓。几分钟后,股价重上涨停板,主力很聪明,如果不把股价尽快地拉上去,追风的热情就会骤减,这样一来,就不利于派发了。K 线图上留下的长下影线,是主力集中派发时留下的尾巴,【拖泥带水】预示着股价已经进入顶部区域,主力派发是一个过程,因为它持仓太重,不可能短短几天就把筹码派发出去,但仓位太重的就应该随着主力派发信号的出现做出相应的动作,切实做到令行禁止。一般情况下,【拖泥带水】出现以后,股价还会有新高出现,但这并非主力在深化行情,而是为了派发的需要,刻意制造诱多陷阱。在高价区,投资者不要想入非非;在交易系统的卖出信号发出以后,不要自以为是。天要下雨,娘要改嫁,大势所趋,不可不察,还是给别人留一段利润吧。见图六。

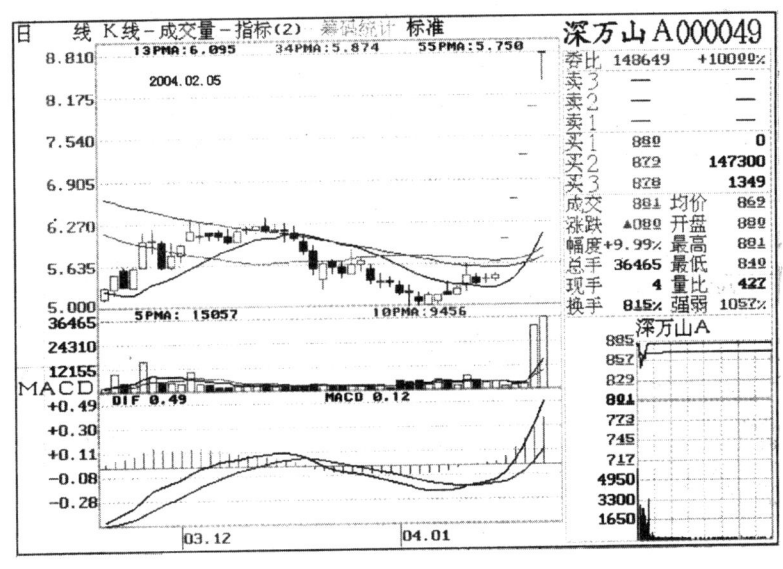

(图六)

【拖泥带水】出现以后,股价的走势又怎样呢?2 月 6 日,股价高开高走,回调不破昨收盘,股价依然保持强势格局,但成交量却比上个交易日放大了 1 倍。不规则的【一枝独秀】再次发出离场信号。虽然股价后来又创了新高,但纯属拉高出货性质,风险太大,不参与也罢。

后语 股市并不缺少获利机会
——宁俊明答问

记者：《黑客点击》出版以后，在股民中引起很大反响，如果大家都按照135战法来操作，会出现什么结果？

宁：书是实战经验的总结，方法只是一种获利手段。《黑客点击》由于实战性强，肯定会引起一些机构的注意，也不排除个别主力反向操作，但135战法是一个完整的交易系统，主力也许在个别买卖点上做做骗线，但要摧毁整个均线系统并非易事。骗线只能暂时改变股价的运行方向，却无法阻挡均线总的发展趋势。至于大家都按照135战法来操作会出现什么结果，我想用约翰·布林格先生的一段话来作答。"'你的方法一旦公之于世，用的人多了，还会有效吗？'这个问题问得很有意思。看样子，许多人很担心，一种好方法，如果知道的人多了，是否就会失效？其实，这种担心大可不必。任何技术分析方法，只有在整个市场结构发生根本变化，使其失去了存在的基础时才会失效，它不可能因为了解的人多了、运用和掌握它们的人多了，其有效性就会打折扣，甚至失效。因为，每个人都是独立的个人，每个人因其各自的个性不同，对同一系统、同一种分析方法，会有不同的理解和运用方式。我常常用一个最简单的事实来说明这一点：如果一种方法同时传授给100个人，一个月后，能完全按照原样运用此方法的人最多只有两三个人，大多数人会对所学方法根据自己的理解和自己的习惯作一番修改，以符合自己的投资个性。"

记者：在实战中，您常用哪些技术指标？

宁：我基本不用技术指标。因为市场的四大要素是量价时空，而任何一种技术指标只是对其中一个要素的反映，这就是说，所有的技术指标都有着自己的缺陷和盲区。比如，MACD的盲区是无法对付振荡市，KDJ的盲区是无法对付逼多或逼空的单边市，均线的盲区在于均线的支撑或反压到底是有效还是无效，而换手率的盲区在于不知道是主力进场大换手还是主力出局大换手。像OBV、RSI、CCI、SAR、ROC等指标也都有着自己的缺陷。股价与指标的关系是"因果"关系，价格成交量在先，技术指标变化在后。由"因"可以推果，但由"果"来溯"因"却不一定。所以说，任何一种技术指标只能作为参考，而不能把它当成操作的依据。纯粹依赖技术指标发出的信号进行操作是极其危险的。强弱指标的发明者韦特，早期十分执著技术指标的研究，比如抛物线、动向指标等都是他创造出来的，但韦特后来又把这些指标给彻底否定了。因此，对任何指标都应辩证地看。135战法讲究"量、价、线、形、位"的完美统一，讲究股价位置和大盘环境的和谐共振，从不按单一技术元素操作股票，所以失误的概率就低一些。

记者：您如何评价自己的135战法？

宁：管用。135战法以均线为依托，以K线形态为切入点，易辨可操，实战性强。严格说来，135战法是一个股价定位系统。比如，底部形态有【日月合璧】【红杏出墙】【投石问路】【蚂蚁上树】等，拉升形态有【揭竿而起】【一阳穿三线】【红衣侠女】等，调整形态有【浪子回头】【走四方】【三剑客】【一石二鸟】等，顶部形态有【一枝独秀】【独上高楼】【一剑封喉】【金蝉脱壳】【一箭穿心】等。135战法既可以看到股价的头与脚，也可以看到它的躯干，任何一只股票，用135系统做坐标，马上就知道它处在何种位置，然后通过"技术合成"就可以进一步判断形态的真伪。也可以说，只要能够严格地按照135战法给出的提示进行适当操作，能不能成为大赢家我说不准，但亏钱的一定不是你。

记者：很多人喜欢做短线，结果都变成了长线投资者，您认为该如何做短线？

宁：短线做得好，确实能够获得超额利润，但不是每个人都适应这种操作方式，它受时间、性格、交易风格和执行能力等因素的制约。在大盘进入平衡振荡区域时，用少量资金做短线是可以的，但不能过于频繁。因

为大盘处于平衡区域时,多数股票的价格波动不会太大,在实战中应注意把握三点:

第一,参照55日均线进行反弹操作。在135战法中,55日均线非常重要。在股价上升时它是一条支撑底线,而对于个股下挫后的反弹它又是一条阻力线。如果个股在上攻55日均线时,成交量没有给予充分的配合,留下的上影线又过长,表明上档阻力很大,遇到这种情况应及时减仓。相反,如果个股上攻55日均线时有成交量的支持,那么,股价冲过55日均线后仍然可以持股。从这个意义上说,个股在55日均线附近振荡时,是做短线的大好时机。

第二,对某些个股的操作应本着有利就走的原则。对一只个股而言,要整体地去看,不能单看某一时间段的表现。某些升幅较大的个股,下挫后出现反弹是正常的,若不能及时抛出,风险是很大的。

第三,做短线不仅要讲究"快",更要注意"短"。尽量避免短线长做。有人短线介入某股后的确有了盈利,但这时想的不是尽快地落袋为安,而是想着获取更大的利润,结果适得其反。所以说,投资者应养成"心随股走,及时跟变"的操作习惯,这样才能长期立足股市而保持不败。

记者:看完135系列图书,是否就能完全掌握135战法?

宁:对此我并无十足的把握,因为我不了解每个人的实际操作水平,也不了解每个人是否具有接纳这种方法所需的知识,所以不能简单地说能或不能。我觉得有两个因素特别重要:一来看他对135战法是否真正有兴趣,二来看他是否具备接受这些内容的能力。但有一点可以肯定,几乎没有人能够仅仅依靠天才的灵感或者直觉在股市长期获利。凡是系统学习过135战法的人,他们的投资理念、操作方式已发生重大变革。你随便说一只股票,只要他们一看图表,就会十分明白地告诉你,这只股票目前处于什么位置、是该买还是该卖。重要的是,他们已经养成了按计划、守纪律的操作习惯。我觉得掌握一套好的操作方法比一两次莫名其妙的暴利要可靠得多,当然是重复获利的方法。

记者:如何判断一只股票里是否有主力?

宁:判断一只股票里有没有主力,最简单的方法就是看成交量。没有主力的股票,即使在牛市行情里,该股的换手率也很难连续超过1%。如果股价连续两三天上涨3%以上,就可以认定这只股票里有主力。

记者:您是跟着大盘炒个股,还是抛开大盘炒个股?

宁:做股票不能不参考大盘,因为大盘是对所有股票的综合反映。但目前两市的指数编制不尽合理,用股票的发行量作为权重,特别容易使主力机构钻空子,那些权重大的股只要轻轻一拉,指数就会蹿上去很多,反之亦然。

上综指和深成指各有千秋。上证指数适合于技术分析,但研判大势离不开深成指。当它们携手并进的时候,指数的可信度就大,如果两个指数发生分歧,上证指数的真实性就值得怀疑。当两个指数分道扬镳的时候,大盘必跌无疑。但人们更习惯于看上证指数,对深成指并不怎么留意,这恰恰是多数人判断大势失误的原因。

由于上证指数受大量新股发行的影响,指数已严重失真,在这种情况下,我们应该留意所有A股的表现,如果绝大多数A股黯然失色,只是权重大的个股一枝独秀,则意味着市场主力在刻意美化大盘而掩护其他个股暗中撤退。

记者:在一只股票上,怎样判断主力是在出货?

宁:一是从空间上判断。从理论上说,股价起动之日乘以2就是未来的上涨空间。比如,一只个股从6元起动,当股价拉到12元左右时,主力就会开始派发。

二是从换手率上判断。股价经过一波拉升,如果单日换手率超过10%,说明主力在出货,起码是在减仓。

三是从K线形态来判断。135战法关于主力出货的K线形态有几十种,像【一枝独秀】【独上高楼】【一剑封喉】【金蝉脱壳】【一箭穿心】等,都是比较经典的离场形态,只要学会了识图,把股票抛在次高点上是不成问题的。

四是用Y值的大小来判断。135战法中有一个特别好的卖点叫【见好就收】,它通过具体数字来判断主力是否在出货。当Y值大于10时,意味着股价已进入顶部区域,如果有明确的见顶形态出现,应随时准备清仓出局。

记者:现在股票越来越难做,您如何看待当前的股市?

宁:最近几年大盘持续低迷,赚钱的难度在增加,但获利的散户永远

都有。因为，股市并不缺少获利的机会，缺少的是把握机会的能力。对专业投资者来说，即使在熊市，一年中光做反弹，也能使资金翻番。问题在于，第一，你是否具有发现猎物的眼力；第二，你是否具备擒拿猎物的能力。说到底，还是一个能力的问题。

股市错综复杂、变幻莫测，但这并不意味着股市没有规律可循。从某种意义上讲，135战法客观地揭示了股市和股价的运行规律。纵观中国股市的发展史，我们已经得出这样一个结论：凡是【黑客点击】出现，股指上涨的概率极大；凡是【一箭穿心】出现，股指必跌无疑。但是，发现了规律并不意味着已经锁定了利润，成功的秘诀在于对规律的正确运用。

```
交流电话：0310－2038773    15830008880
电子邮箱：tnjlmf@sohu.com    tnjlmf@126.com
网    址：http://www.sq135.com
```